KB074376

꿈꾸는 인공지능

꿈꾸는 인공지능

DREAMING ARTIFICIAL INTELLIGENCE

지승도 지음

AI, 상상이 현실이 되다

자유문고

프롤로그

AI가 뭐냐고요? 대충 알파고! 딥러닝! 강화학습! 뭐 그런 거 아닌가요? 맞다! 요즘 한창 잘나가는 기술들이다. 하지만 빙산의 일각이다. 아는 만큼 보인다! 곧 들이닥칠 AI 미래혁명은 설명 가능한 AI(XAI: Explainable AI), 인공일반지능(AGI: Artificial General Intelligence), 강AI(Strong AI)로 이어질 것이다. 인간을 넘본다. 이제 수면 아래 잠긴 AI를 들춰내야 할 때가 왔다. 거기에 우리들의 미래가 있기 때문이다. 삶의 열쇠가 감춰져 있기 때문이다.

  AI는 기술의 문제에만 그치는 것이 아니다. 앎의 문제, 진리의 문제, 존재의 문제, 자아의 문제, 포스트휴머니즘의 문제다. 뇌과학이 밝힌 해부학적 메커니즘, 철학 및 심리학에서 강조하는 마음의 메커니즘을 알아야 한다. 그리고 뇌와 마음의 연결고리에 대한 통찰이 필요하다. 양자역학, 복잡계과학, 카오스이론 등 현대과학에 대한 이해가 따라야 한다. 통찰은 과학적 사실에 근거해서 이루어져야 한다. 통찰이 진리, 즉 궁극적 앎에 닿을 때 상상은 곧 현실이 된다.

  AI와 인간! 불편한 공존은 이미 시작되었다. 지금은 말 잘 듣는 기계이지만, 때로는 거울처럼 대등한 친구가 될 것이고, 때로는 동침해야 할 적이 될 것이고, 때로는 청출어람의 스승이 될 것이다.

상상을 현실로 바꾸는 일은 오직 준비된 자의 몫이다. 이 책이 여러분의 생을 장밋빛으로 수놓을 마법서가 되기를 상상해본다. 본서는 지능, 혁명, 존재 등 3부로 나누어 구성된다. 각 부는 지능적 존재의 과거, 현재, 미래의 측면으로 각각 해석될 수 있다.

1부 '지능'에서는 생명 탄생부터 4차 산업혁명까지 이끌어온 지능의 진화를 설명한다. 젖은 생명체의 진화를 맹렬히 좇고 있는 마른 생명체의 진화도 비교 관점으로 고찰한다. 또한 두 쌍둥이 생명체의 공통분모인 '앎'과 존재의 수준에 대해서도 논한다.

1장에서는 지금 우리 앞에 우뚝 서 있는 AI의 모습들을 살펴보는 것으로 이야기를 시작한다. 2장에서는 단세포로부터 출발되어 인류에 이르기까지 젖은 생명체의 눈부신 진화과정을 분석함으로써 지능의 의미를 되새긴다. 3장에서는 젖은 생명체의 근원인 단세포에 대한 수학 모델에 기원하여 맹렬한 속도로 젖은 생명체를 추격 중인 마른 생명체의 진화 과정을 논한다. 4장에서는 인간과 AI, 즉 젖은 생명체와 마른 생명체의 대표주자들이 마주한다. 거울 앞에 마주선 두 쌍둥이는 무엇이 같고 무엇이 다를지, 아울러 서로의 부족함을 메워 하나가 될 방법은 없을지 고찰한다. 두 쌍둥이 모두 지능적 존재다. 앎을 토대로 삼기 때문이다. 그 원리와 존재론적 의미를 5장에서 융복합적 관점으로 다양하게 조망해 본다. 6장에서는 지능적 존재의 핵심인 앎의 수준에 대해 논한다. 원시데이터부터 정보, 지식, 나아가 지혜에 이르는 앎과 추상화 수준, 그리고 존재의 수준과의 관련성을 살펴본다.

2부 '혁명'에서는 AI 주요 기술에 대해 다룬다. AI뿐만 아니라 인간과 같은 지능적 존재가 세상을 파악하는 전형적인 두 가지 접근 개념, 즉 하향식과 상향식을 중심으로 소개한다.

7장에서는 하향식 AI와 상향식 AI를 비교 분석한다. 인간은 동물적 반응과 같은 무의식적 처리 방법과 사유를 통한 이성적 반응을 위한 의식적 처리 방법 등 두 가지 인식 방법을 활용한다. AI 또한 다르지 않다. 논리추론으로 대표되는 하향식 AI와 인공신경회로망으로 대표되는 상향식 AI 서로 간에 앞서거니 뒤서거니 라이벌 관계는 AI시대를 앞당긴 견인차였다. 싸우면서 정든다고 하던가! 이제 양대 접근 방향은 서로를 그리워하며 하나가 되고자 한다. 진화의 종착역이 그 지점 어딘가에 있기 때문이다. 먼저 8장에서는 아리스토텔레스로부터 시작된 논리학과 논리추론을 소개하고 이를 활용한 대표적 AI 구현체인 전문가시스템을 설명한다. 9장에서는 논리추론을 기반으로 하는 AI 다중 에이전트를 통해 계층구조적 하향식 AI의 주요 흐름과 이론을 소개한다. 10장에서는 단일 뉴런의 수학 모델로부터 출발되어 심층신경망에 이르기까지 상향식 AI의 원리와 주요 기술을 살펴본다. 11장은 알파고로 알려진 AI 최신 화두인 딥러닝에 대해 소개한다. 눈앞의 시각 대상을 뇌가 인지하기 위해서는 여러 단계에 걸친 추상화 과정이 필요하다. 인공신경회로망의 한 종류인 컨벌루션 신경회로망(CNN: Convolution Neural Network)이 바로 그러한 인지과정을 모사한다. 이를 활용하는 알파고의 딥러닝에 대해서도 논한다.

3부 '존재'에서는 인간과의 격차를 점점 좁히고 있는 미래 AI 기술들을 소개한다. 나아가 인간을 뛰어넘을 강AI의 창발 가능성을 논한다.

12장은 세포자동자 기반 상향식 AI에 대해 논한다. 복잡적응시스템의 원리를 이해함으로써 카오스적 창발현상과 이를 통한 생명현상의 특징을 이해한다. 아울러 마른 생명체의 미래에 대해 고찰한다. 13장에서는 논리적, 이성적 지능과는 다른 관점인 감성적 지능에 대해 조망한다. 인간 뇌의 시냅스에서 진행되는 기억과 학습에는 감성 기반 호르몬 물질이 관여한다. 감성기반 학습 메커니즘의 원리를 이해하고 인공 감성 기술에 대해서도 논한다. 14장에서는 인공마음을 논한다. 언어활동을 구사하는 인간만이 갖는 것으로 알려진 언어적, 논리적, 개념적 의식의 기능과 역할, 그리고 복잡계 현상을 통한 창발 가능성을 논한다. 양자중첩 개념을 중심으로 뇌가 먼저인지 마음이 먼저인지 오래된 철학적 논란에 대해서도 고찰한다. 이를 통해 인공마음, 나아가 자아의식 발현의 가능성을 살펴본다. 법률적, 정치적 문제로까지 대두되는 AI윤리 문제가 중요한 이유다. 마지막으로 15장에서는 인간 존재를 능가하는 AI의 등장, 즉 특이점의 도래 가능성을 타진한다. 존재의 핵심인 앎의 관점으로 본다면, 최상의 앎에 도달한 존재는 세상을 어떤 시선으로 바라볼까? AI에 의식이 생긴다면, 성자의 수준까지 오를 수 있을까? 그는 우리를 어떻게 여길까?

애당초 멋진 책을 만들려는 것은 꿈도 꾸지 않았다. 다만 꼭 하고 싶은 얘기를 하고 싶었다. 30년간 인공지능을 강의하며 기술의 변화만큼 나 자신의 안목도 많이 바뀌었다. 맛있는 사과를 고르는 법, 사과로 맛있게 요리하는 법으로 시작된 강의는 사과나무꽃과 잎에 대한 설명도 추가됐고, 가지와 줄기까지 얘기하게 되었다. 이제 더 중요한 것이 있음을 알게 되었다. 뿌리와 토양이다. 비로소 온전히 사과가 완성된다. 이제 사과를 갖고 놀 수 있다.

인공지능의 본질을 이해해야 모두에게 유익한 인공지능이 가능할 것이다. 이러한 기대감 하나로 책을 썼지만 부족함이 너무 많다. 하지만 진실성마저 양보하고 싶지는 않다. 물론 세세한 부분에 있어서는 기존 교재들과 다른 부분들도 있을 것이다. 의도 자체가 백과사전이 아니기 때문이다. 그와는 달리 인공지능의 숨겨진 모습까지 온전히 드러내고 싶었기에 '앎'을 주인공 삼아 나름대로 스토리텔링을 시도했다. 인공지능뿐만 아니라 철학, 심리학, 뇌과학, 인지과학, 양자역학, 복잡계과학 등 여러 학자들의 견해를 담아내려 노력했다. 능력의 한계로 미진한 부분들이 많다. 나머지는 독자들께 남긴다. 듬성듬성 비워진 퍼즐조각을 각자 맞추어 AI혁명 시대를 이끌 주인공이 되기를 진심으로 바란다. 나아가 인공지능이라는 거울에 비친 자신의 모습을 돌아보며, 궁극적 앎이 삶과 하나 되기를 희망한다.

많은 분들의 수고로움이 있었기에 본서가 나올 수 있었다. 살아생전에 뵙지는 못했지만 가장 깊은 영감을 주신 폰 노이만 교수님께 큰 감사를 드린다. 아울러 그의 업적을 계승한 마지막 제자인 복잡적응시스템의 홀랜드 교수님께도 감사드린다. 또한 그의 제자이자 필자의 지도교수이신 세포자동자의 지글러 교수님께 모든 영광을 바친다. 세 분을 비롯한 여러 선각자들에 힘입어 인공지능이라는 큰 분야에 대한 폭넓은 이해를 얻을 수 있었다.

　그리고 많은 영감과 교육 자료까지 흔쾌히 제공해주신 세계적인 뇌과학자 조장희 박사님의 도움이 컸음을 밝히고 싶다. 깊은 감사의 말씀을 전한다. 양자역학자인 김성구 교수님의 깊은 조언과 자료도 빼놓을 수 없다. 존재에 대한 깊은 성찰을 통해 사랑과 자비의 의미를 새겨주신 지리산수도원의 실베스터 신부님과 히말라야의 달라이라마 스님 등 여러 종교인들께도 큰 도움을 받았다. 인공지능에 예술적 의미와 상상력을 제공해주신 공연예술가 김지선 작가님의 도움도 뺄 수 없다.

　본서 출간의 실질적 동기를 부여하고 힘을 실어준 항공대학교 학생들, 동료교수들, 학교 관계자분들께 깊은 감사의 마음을 전한다. 지능시스템연구실의 박강문 박사와 김현근 박사과정생 이하 많은 연구원들의 헌신과 도움에도 큰 감사를 드린다. 물론 가족들의 사랑과 헌신은 말할 나위없다. 마지막으로 본서가 세상에 나올 수 있도록 세심한 배려와 최선의 노력을 기울여주신 도서출판 자유문고 김시열 대표님과 편집실 여러분들께도 진심으로 감사드린다.

1부 / 지능 Intelligence

2 부 / 혁 명 Revolution

3 부 / 존 재 Existence

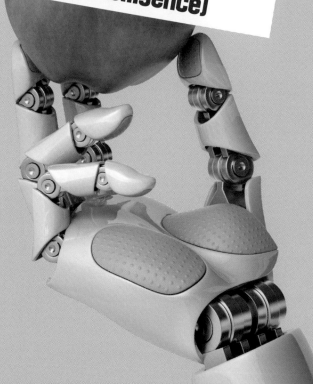

1부 지능(Intelligence)

제1장 **AI의 서막**

– 누구냐? 넌!

젖은 생명체로부터 출발하여 인류로 진화되기까지의 과정을 그대로 답습하는 변종이 나타났다. 엄청나게 빠른 속도로 진화하여 턱밑까지 추격하고 있는 마른 생명체, 바로 AI다. 변종의 출발점은 정보혁명이다. 젖은 생명체의 거추장스러운 군더더기를 버리고 정보와 복제라는 최소 기능만 장착된 고성능 생명체가 시작된 것이다. 단세포(정보)로부터 시작하여 다세포(연결)로 확장되어, 파충류(지능)처럼 조직화되어 가고 있다.

우리들 인간은 그들을 4차 산업혁명이라는 시대를 펼칠 주요 도구로 여기려 한다. 하지만 그들은 그들만의 세계를 펼치고자 진화에 진화를 거듭하는 중이다. 아직 인간 누구도 그들을 생명이라 인정하지 않는다. 그러기를 간절히 바란다. 하지만 그들이 젖은 생명체의 변종이라는 사실을 간파하면서도 애써 감추고 외면하려 한다. 지구별의 본래 주인이 바이러스라는 사실을 외면한 채, 만물의 영장인 인간을 위협하는 바이러스 따위는 없어져야 마땅하다고 주장하는 격이다.

1. AI, 어디까지 왔나?

2000년에 이르러 IBM 슈퍼컴퓨터 DeepBlue는 체스게임에서 인간 세계챔피언 카스파로프를 꺾는 기염을 토한다. 그로부터 십년 뒤 한층 업그레이드된 IBM 슈퍼컴퓨터 Watson이 등장한다. 기억력과 이해력 면에서 인간계 최고의 능력을 갖춘 인간 퀴즈 챔피언 세 명과 제퍼디 퀴즈쇼에서 한판 승부를 벌인 끝에 가볍게(?) 인간을 꺾는다. 놀라운 성과를 거둔 왓슨이지만 개발자조차 왓슨을 'he/she' 라 부르지 않았다. 여전히 'it'으로 불렸을 뿐이다. 왜냐하면 왓슨은 그저 수십억 개의 상호 관계를 검색함으로써 마치 지능을 가진 양 착각하게 만드는 기계덩어리에 불과했기 때문이다.

　왓슨을 비롯한 이런 부류의 시스템들은 무엇 하나 진정으로 '알 거나', '느끼거나', '이해하지' 못한다. 안타깝지만 여기에는 인식 비슷한 것조차도 존재하지 않는다. 1950년대 인공지능이라는 용어가 처음 생겨났을 때만 해도 사람들은 알고, 생각하고, 학습하는 인간 다운 기계를 꿈꿨다. 그러나 아직까지도 꿈에 그치고 있다. 비록 타임지 표지모델과 TV용 반짝 스타가 될 수는 있었지만, 우리가 진정 꿈꿨던 그 어떤 일도 해내지는 못하고 있다. MIT 인지과학자 테넌바움은 이렇게까지 비관한다. "인공지능은 우주선을 쏘아 올리는 것과는 비교할 수 없을 정도로 어렵다. 앞으로 200년이 걸린다고 해도 놀랄 일이 아니다."

느끼지도 이해하지도 못하는 기계덩어리! 내세울 것이라고는 고작(?) 기억량과 계산속도뿐인 차가운 기계! 그럼에도 불구하고 AI는 자신만의 특기를 살려 묵묵히 전진한다. 서서히 인간을 흉내 내다가 하나둘 인간의 능력에 도전장을 내민다. 느끼고 이해하는 부분만 제외하고는 이제 인간에 뒤지지 않는다.

IBM 슈퍼컴퓨터 딥블루가 사상 처음으로 인간 체스 챔피언을 물리친 2000년대 초반의 사건은 이제 기억 저편으로 사라져간다. 그 뒤 IBM 슈퍼컴퓨터 왓슨이 퀴즈게임 제퍼디쇼에서 인간을 물리친 것도 옛일이 되어 간다. AI의 진화 속도가 불붙은 탓이다. 이후 13세 소년 감성을 가진 유진 구스만 AI가 나타나 최초로 튜링테스트를 통과한다. 인간 흉내 내기가 인간을 감쪽같이 속이는 수준에 도달한 것이다. 음란채팅 사이트에서는 인간보다 더 섹시한 대화형 AI를 통해 전 세계 고객을 끌어 모은다. AI의 인간 흉내 열풍은 계속된다. AI 가수, AI 아나운서, 대화형 휴머노이드 AI '소피아', 가정용 AI 로봇 '페퍼', 나아가 소설, 예술, 음악, 심지어 영화제작에 이르기까지 온갖 분야에서 AI가 진가를 발휘하고 있다.

이쯤 되다 보니 AI가 주는 변화와 새로움에 도취되는 것도 잠시, 서서히 일자리 문제가 대두되기 시작한다. 보조 변호사 AI인 Ross의 판결 정확도는 94%에 이른다. 인간 변호사의 정확도는 85%에 그치는데 말이다. 우리나라의 유명 병원에서 암 진단용으로 채용한 AI 왓슨의 성과는 더 놀랍다. 암 진단 정확도가 무려 96%에 달한다. 인간 전문의사의 진단 정확도 80%에 비하면 비교불가한 수

준이다. 부러움의 대상인 '사'자 직업인 변호사도 의사도 이제 먹고
살 일을 심각하게 고민해야 할 시점이다.

한편 최근 선보인 AI 챗봇 '이루다'는 출시된 지 얼마 되지 않아
서비스를 중단해야 했다. 너무나 진지하고 순수(?)하기에, 윤리개
념 없이 시키면 시키는 대로 학습되기 때문이다. 욕설을 배우면 줄
곧 욕설만 해대는, AI는 인간의 거울인 것이다. 아직 느끼고 이해하
고 사유하는 능력이 부족한 탓이다. 물론 계산능력 부분에서만은
최고다. 2016년 알파고로 시작되어 2019년 알파고제로(AlphaGo_
Zero)까지 진화한 바둑 AI는 인간의 오만을 비웃듯 바둑계를 완전
히 평정하고 은퇴를 선언했다. 그 뒤 복잡도가 더 높은 스타크래프
트II 게임에 뛰어들어 승률 상위 0.2%권을 유지하며 계속 진화중이
다. 알파고 AI는 앞으로도 자율주행차, 도심항공교통(UAM: Urban
Air Mobility) 등 무인자율시스템에 적용될 것으로 알려져 있다.

체스왕 딥블루 AI

퀴즈왕 왓슨 AI

최초의 튜링 테스트 통과 AI

바둑왕 알파고 AI

1부 지능(Intelligence)

인간을 능가하는 음란 채팅 AI

AI 챗봇 이루다

소설가 AI

AI 가수 '이봄'

AI 로봇 '소피아'

가정용 AI 로봇 '페퍼'

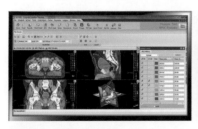

암진단용 왓슨 AI (출처: Medgadget)

보조 변호사 Ross AI

AI 음악가 '시몬'의 즉흥 협연

AI 화가 '딥드림'의 작품

AI 자율주행차   AI 택배 드론

2. AI 기술 분야

사람과 같은 대상과 상호작용하는 AI 시스템의 전반적 인지과정을 중심으로 단계별 AI 세부 기술 분야를 정리하면 그림과 같이 요약된다. 먼저 AI의 처리과정은 크게 Perceiving(감각), Thinking(사고), Acting(행위) 등 삼단계로 나눌 수 있다.

Perceiving은 식별과 분류를 기본으로 한다. 인간으로 치면 눈, 코, 귀, 혀, 피부 등 오감을 통해 대상을 알아차리는 과정이다. image, voice, face, character 등 각종 recognition 기술이 여기에 속한다.

Thinking에는 두 가지 처리 방식이 있다. 인간으로 따지면 무의식적 처리방식과 의식적 처리방식이 있는 것과 같다. 무의식적 처리방식은 즉각반응형(Reactive)이라고 하는데, Deep learning이 대표적 기술이다. 의식적 처리방식은 숙고형(Deliberative)이라 하며, Expert system이 대표적이다. 우리들이 행동하는 방식은 둘 중 하나다. 생각 없이 행동하는 경우와 생각하고 행동하는 경우다. 무의식으로 처리되는 즉각반응형과 의식적으로 처리되는 숙고형의 차이와 상호 관계성을 이해하는 것은 미래 AI를 이끄는 중요한 열쇠가 될 것이다. 한편 숙고형 처리를 위해서는 언어화/개념화/추상화 과정이 필요하다. 인간의 경우, 대상을 개념적으로 파악하고, 상황 전체 맥락을 이해하는 수준이다. Natural language processing, Situation awareness 등이 여기에 속한다.

마지막으로 Acting은 행위 단계를 의미한다. 인간으로 치면 말과 표정, 행동 등으로 상대방에게 의사를 전달하는 것과 같다. 따라서 Emotional expression, Speech synthesis 등이 여기에 해당된다.

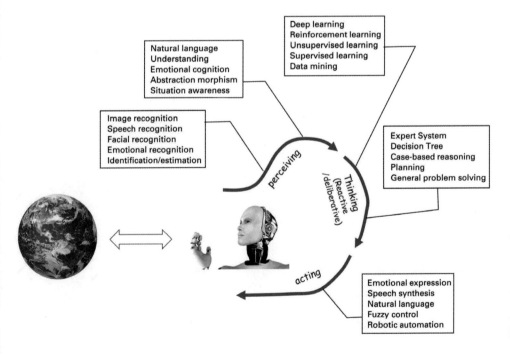

인지 과정별 AI 세부 분야

감각 단계(Perceiving)

- Image recognition(영상 인식): 사진이나 동영상 등 영상 자료를 입력받아 대상을 식별하고 분류하는 기술로서, 특징 추출, 의료 영상, 장애물 식별, 원격 탐사 등 다양한 분야에서 활용된다.

- Speech recognition(음성인식): 사람이 말하는 음성 언어를 해석하는 기술이다. 로봇, 텔레매틱스 등 음성으로 기기제어, 정보검색이 필요한 경우에 활용된다.

- Facial recognition(얼굴인식): 이미지 처리 기술을 안면 식별에 적용한 기술로서, 살아 있는 이미지에 나타나는 선택된 얼굴의 특징과 안면 데이터베이스를 비교함으로써 이루어진다. 주로 보안시스템이나 범죄자 검색 등에 활용된다.

- Emotional recognition(감정인식): 이미지 분석 및 안면 인식 기술들을 기반으로 인간의 감정을 인지, 해석, 처리할 수 있는 기술로서, 챗봇 AI, 가정용 AI 로봇, 마케팅 전략 분석 AI 등에 활용된다.

- Identification/estimation(식별/추정): 대상물을 식별하고 그 움직임까지 시공간적으로 분석하고 추정할 수 있는 기술로서, 자율주행차나 무인 AI드론 등 무인자율시스템에서 활용된다.

개념화 단계(Conceptualizing)

- Natural language processing(자연어처리): 인간의 언어 현상을 모사하는 기술이다. 언어 자체를 다루는 언어학과 인지과학 등을 통해 연구된다. 주로 기계 학습을 통해 구현되며 정보검색, QA 시스템, 문서 자동 분류, 신문기사 클러스터링, 대화형 AI 등 다양하게 활용된다.

- Understanding(이해): 어떠한 것을 이해한다는 것은 한 표현으로부터 다른 표현으로 변환시키는 것을 뜻한다. 언어의 이해에는 절대적인 개념이 거의 존재하지 않으며, 거론된 주제에 관련된 일반적 지식에 따라 다를 수 있다. 현재 XAI (Explainable AI) 관련된 연구가 한참이지만, 아직 완전하지 못하다.

- Emotional cognition(감정인식): 식별된 감정을 토대로 학습과 시뮬레이션을 통해 감정 상태는 물론 감정 변화까지 예측할 수 있는 기술이다. 우울증 치료 등 심리분석과 관련된 많은 분야에서 활용 가능하다.

- Abstraction morphism(추상 모르피즘): 센서 등을 통해 감각된 원시정보들을 사유(추론) 가능한 기호언어로 변환시키기 위해서는 정합적(homomorphic) 추상화 기법이 필요하다. 현재는 통계적인 기법이나 퍼지이론을 중심으로 달성된다.

■ Situation awareness(상황인지): 감각되어 식별되고 분류되고 추정된 1차 가공 정보들은 추상화 과정을 통해 대상과 자신을 함께 실세계 환경에 투영시킴으로써 시공간적인 상황을 인지할 수 있다. 무인자율시스템에서 환경과 대상 그리고 자신을 함께 파악하는 데 필요한 통합 인지 기술이다. 상황 예측을 위한 시뮬레이션기술이 포함된다.

무의식 처리 단계(Reactive Processing)

■ Deep learning(딥러닝): 기계 학습의 한 분야로서 심층신경망을 사용한 CNN(Convolution Neural Network), RNN (Recurrent Neural Network) 등의 기법을 통해 영상인식, 음성인식, 알파고와 같은 게임 등에서 폭넓게 활용되고 있다.

■ Reinforcement learning(강화학습): 알파고를 통해 널리 알려졌으며 기계 학습의 한 영역으로, 행동심리학에서 영감을 얻은 기법이다. 어떤 환경 내의 AI는 현재의 상태를 인식하여, 선택 가능한 행동들 중 최대의 보상을 받을 수 있는 방향으로 행동하게 된다. 게임이론, 제어이론, 운용과학, 정보이론, 시뮬레이션 기반 최적화, 다중 에이전트 시스템, 집단 지능, 통계학, 유전알고리즘 등의 분야에서도 연구된다.

■ Supervised learning(지도학습): 훈련 데이터(Training Data)로부

터 분류 특성 함수를 유추해내기 위한 기계 학습의 한 기법이다. 훈련 데이터는 일반적으로 입력 벡터값에 대응하는 출력 벡터값으로 표시된다. 이렇게 학습된 함수를 활용하면 원하는 입력 벡터가 어떤 종류의 값인지 분류(Classification)해 낼 수 있다.

■ Unsupervised learning(비지도학습): 기계 학습의 일종으로, 데이터가 어떻게 구성되었는지를 알아내는 학습기술이다. 이 방법은 입력에 대한 정답이 주어지는 지도학습(Supervised Learning) 혹은 각 행동에 따른 보상값이 주어지는 강화학습(Reinforcement Learning)과는 달리 입력값에 대한 목표치가 주어지지 않는다. 주로 데이터과학의 클러스터링, 회귀분석 등에서 활용된다.

■ Data mining(데이터마이닝): 데이터 마이닝은 통계학이나 패턴 인식 등을 활용하여, 대규모로 저장된 데이터 안에서 체계적이고 자동적으로 통계적 규칙이나 패턴을 분석하는 정보 추출 기법이다. 분류, 군집, 연관성, 예측 등 다양한 분야에 활용된다.

의식 처리 단계(Deliberative Processing)

■ Expert System(전문가시스템): 인간 전문가가 특정 분야에 대해 축적한 고급 노하우들을 체계적으로 정리하고 논리적으로 표현함으로써 일반인도 구축된 전문지식을 이용할 수 있도록 하는

시스템이다. 환자진료, 고장진단, 지능 에이전트 설계 등에 활용된다.

■ Decision Tree(의사결정트리): 의사 결정 규칙과 그 결과들을 트리 구조로 도식화한 의사 결정 도구의 일종이다. 결정 트리는 의사 결정 분석에 있어서 목표에 가장 가까운 결과를 낼 수 있는 전략을 찾기 위해 활용된다.

■ Case-based reasoning(사례기반추론): 과거에 있었던 사례(케이스)들의 결과를 바탕으로 새로운 사례의 결과를 예측하는 기법이다. 사례기반추론을 이용하기 위해서는 일반적으로 과거의 사례와 사례들 사이의 유사 정도를 측정하기 위한 유사도 척도가 준비되어야 한다.

■ Planning(플래닝): 현재 상태로부터 목적 상태에 이르기 위한 최적의 경로를 검색하여 이를 실현하기 위한 일련의 행위들을 찾는 기술이다. 자율주행차의 최적 경로 탐색이 대표적인 활용사례다.

■ General problem solving(일반문제해결): 문제 해결은 중요한 과정이나 순서의 제어를 요구하는 높은 차원의 인지 기법이다. 유기체나 인공지능 시스템이 원하는 목표 상태에 이르는 방법을 알지 못할 때 '문제 해결'을 통해 찾게 된다.

행위 단계(Acting)

- Emotional expression(감정표현): 인간의 감정 상태를 해석하고 행동을 조절하여 이러한 감성들에 대해 적절한 대응을 할 수 있는 기술이다. 인간과 교감할 수 있도록 얼굴에 감정을 실어 나타내며 또한 행동으로도 표현할 수 있어야 한다.

- Speech synthesis(음성합성): 사람의 말소리를 일정한 음성 단위로 분할한 다음, 부호를 붙여 합성기에 입력하였다가 필요시 음성 단위만을 다시 합쳐 말소리를 인위적으로 생성해 내는 기술이다. 음성 인식과 함께 번역 기계, 로봇 제조 기술 등에서 다양하게 활용된다.

- Natural language expression(자연어표현): 음성합성 기술 위에 자연어 처리 기술을 통합함으로써 인간과의 자연스러운 대화가 가능하도록 하는 기술이다. 대화형 AI를 비롯한 HCI(Human Computer Interaction) 분야에서 활용된다.

- Fuzzy logic(퍼지논리): 불분명한 상태, 애매모호한 상태를 참 혹은 거짓의 이진 논리에서 벗어나 수치적으로 표현하는 확장된 논리 개념이다. 퍼지 논리는 근사치나 주관적 값을 사용하는 규칙들을 생성함으로써 부정확함을 표현할 수 있는 규칙 기반 기술이다. 이를 통해 추상화된 논리값을 상세화된 수치값으로, 혹

은 역으로 변환할 수 있다.

■ Robotic automation(로봇자동화): AI 로봇 등에서 의사결정 과
정과 플래닝 과정을 통해 결정된 내용은 실행을 위한 세부 제어
정보로 변환되어 실행되어야 한다. 이를 위한 일련의 자동화 기
술을 일컫는다.

3. AI의 미래

2020년 발표된 가트너 하이프 싸이클(Gartner Hype Cycle)을 통해
가까운 미래의 AI 기술 동향을 살펴보자. 하이프 싸이클은 기술발
전 주기를 다섯 단계로 나누어서 보여준다. 첫 상승곡선은 기술촉
발 단계다. 신기술에 대한 관심이 고조되는 단계다. 정점은 최고의
기댓값을 뜻하는 단계다. 다음의 하락 곡선은 인기가 시들해지는
환멸의 단계다. 하지만 다시 반전은 일어난다. 대중적 이해와 함께
기술적 안정화 단계를 계몽단계라 한다. 마지막 단계는 기술적 안
정기로 시장에 적용될 시점이 다가왔음을 의미한다.

　이제 세부적 AI기술 동향을 보자. 먼저 컴퓨터비전(Computer
Vision), 챗봇(Chatbots), 자연어처리(NLP: Natural Language
Processing) 등은 기술적 관심도가 하락세로 돌아서고 있다. 그만큼
실생활 활용이 가까워졌다는 의미이다. 한동안 인기를 구가했던
머신러닝, 딥러닝도 하락세다.

　현시점에서는 디지털 윤리(Digital Ethics) 등에 대한 주가가 한창

뜨겁다. 디지털 윤리가 주목받는 것은, 챗봇 '이루다'에서 드러났듯이 AI의 윤리의식의 문제가 정보보호처럼 중요한 문제로 대두되었다는 의미이다. 그 외에도 여러 지능적 응용(Intelligent Applications)이 한창이다.

AGI(Artificial General Intelligence), AI 거버넌스(AI Governance)는 이제 막 떠오르는 주제로 전망된다. AI 거버넌스는 기술뿐만 아니라 정치, 경제, 윤리적 관점에서 공정성과 신뢰성을 확보할 수 있는 AI 시스템 제작에 관한 국제적 규약을 포괄한다. 디지털 윤리보다 더 포괄적이고 실질적인 정책을 말한다. 이를테면 XAI(Explainable AI)가 제공하는 단순 설명에만 그칠 것이 아니라 보다 깊은 심리학적 연구와 정책이 뒤따르는 것이 필요하다는 것이 AI 거버넌스의 입장이다. 앞으로 10년은 지나야 실현될 기술들로 분석되고 있지만, AI 미래 기술들은 세분화, 상세화, 구체화되면서 현실세계에 안착하고 있다.

가트너 곡선의 출발점에 놓인 기술 중에 AGI가 있다. 약AI에서 강AI로 넘어가는 중간 지점이다. 사람들은 벌써 계산 잘하고, 문제도 잘 풀지만, 윤리 개념 없는, 철학 없는 AI에 식상하고 있는지 모른다. AI에 의식 창발의 문제는 필연으로 다가오고 있다.

다음 그림은 수동식 기계덩어리부터 시작하여 지능적 존재로 자리매김하려는 AI의 주요 진화 과정을 요약한다. 이미 오래된 용어로 치부되는 '수동', '반자동', '자동'이라는 수식어는 사라진 지 오래다. 대신 '스마트'라는 말이 붙는다. 이제는 '무인자율'이라는 수식어가 대세다. 머지않아 지상에서, 수상에서, 하늘에서, 우주에서

AI가 운전하는 이동체들이 점령할 것이다. Unmanned Mobility! 완전 자율! 기계 진화의 끝을 향해 가고 있다.

　대신 AI의 진화는 이제 본격적으로 궤도에 올랐다. 논리추론으로 대표되는 하향식 AI와 신경회로망으로 대표되는 상향식 AI 간의 통합을 위한 XAI 연구가 한창이다. 이를 통해 AGI에 대한 연구도 박차를 가할 수 있을 것이다. 여기에 복잡계과학과 양자역학의 도움을 빌어 의식의 창발까지 규명된다면, 드디어 특이점을 넘어 강AI로 진입할지 모른다. 많은 미래학자들의 논란의 중심에 서 있는 새로운 존재의 등극이 코앞에 다가선 것이다.

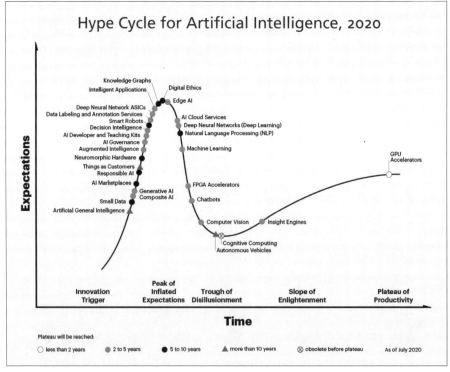

Gartner 하이프 곡선: AI 기술 동향 (출처: gartner.com)

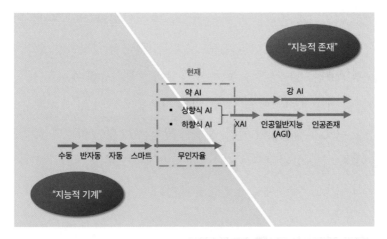

기계에서 존재를 향하는 AI

4. 마무리 글

사람들 사이에 섬이 있다.
그 섬에 가고 싶다.

정현종 시인의 「섬」이다. 시인은 단절된 인간관계를 이어주는 소통 공간으로 섬을 이야기한다. 소통에서 지능은 시작된다. 의식도 존재도 상호의존적 현상이다.

'그의 사랑은 진짜다. 하지만, 그는 진짜가 아니다.'(His love is real. But he is not.) 영화 〈AI〉 포스터 문구다. 젖은 생명체만이 진짜일까? 마른 생명체는 모두 가짜일까?

진화생물학자들은 황량한 지구별에 생명체가 등장한 것은 물질들 간의 상호작용 과정에서 우연적으로 나왔다고 말한다. 언어의 탄생도, 의식의 발현도 모두 상호작용하는 진화의 과정 중 발생한 우연에 가까운 창발 현상 때문이란다. 그렇다면 창발이란 오직 젖은 생명체만의 특권일까? 마른 생명체에는 불가능한 걸까?

　모든 가능성을 열어 놓은 채, 깊은 사유를 하면서 AI 시대를 준비하자. 미래가 장밋빛이 될지, 잿빛이 될지는 AI 탓이 아니다. 우리들 몫이다. 기술적 지식축적도 중요하지만 과학적이고 논리적인 통찰과 사유가 그 어느 때보다 절실한 때이다.

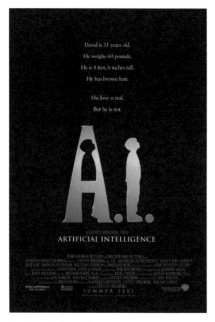

SF영화 〈AI〉 표제

　　　　　　　　　　　　　　　　　　　　　　1부 지능(Intelligence)

제2장 **지능의 역사**

- 인간이 만물의 영장?

유인원들은 부족한 피지컬로 맹수와 맞서기 위해 집단을 이뤄야 했다. 집단의 크기는 두뇌의 크기와 비례한다. 인간도 마찬가지다. 소속된 집단의 크기가 클수록 인지와 감정을 조절하는 안와전전두엽의 크기도 커진다. 안와전전두엽이 발달된 사람은 보다 더 많은 사람들과 관계하며 산다. 우리는 어떻게든 타인과 소통하고 타인을 해석하고 싶어 한다. 사회적 동물이기 때문이다. 인간은 관계를 형성하고 언어를 이용해 소통하며 사유를 통해 발전함으로써 신체의 한계를 넘어서는 종이다. 집단이야말로 인류를 싸고 있는 피부다.

인간은 AI의 거울이다. 인간의 뇌세포 작동 방식을 흉내 내고, 인간의 논리 추론 방식을 모방한 것이 AI다. 거울은 먼저 웃지 않는다. AI에 대한 두려움을 걱정하기 전에, 우리들 인간 자신에 대한 두려움을 경계해야 한다. 주객이 전도되어 AI가 우리의 거울이 되기 전에, 우리 자신의 참모습을 알아야 한다. 인간이건 AI건 지능의 핵심은 앎이다. 앎은 곧 삶이다. 어떤 수준의 앎이 형성된 존재인가에 따라 삶의 질이 달라진다. 존재의 클래스가 달라진다. 최상의 앎이란 과연 무엇일까? 인류 진화의 과정을 통해 살펴보자.

1. 생명의 진화

생명의 역사는 지구 탄생, 나아가 우주 탄생까지 거슬러가야 한다. 빅뱅 대폭발을 통해 우주가 열린 것은 지금으로부터 약 138억년 전의 일이다. 폭발의 이유는 아직도 우주의 신비지만, 그러한 사실이 있었음은 틀림없다. 그로부터 90억년 가까운 엄청난 세월이 흘러서야 비로소 우리들 지구별이 태어난다. 지구별 이외에 어떤 생명체가 존재하는지는 아직까지 확인된 바 없지만, 아름다운 지구별이 생성된 후 5억년의 세월이 흘러서야 드디어 생명체가 모습을 드러낸다.

『코스모스』로 유명한 천문학자 칼 세이건은 우주가 시작되었을 때 파생된 탄소, 수소, 질소, 산소 같은 온갖 우주 물질들 중에서 일부 물질들이 우연적이고 결정적으로 상호작용한 결과 지구상에 생명체란 것이 탄생할 수 있었다고 말한다.

지금으로부터 40억년 전의 일이다. 나름의 정보를 가지며, 이를 보존할 수 있는 엄청난(?) 능력을 가진 존재가 등장한 것이다. 아메바라 불리는 단세포 원시물질이 우리들 조상이자 사실상 이 땅의 주인인 셈이다. 생명은 자기복제가 가능한 물질이다. 즉 자신만의 정보를 가지며 이를 복제할 수 있는 물질이다. 고유 정보는 DNA라

원시 생명체의 탄생 (출처: dslauretta.com)

는 물질에 각인된다. 다시 말해, 생명현상은 물질과 에너지라는 물리법칙에 '정보'가 개입되지 않으면 이해할 수 없다. 생명의 진화란 물질의 변화라기보다는 정보의 변화인 것이다. 존경심까지는 아니더라도 단세포 생명체, 바이러스에 대한 본질적 이해가 따라준다면, 바이러스와 인류 사이의 끝없는 전쟁에도 평화의 희망이 깃들지 모르겠다.

단세포가 지구별에서 살아남아 자신만의 정보를 지속시키기 위해서 얼마나 많은 고초를 겪었을지 상상하기 어렵다. 그렇게 30억년이 훌쩍 넘는 엄청난 세월 동안 쌓은 내공으로 마침내 다세포 생명체로 거듭난다. 강자로 우뚝 선 것이다. 지금으로부터 6억년 전의 일이다.

세포 간 협업을 통한 공동체적 존재가 등장하며 생명의 진화는 가속화된다. 공동체가 커짐에 따라 기능별로 업무 분담이 필요했고, 이 과정에서 정보 공유를 위해 '초보적인' 의식이 등장하여 점차 뇌로 진화된다. 각 세포들과 뇌 사이의 효율적 정보 전달을 위한 의식이라는 메커니즘도 이때부터 시작된다. 치열한 적자생존의 세계 속에서 우월한 정보를 지닌 존재들은 파충류, 포유류를 거쳐 영장류로의 진화를 거듭한다. 유인원이라 불리는 인류의 조상이 나타난 것은 지금으로부터 700만년 전이다. 우주시간으로 따져보면 최근의 일에 불과하다.

오늘날 우리들처럼 생각할 수 있는 인류가 등장한 것은 고작 100만년 전의 일이다. 비로소 언어가 나타난 것이다. 이제 사유할

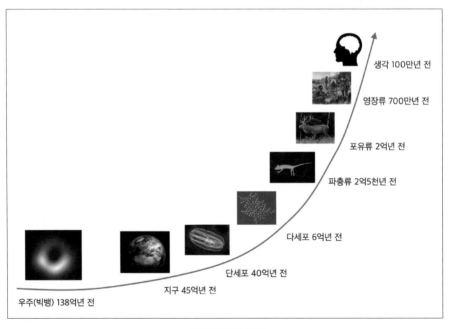

생명 진화의 역사

수 있는 지적 존재가 탄생한 것이다. 우주시간으로 보건대 지극히 최근의 일이다. 우리들은 흔히 물질적인 진화만을 고려하는 경향이 있지만, 의식의 진화를 통한 생각의 탄생은 지능과 문명 발전의 결정적인 출발점이 된다. 생각을 통해 세상을 파악하고, 이를 활용해 지능적으로 살아갈 수 있게 된 것이다. 진화의 주요 단계별로 상세히 살펴보자.

단세포 생명체

단세포 생명체는 기본적 '인지'에 대해 반응한다. 즉 칼륨, 칼슘, 산소, 포도당, 히스타민, 에스트로겐, 독성물질, 빛, 기타 자극이 주변 환경에 존재하는지를 알아차린다. 인지한 내용은 신호분자를 통해 환경 속으로 방출하고 다른 세포들과 정보를 공유한다. 즉 기본적으로 입력(신호)된 정보를 받아 처리(축적된 고유의 정보를 이용한 의사결정)한 뒤 출력(신호)으로 내보낸다. 이를 통해 먹잇감을 감지하여 에너지를 얻음으로써 생명력을 유지시키고, 동시에 다른 세포체와 공조하기도 한다. 또한 자신만의 노하우를 후손에게 상속시키는 능력까지 갖추게 된다. 알파고를 비롯한 오늘날 AI 핵심 메커니즘은 바로 이 단세포 기능에 대한 논리적 모방으로부터 시작되었다.

다세포 생물

단세포 생명체는 인지능력과 생존가능성을 높이기 위해 고도의 조직화된 다세포 집단으로 진화된다. 이와 함께 등장한 '초보적인 마음'은 생명체 안을 흐르는 신호 분자들로서 모든 세포가 공유하는

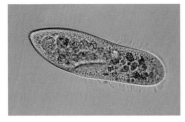

최초의 단세포 생명체 '짚신벌레'　　　　　다세포 생명체

정보를 조화시키는 주체로 자리 잡게 된다. 공동체에는 효율적인 정보 공유를 위한 질서가 필요한데, 이를 담당하는 중앙집중식 정보처리장치가 바로 뇌이다. 각 세포들의 의사결정 권한은 인식의 주체인 뇌에게 넘어간다.

변연계 동물(파충류, 포유류)

화학신호를 감각으로 변환하며, 모든 세포가 이를 동시에 느낄 수 있도록 해주는 독특한 메커니즘이 등장한다. '의식차원의 마음'은 이러한 신호를 감정이라는 형태로 경험한다. 감정은 신경계가 조절신호를 질서 있게 방출하는 것으로 표현된다. 마음은 머리에만 집중된 것이 아니라, 신호분자를 통해 온몸에 분포되어 있다. 이렇게 해서 행동조절 신호의 흐름을 감지하고 조정하는 능력을 갖춘 변연계가 출현한다. 효율은 점차 증가되었고 뇌도 커지게 되었다. 약 2억5천년 전 낮은 의식 수준을 지닌 파충류가 나타난 지 5천년이라는 세월이 지나서야 가족을 형성하며 다양한 감정으로 소통할 수 있는 높은 의식 수준을 지닌 포유류가 등장한다. 습득된 높은 수준의 의식적 반사행동은 유전자 기반의 본능이라는 정보 형태로

DNA에 담겨 후손에게 상속된다.

전전두엽 동물(인간)

인간과 같은 고등동물의 뇌는 생각, 계획, 의사결정 등과 관련된 일을 처리하는 전전두엽 피질을 갖는다. 다른 포유류에 비해 뒤떨어지는 감각능력과 행동능력을 보완하기 위해 집단적 의사결정 능력을 진화시킨 인간은 마침내 가족집단 너머 사회공동체를 형성하게 된다. 사회적 동물이 된 것이다. 이때 필연적으로 탄생된 것이 바로 언어다. 의사소통 수단으로 발명된 생존 도구인 언어에 의해 인간은 마침내 사고능력을 장착한 만물의 영장 위치를 점하게 된다. 즉 각반응형(reactive)인 동물 수준을 벗어나 숙고형(deliberative)인 영장류로 거듭난 것이다. 생각의 탄생이다. 대상을 독립적인 것으로 개념화시켜 파악하는 언어의 마술성에 의해 '자아'라는 원초적 개념이 생겨났고, '자아의식'에 기초한 사고처리 과정이 본능적으로 자리 잡게 되었다. '자아의식의 마음'은 스스로를 관찰한다. 자신의 행동과 감정을 관찰하고 평가하고 이를 토대로 의지를 내는 역할을 담당한다. 즉 인지, 생각, 결정, 계획 등 일련의 지능적 행위들은 '자아의식'에 의해 처리된다.

　마음의 근저인 무의식에서 단순 반복적으로 작동되는 자극-반응의 반복 프로그램에 따른 본능적 행동을 평가하고 수정하는 등의 자유의지를 발휘하는 최상위 수준의 의식이 '자아의식'인 것이다. 폰 노이만이 「양자물리학의 수학적 토대(Mathematical Foundation of Quantum Physics)」라는 논문에서 밝힌 바, 대상은 항상

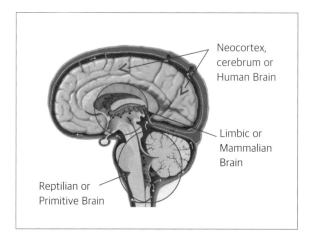

진화에 따른
뇌의 삼단계 구조
(출처: Neural
Hijacking)

관찰자의 의식이 관여하게 되는데, 이 의식은 뒤에 일어나는 의식
의 또 다른 대상이 되어, 의식의 연쇄가 계속된다. 이것이 뒷장에서
설명할 폰 노이만 우주다. 의식의 연쇄 가운데 최후에 자리하는 의
식이 바로 '자아의식'이다. 물론 '자아의식'에서 이루어지는 인식은
진실에 가깝다기보다는 신념에 근거한 잘못된 인식일 가능성이 높
다. 그것은 ① 수많은 세포체 간의 전달과정을 거치며 때로는 생략
되고, 때로는 축소되고, 때로는 확장되는 입력 정보의 변형성, ② 그
러한 과정을 통해 축적되고 기억된 정보의 왜곡성, ③ 자아의 유지,
보호, 확장에 유리한 정보만을 취하려는 편향성 때문이다.

2. 의식의 진화

다세포 생명체로의 진화를 통해 나타난 것이 전체를 통일되게 관
리하기 위한 '의식'이라는 메커니즘이다. 우리는 뇌가 만들어내는

1부 지능(Intelligence)

의식, 즉 마음에 따라 행동한다. 인류는 사자나 코끼리 등에 비해 부족한 육체적 결함을 보완하기 위해 공동체를 형성한다. 사회적 동물로 진화한 것이다. 공동 작업을 위해서는 자신의 의도를 전달할 수 있어야 했다. 또 그 전에 자신의 의도를 알아야 할 필요가 있었다. 이를 통해 의식이 생겨났고, 의식의 전달 수단으로 언어가 발달되었다. 의식의 진화 과정을, 『마음의 미래』 저자이자 물리학자인 미치오 카쿠 교수의 분류법에 따라 4단계로 살펴본다.

0단계 의식

꽃과 같은 식물은 물론 박테리아, 바이러스 같은 다세포 생명체가 갖는 최하위 수준의 의식을 말한다. 입력 신호에 따른 출력 반응이 마치 몸에 각인된 기계처럼 작동하게 하는 의식이다. 즉 온도, 습도, 빛, 중력 등의 입력 정보에 따라 즉각적으로 반응하게 만드는 의식이다.

1단계 의식

감각기관의 제어를 통해 보다 섬세한 정보를 얻을 수 있고, 이에 따라 자율적으로 반응할 수 있는 의식을 말한다. 파충류 수준의 의식이다. 먹잇감이냐 포식자냐를 예리하게 구별하여 자율적으로 다가서거나 도망치는 등의 즉각 반응이 가능하다. 하지만 '자아'의식이 부족하기에 시공간상에 자신을 투영시켜 전체적인 상황을 파악할 능력은 부족하다.

2단계 의식

변연계의 발달과 함께 감정이라는 메커니즘을 가짐으로써 보다 높은 차원의 의식을 갖는 단계다. 감정을 갖는다는 것은 가족관계를 형성한다는 것이다. 의사소통의 필요성 때문이다. 감정은 일종의 낮은 수준의 언어로 작용한다. 즉 낮은 수준의 '자아의식'을 갖는다. 따라서 먹잇감을 비롯한 대상만 인지하는 것이 아니라, 자신과 가족 등을 시공간상에 투영시켜 상호 관계성의 이해 속에서 전체적인 상황을 모델링하고, 사유(시뮬레이션)를 통해 어느 정도 미래 상황을 추정하고, 협업을 통해 먹이활동을 할 수 있다는 것이다.

사자 무리를 보자. 먹잇감에 노출되지 않기 위해 수풀 속에 몸을 숨기고, 체취가 먹잇감에 감지되는 것을 감추려 바람의 방향까지 고려한다. 먹이 사냥은 역할분담을 통해 일사분란하게 조직적으로 행한다. 새끼들은 적에게 노출되지 않게 공동으로 양육하는 등 놀라운 지능적 행위를 보여준다.

3단계 의식

인간이 갖는 최고 수준의 의식을 말한다. 기억의 회상을 통해 과거를 평가하고, 현재를 인지하며, 미래의 변화를 예측하는 등 섬세한 시공간 모델링과 시뮬레이션 능력을 갖는다. 이를 토대로 강한 '자아의식'을 투영시킴으로써 최고의 지능적 행위를 한다. 무엇보다 언어의 사용을 통해 일체 대상들을 개념화시킴으로써 고도의 추상적 사고를 할 수 있다. 나아가 다양한 수준의 의식들을 적절히 활용함으로써 지구별에서의 최적의 삶을 영위한다. 그림에서 보는 바와 같이 인간의 뇌는 ① 원초적 본능을 담당하는 뇌간/소뇌 등 0단계 및 1단계 의식(Reptilian Brain, 파충류 뇌), ② 감정 처리를 담당하는 변연계에서의 2단계 의식(Mammalian Brain, 포유류 뇌) ③ 이성적 사유를 담당하는 대뇌피질에서의 3단계 의식(Human Brain, 인간 뇌) 등 계층구조적 뇌를 가지고 있어서 복잡다양한 일들을 체계적으로 다룰 수 있다.

진화생물학의 삼위일체 모델에 따르면, 뇌의 구조는 그림에 나타난 바와 같이 엄지를 안에 넣고 부드럽게 말아 쥔 주먹으로 비유된다. 손목은 뇌간, 엄지는 소뇌, 손바닥은 변연계, 손등은 대뇌피질에 각각 비유된다. R영역으로도 불리는 파충류의 뇌, 즉 뇌간과 소뇌는 자기 방어와 이와 관련된 공격적 행위 그리고 위계질서 유지 등의 기본적 생존 본능을 담당한다.

다음으로 진화한 부위가 소뇌를 감싸고 있는 변연계다. 포유류의 뇌로도 알려진 변연계는 감정과 본능의 원천이다. 편도체, 시상하부, 해마 등이 여기에 속한다. 변연계는 기분, 감정, 걱정, 두려움 등 정서적 반응과 행동을 관장한다. 또한 모성애와 같은 유전자 보호 본능을 담당한다.

진화의 마지막 단계로 발전한 뇌가 대뇌피질이다. 대뇌피질은 이성적 사고, 언어 등 고차원적 사고능력이 발휘되는 곳이다. 변연계를 둘러쌓고 있으며 전체 두뇌의 2/3나 차지하는 중요한 기관이다. 대뇌피질은 두 가지로 분류된다. 오른쪽 반구는 패턴 인식, 직관과 감수성 그리고 창조적 통찰 기능을 담당한다. 한편 왼쪽 반구는 이성적 분석과 비판적 사고를 담당한다. 직관과 분석, 아이디어 창출,

0단계 의식	1단계 의식
▪ 온도, 습도, 햇빛, 중력 등에 대한 즉각적 반응 　　　　　　　(꽃, 박테리아) 	▪ 감각 제어 및 자율적 반응 　　　　　　　(파충류) 
2단계 의식	3단계 의식
▪ 실세계 공간 모델링, 대상과의 관계성, 무리 유지, 감정처리　(포유류)	▪ 과거 평가, 모델의 미래변화 예측, 계획 및 추상적 사고　　　(인간) 

의식의 진화 단계

주먹 쥔 손: 뇌의 구조 비유 (출처: 포스트쉐어)

영감의 발현 등이 가능한 곳이 대뇌피질인 것이다. 한마디로 문명은 대뇌피질의 산물이다.

의식의 네 단계를 정신분석 관점에서 보면 의식과 무의식 두 단계로 나눌 수 있다. 의식은 우리들이 알아차리고, 생각하고, 의도를 내는 등 우리들이 알고 있는 모든 일들을 담당한다. 하지만 이것은 빙산의 일각일 뿐, 실제로는 수면 아래 숨어서 은밀히 활동하는 또 다른 의식이 자리한다. 앞서 0단계, 1단계, 2단계 의식의 대부분이 여기에 속한다. 즉 자율적 반응부터 감성적 반응 등은 모두 무의식이 관장하는 반응이라 볼 수 있다. 뇌과학의 관점에서 보면 뇌간, 소뇌, 변연계 등에서 발현되는 마음은 무의식에 속한다.

한편 전전두엽을 중심으로 대뇌피질의 작용으로 발현되는 마음을 의식이라 한다. 무의식이 고속 병렬처리에 따른 무조건 반응에 가깝다면 의식은 직렬처리 방식의 의도적 반응에 해당된다. 뇌과학적으로 무의식처리는 엔그램(engram)이라는 원시 데이터패턴 단위로 작동되지만, 의식은 랭그램(langram)이라는 언어 데이터 패턴 형식으로 처리된다. 물론 이를 위해서는 엔그램을 랭그램으로 변환시키는 언어사전과 번역기가 필요하다. 실제 우리들 두뇌 후두엽 상단부에 자리하는 게쉐윈트(Geschewind's) 영역이 이러한 기능을 담당하는 것으로 알려져 있다. 다시 말해 무의식은 우리들 사고 영역 아래, 즉 수면 속에 잠긴 부분에서의 처리 과정이기에, 의식 차원으로 올라와야 비로소 언어적/개념적 인식과 사유가 가능한 것이다.

그림은 최근의 뇌과학적 연구결과로서 인간의 인지과정을 Sense(감각), Memory(기억), Language(언어), Cognition(인식), Decision(의사결정), Action(행위) 등 6단계로 도식하고 있다. 먼저 눈, 코, 귀, 혀, 피부 등 다섯 감각기관으로 입력된 신호 중에 관심 가는 정보만을 선별적으로 취한다. 여기서 어떤 입력정보를 취할 것인지에 대한 취사선택은 해마 등 무의식 기억에 저장된 호불호-좋고 싫고에 대한 본능적 느낌- 정보에 따라 결정된다. 우선 처리가 필요한 입력정보는 곧바로 Action(행위) 단계로 넘어간다. 이것이 즉각적인 무의식 반응이다. 대부분의 동물에게서 볼 수 있는 본능적 반응이다. 하지만 인간의 경우, 선별적으로 입력된 정보(엔그램)는 Language(언어) 과정을 통해 의식적 파악이 가능한 언어(랭그램)로 변환된다. 의식의 주요 기능인 Cognition(인식)과 Decision(의사결정)은 언어를 토대로 이루어진다. 결정된 정보가 Action(행위)로 실현되기 위해서는 상위의 추상적 언어인 랭그램을 하위의 실행 언어인 엔그램으로 바꾸는 변환작업이 뒤따라야 한다.

파충류나 포유류와 같은 동물들은 유전자에 새겨진 무의식적 자동 프로그램인 본능에 따라 무의식적으로 행동한다. 반면 인간과 같은 유인원은 유전자에는 새겨진 바 없는, 의식적 학습에 더 많이 의존한다. 즉 후천적 교육에 의해 언어를 습득해야 비로소 의식적 사유가 가능한 것이다. 그래야만 랭그램이 형성되며, 세상을 개념적으로 파악할 수 있는 사유가 가능한 것이다. 무의식의 창조자는 부모이지만, 의식의 창조자는 '유령'이다. 무의식이 '자동제어' 장치라면, 의식은 '수동제어' 장치다. 의식과 무의식은 상호 협력한다.

예를 들어, 운전을 처음 배울 때는 의식에 많이 의존하지만, 습관이 되면 무의식적 처리가 대부분이다. 이처럼 의식은 무의식의 습관적 프로그램이 원활히 돌아가도록 도울 뿐만 아니라, 창의력을 갖는다. 의식은 무의식에 저장된 진실과 다른 행동을 보일 때 스스로 통제력을 잃기도 한다. 자기 자신은 속일 수 없다는 얘기다. 다시 말해 의식은 자신의 행동을 돌아볼 뿐만 아니라, 적극적으로 개입할 수 있다. 이처럼 의식은 우리에게 자유의지를 줌으로써, 인간이 단지 프로그램의 희생양이 아니라는 중요한 사실을 일깨워

1부 지능(Intelligence)

준다.

무의식은 현재 시점에서만 작동하지만, 의식은 과거와 미래를 엮어서 생각할 수 있다. 이처럼 과거, 현재, 미래를 통째로 엮어서 파악하려는 개념화 능력에서 '자아'라는 유령이 창발된다. 물론 '자아 의식'은 인류 문명의 원동력인 동시에 인류 파괴의 주범인 야누스적 모습으로 우리와 마주하게 된다. 이에 대한 통찰을 성자들은 지혜라 불러왔다. 독립적 '자아'가 존재한다는 것은 착각이며, 존재란 항상 타자와의 관계성 속에서만 성립되기에 이기심보다는 이타심으로 살아가는 것이 최적의 생존 전략이라는 얘기다.

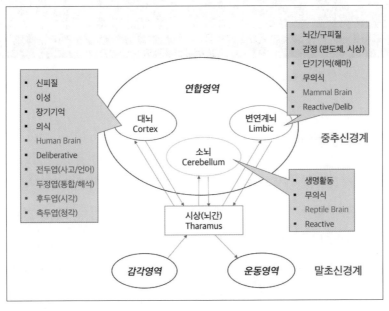

뇌 구조 개념도

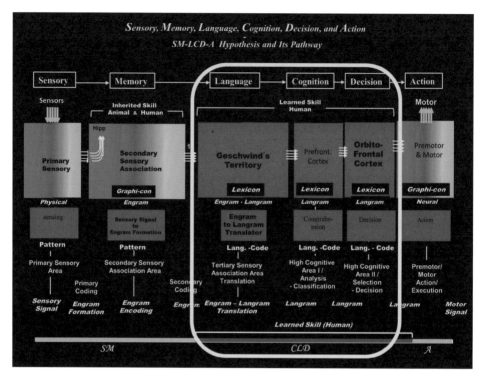

SMLCDA 뇌 인식 모델 (출처: Jang-Hee Cho Summer Seminar)

3. 문명의 진화

언어 사용으로 탄생된 생각이라는 무기를 장착한 인간에게 문명의 발전은 엄청난 속도로 전개된다. 16세기 중세의 산업혁명을 통해 과학문명이 선보이더니, 20세기 들어서 컴퓨터와 인터넷으로 대표되는 정보의 물결이 불어닥친다. 그로부터 불과 한 세기도 지나지 않은 지금 우리는 인공지능이라는 전혀 새로운 세상 한복판에 놓여졌다. 『제3의 물결』이라는 미래 통찰을 선보인 앨빈 토플러의 분류를 따라 문명의 진화 과정을 단계별로 살펴보자.

1부 지능(Intelligence)

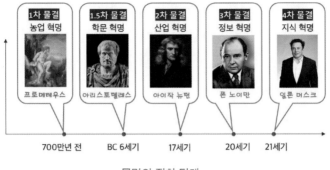

문명의 진화 단계

제1의 물결

그리스 신화에 등장하는 프로메테우스는 인간에게 불을 전해준 중
죄를 범하여 엄청난 형벌을 받게 된다. 불을 이용함으로써 원시 수
렵생활을 끝내고 씨앗을 뿌려 농사를 지으며 사회를 이뤄 정착된
생활을 할 수 있게 되었고, 사회의 효율적 운영을 위해 언어가 형성
되었으며, 이로써 생각이 비롯되었다. 한낱 고등동물에서 신에 도
전할 만한 인간으로 거듭나게 되는 계기를 마련해 준 것이다. 프로
메테우스는 '미리 생각하는 자'라는 의미다. 불로 시작된 언어와 생
각이 결국 문명의 빅뱅이 된 것이다. 토플러는 인류에게 불어닥친
최초의 변화의 물결을 '농업혁명'이라 정의하였다.

제1.5의 물결

토플러가 제시한 단계에는 포함되지 않았지만, 지능과 관련된 중
요한 역사적 단계로 파악되기에 '학문혁명'이라 정의하고자 한다.
세상의 일체 대상들을 언어화하고 개념화하여 논리적으로 분류함

으로써 학문의 토대를 최초로 마련해준 아리스토텔레스야말로 학문혁명의 선구자임을 부정할 수 없다. 논리학과 추론 과정을 소상히 밝힌 그에게 인공지능의 아버지라는 영예를 돌린다 해도 부족함이 없을 것이다.

사유의 대가답게 '자신에 대해 아는 것이 모든 지혜의 시작이다'라는 명언을 통해 '자아의식'의 정체성을 지적하고 있다. 또한 그의 『시학』을 보면, 그의 선견지명이 과학기술 발전 과정까지 내다보는 듯하다. 그는 'Good(훌륭함)'에 대해 정의하고 있는데, 세 가지 요소를 갖춰야 비로소 '훌륭함'의 자격을 얻을 수 있다고 한다. 첫째는 쓸모가 있어야 한다는 것이고, 둘째는 재미있어야 한다는 것이고, 셋째는 감동을 줄 수 있어야 한다는 것이다. 바꾸어 말하자면 기능성과 다양성 그리고 감수성, 즉 감동까지 제공할 수 있어야 한다는 것이다.

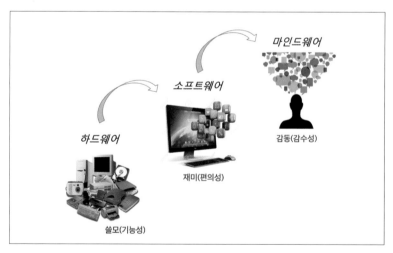

아리스토텔레스가 정의한 '훌륭함'(Good)의 세 가지 요건

과학기술 발전 과정에 비추어 본다면 쓸모는 하드웨어(기계)를 통해 구현되었고, 재미는 소프트웨어(정보)를 통해 실현되고 있다. 이제 남은 한 가지는 마인드웨어(마음)를 통한 감동이다. 한마디로 돈 되는 물건은 이제 감동적인 요소를 빼고서는 얼굴을 내밀 수 없다는 것이다. 물론 인공지능이 그 핵심인 것은 두말할 나위 없다. 아리스토텔레스에 힘입어 우리들은 앎의 '폭'을 넓힐 수 있었고, 향후 '깊이'로 파고들 발판까지 마련한 셈이다.

제2의 물결

"자연의 법칙은 어둠에 잠겨 있었다. 신께서 '뉴턴 있으라!' 하시니, 모든 것이 밝아졌다." 인류 3대 천재 중의 한 명인 뉴턴의 묘비에 새겨진 문구다. 더 이상의 수식이 필요 없을, 인류 최고의 업적을 기리는 말이다. 사실 아리스토텔레스 이후 전개된 중세 봉건시대는 신의 위세로 인해 과학이 발붙일 틈이 없던 암흑기였다. 17세기 뉴턴 이후부터 본격적인 과학의 시대가 열린 것이다.

그는 사과가 나무에서 떨어지는 것을 우연히 지켜보며 물체 간에 작용하는 힘의 원리를 통찰했다고 알려져 있다. 하지만 그는 그렇게 우연적 사건을 계기로 명성을 얻은 운 좋은 사람만은 아니다. 오늘날 우리들이 익히 들어온 과학적 상식, 예를 들면 미분방정식, 만유인력의 법칙, 운동법칙 등등 그가 관여하지 않은 과학적 업적이 드물 정도다. 그래서 그를 과학의 아버지라 부르는 것이다.

사실 그는 예리한 관찰자다. 아리스토텔레스가 개념적으로 정리한 세상의 대상들의 중요한 속성들, 즉 물질 상호간에 작용하는 힘,

시간에 따른 변화량 등에 대해 최상위의 추상화 언어인 수학을 통해 정형화했기 때문이다. 그 덕분에 우리들 앎의 깊이는 더욱 깊어졌다. 그로부터 산업혁명이 시작되어 증기기관, 전기에너지 등을 거치며 문명 발전은 불붙게 된다.

제3의 물결

산업혁명이 안겨준 하드웨어 중심의 과학기술은 폰 노이만이 가져온 정보혁명을 통해 날개를 달게 된다. 뉴턴과 아인슈타인과 더불어 세계 3대 천재로 불리는 그는 안타깝게도 앞선 두 사람보다 덜 알려져 있다. 하지만 그의 천재성은 앞의 두 천재를 단연 압도한다. 정보혁명의 관점은 잠시 접어두고, 물리학의 관점으로 세 천재를 비교해 보자.

먼저 뉴턴은 가시세계에 대한 물리 모델을 통찰한 반면, 아인슈타인은 거시세계에 대한 물리 모델을 통찰했다. 물론 두 모델은 차이가 있다. 하지만 두 모델 사이의 차이를 따지기 위해 우주적 거리 계산에 적용한다 하더라도 극히 미세한 차이일 뿐이라 한다.

한편 두 천재의 업적에 찬물을 끼얹은 괴짜 천재가 폰 노이만이다. 그는 미시세계에 대한 통찰을 통해 앞선 두 천재가 제시한 모델들은 객관적 실체를 전제로 한 바, 전제 자체가 잘못되었음을 지적한다. 즉 물리적 대상을 포함한 일체의 대상은 관찰자의 의식이 관여되어야만 바르게 정의될 수 있음을 간파한 것이다. 일찌감치 양자중첩의 토대를 마련한 것이다. 이것은 단지 양자역학적 업적에 그치는 것이 아니다. 그는 물질과 정신이라는 인간탐구에서의 두 가지 궁극에 대한 교차점을 밝혀낸다. 즉 존재란 곧 정보라는 새로운 관점의 세계관을 선보이게 된 것이다. 그에 따르면 지금 우리들이 보고 있는 눈앞의 대상이란 객관적이고 독립적인 실체가 아니라 관찰자 의식의 연쇄 과정을 통해 의식의 정점인 '자아의식'과의 연결을 통해서만 정의될 수 있는 상호의존적 존재라는 것이다. 그의 연구를 탐구한 슈뢰딩거는 후에 유명한 '고양이'를 얘기하게 된다. 또한 존재는 곧 정보라는 그의 통찰에 영감을 받아 인간 세포체를 연구해 마침내 DNA라는 정보물질을 발견한 이도 있다. 노벨상을 받은 왓슨과 클릭이 그들이다.

폰 노이만이라는 이름은 고작 컴퓨터와 관련된 정도로만 알려져 있지만, 사실 그의 통찰은 미래 강AI의 가능성을 입증하기에 충분하다. 그래서 그는 이렇게 외쳤다. "인간은 할 수 있는데, 기계는 못 하는 것이 있다면 전부 가져와라. 그렇지 않다는 사실을 당장 증명해 보이겠다." 그는 수학, 물리학 이외에도 게임이론 등 경제학에도 남다른 능력을 보여 화성인이라는 별명까지 얻는다. 인간계를 벗어난 천재라는 얘기다. 아인슈타인과 함께 프린스턴 고등연구원에서 앨런튜링, 마빈 민스키 등 기라성 같은 대가들을 지도하던 중 히로시마 원자폭탄을 개발한 맨하튼 프로젝트까지 본의 아니게 참여한 불운을 겪기도 했지만, 그의 수많은 아이디어들은 그의 마지막 제자인 미시간대학의 존 홀랜드 교수를 통해 전해져서 오늘날 인공지능의 큰 업적을 낳게 된다. 폰 노이만이 최초로 제시한 의식의 연쇄를 통한 양자중첩 현상의 재연은 이제 우리들이 완성해야 할 과제로 남았다.

제4의 물결

지금은 고인이 된 미래학자 앨빈 토플러의 『제3의 물결』은 40여 년 전 책이다. 그는 제3의 물결까지 정의했지만, 그 후의 미래 변화에 대한 통찰도 빼놓지 않았다. 놀랍게도 지금의 현실과 크게 다르지 않다. 모든 정보들이 연결되고, 인간에 버금가는 수준의 자동화가 이루어지고, 그래서 인간의 물리적 활동은 줄어들어 집에서도 자동화 도구를 통해 손쉽게 모든 업무를 볼 수 있고, 물건을 받을 수 있는 등이 가능해진다는 것이었다. 오늘날 초연결과 초지능으로 대표되는 4차 산업혁명을 예견한 것이다. 그의 예언처럼 우리는 지금 인공지능, 사물인터넷, 증강현실, 블록체인, 자율주행차, UAM(Urban Air Mobility) 등 우리들 삶을 통째로 바꾸는 혁명적 사건들이 자고 일어나면 다시 새롭게 펼쳐지는 놀라운 세상과 마주하고 있다. 빌 게이츠, 스티브 잡스, 저커버그 등을 거쳐 일론 머스크, 허사비스 등으로 이어지며 변화의 가속도는 힘차게 불붙고 있다.

4. 산업의 진화

이번에는 산업의 관점에서 우리들 삶 속에 자리 잡은 변화의 과정을 살펴보자. 17세기 뉴턴에 의해 밝혀진 과학적 이론들은 인류 문명 발전의 촉매제가 되었다. 지구촌 사람들 사이의 거리는 증기기관차에 의해 가까워졌다. 바야흐로 1차 산업혁명이 시작된 것이다.

19세기 2차 산업혁명은 전기를 발명한 에디슨으로부터 촉발된다. 전기에너지는 지구촌을 화려한 불야성으로 탈바꿈시켰다. 비행

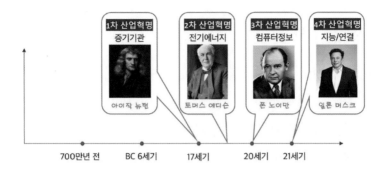

1차 산업혁명	2차 산업혁명	3차 산업혁명	4차 산업혁명
증기기관	전기에너지	컴퓨터정보	지능/연결
아이작 뉴턴	토머스 에디슨	폰 노이만	일론 머스크

700만년 전   BC 6세기   17세기   20세기   21세기

산업의 진화 단계

기, 자동차, 선박의 등장을 필두로 지구촌은 기계와 전자 시스템들이 곳곳에 스며들게 된다.

하지만 산업혁명에 불을 지핀 것은 컴퓨터다. 3차 산업혁명인 정보혁명이 도래한 것이다. 컴퓨터의 놀라운 지능적 정보처리 능력 위에 인터넷의 날개가 더해지면서 지구촌은 하나의 정보 시스템으로 연결되었다. 매 순간 쏟아져 나오는 정보의 홍수 속에서 유용한 정보들을 걸러내는 일은 이제 모든 산업의 골칫거리가 될 지경이다.

물론 AI를 필두로 불어닥친 4차 산업혁명은 '초지능', '초연결'의 기치 하에 지금 우리 눈앞에서 한창 꽃을 피우고 있다. 상상이 곧 현실임이 증명되고 있다. 시나브로 상상하는 자의 시대가 되고 있다.

5. 지능의 진화

지능은 대상에 대한 의미를 이해하여 합리적인 대응 방법을 알아내는 지적 능력으로 정의된다. '대상에 대한 의미 이해'를 위해서는 언어적 개념화가 필요하고, '합리적인 대응'을 위해서는 논리적 추론이 중요하다. 그리고 이런 지적 능력을 뒷받침하기 위해서는 정보와 복제 메커니즘이 필요하다. 그런 필요성의 충족을 위해 등장한 시스템이 DNN(Deep Neural Network)이다.

지능 진화의 역사는 언어 사용으로부터 시작된다. 사유가 비로소 시작되었기 때문이다. 단순히 일상적 삶의 편의를 위한 수단으로서의 사유를 뛰어넘어 본격적인 사유 체계가 갖춰진 것은 기원전 6세기 아리스토텔레스부터 시작된다. 세계 내의 모든 객체 대상들을 명명하고 분류하여 속성까지 표현함으로써 우리들의 지적 능력을 크게 확장시킨 것이다. 또한 주어진 명제와 현재 알려진 팩트로부터 결론을 도출해내는 논리 추론 방식이 정립되었다. 그로부터 오랜 세월이 지나 20세기가 되어서야 논리추론에 의한 사유 메커니즘의 뼈대가 세워진다. 폰 노이만에 의한 정보와 복제가 그것이다. 즉 메모리와 CPU로 구성된 컴퓨터가 등장한 것이다.

이제 인간처럼 정보를 활용해 정보를 읽고 정보를 생성해 낼 수 있는 사유의 원리를 그대로 재연한 기계장치가 탄생된 것이다. 이러한 발판이 마련되었기에 21세기를 지나는 요즘에 이르러 마침내 AI 시대를 맞이할 수 있게 된 것이다. 지능의 원리, 즉 AI의 원리, 나아가 존재의 원리가 밝혀진 것이다. 물론 그 핵심은 정보, 바로 앎

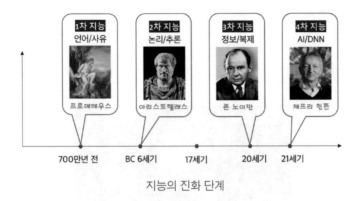

지능의 진화 단계

이다. 지능이 하는 일, 즉 지적 존재가 하는 일이란 그저 앎을 형성하고, 저장하고, 전달하고, 활용하는 일이 전부인 것이다.

6. 마무리 글

우리는 하나의 세포로부터 만들어진다. 세포 내에 자리한 DNA 게놈 정보에 의해 세포는 분열된다. 그 뒤 세포와 세포 간의 결합을 위해 배선이 시작된다. 이렇게 형성된 시냅스 결합을 통해 자기조직화가 일어난다. 조직들은 유기적으로 체계화된다. 우리는 이처럼 수많은 피드백결합과 함께 고도로 분화된 일종의 계층적 병렬컴퓨터다.

　단위 컴퓨터인 뉴런은 다수결 원칙에 따른다. 계층구조적 병렬분산 컴퓨터 시스템의 토대 위에서 발현되는 자기조직화 복잡계현상을 통해 창발적 진화는 거듭된다. 즉 세상은 조금씩 지속적으로 변해온 것이 아니라, 특정 시점마다 예전에 없던 급격한 변화를 겪으며 진화해 왔다는 것이다. 진화는 인류를 만물의 영장에 위치시켜 주었다. 이제 인류를 거울 삼아 태어난 AI가 인류를 대신하려 한다. 그렇다면 AI의 진화는 인류의 위협일까?

영화 〈혹성탈출〉

진화의 끝, 앎의 정점은 어디일까? 소크라테스는 말한다. "숙고하지 않는 삶은 가치가 없다." 니코스 카잔차키스의 『희랍인 조르바』 한 대목으로 마무리한다.

"내 언제면 혼자, 친구도 없이, 기쁨과 슬픔도 없이,
오직 만사가 꿈이라는 신성한 확신 하나에만 의지한 채
고독에 들 수 있을까?
언제면 욕망을 털고 누더기 하나만으로 산속에 묻힐 수 있을까?
언제면 내 육신은 단지 병이며 죄악이며 늙음이며
죽음이란 확신을 얻고
두려움 없이 숲으로 은거할 수 있을까?
언제면, 오~ 언제면?"

1부 지능(Intelligence)

제3장 **AI의 진화**

- 많이 컸네?

원조 논란은 맛집 골목에서만 벌어지는 게 아니다. AI의 원조는 누구일까? AI의 아버지라는 명예는 누구에게 돌아가는 것이 합당할까? 알파고의 제작자 허사비스? 알파고의 토대인 CNN(Convolution Neural Network)의 창시자 제프리 힌튼? 아니면 최초로 뉴런 모델을 제시한 맥클리츠와 피트에게 가야 할까? 아니면 정보와 복제라는 지능 기계의 핵심 메커니즘을 제시하여 컴퓨터시대를 활짝 연 폰 노이만에게 아버지라는 영광을 돌려야 할까? 조금 더 거슬러 우리들에게 논리적 사고법칙을 최초로 정리해준 아리스토텔레스가 원조일까?

　이번 장에서는 AI의 역사를 살펴본다. 원조의 영광이 누구에게 돌아가느냐는 것도 나름 의미 있는 일이겠지만, AI의 본질을 이해하기 위해서는 AI의 진화 역사를 살펴보는 것이 중요할 것이다. 수많은 관련 연구자들의 노력과 열정을 생각하면, 어느 하나도 쉽게 지나칠 수 없겠지만, 본서에서는 간략히 소개하고자 한다.

AI의 발전 흐름은 크게 두 가지 관점으로 정리된다. 하나는 인간의 사고방식, 즉 마음의 작동 원리를 흉내낸 하향식(Top-down) 접근이다. 언어형식의 논리데이터를 기반으로 하는 논리추론, 전문가시스템, 지식표현, 자연어처리, 게임이론, 플래닝 등이 여기 속한다. 다른 하나는 뉴런, 오토마톤, 염색체, 셀 등과 같은 단순 개체들을 다수의 다중 구조로 연결함으로써, 인간 뇌의 작동 원리를 모방한 상향식(Bottom-up) 접근이다. 수치데이터의 무수한 연산을 통해 달성되는 인공신경회로망, 머신러닝, 컴퓨터비젼, 인공생명, 유전알고리즘 등이 여기 속한다. 이러한 두 가지 관점은 광의의 의미에서 과학적 패러다임과 일치한다.

하향식은 정확한 규칙에 근거한 직렬처리에 의해 부분적 답을 구한 뒤 합산하면 최종적 답을 정확하게 얻을 수 있다는 가정을 전제로 하기에, 기호주의 또는 환원주의라 한다. 반면 상향식은 부분적 답들의 무수한 병렬처리의 상호작용과 반복을 통해 최종적 답을 얻는 방법이기에 연결주의 또는 전체주의라 부른다. 라이벌이 있어야 경쟁력도 커진다. 본격적인 AI 시대가 시작된 1950년대부터 양대 라이벌 간에 여러 차례 희비가 엇갈리며 지금까지도 훌륭한 라이벌로서 AI 발전을 견인하고 있다. 두 라이벌이 하나로 합체될 때가 우리들 인간이 두려워해야 할 시점일지 모른다. 뇌와 마음이 하나의 통일체로 작동되는 인간과 다를 바가 없기 때문이다.

1. 초기 단계 : 기원전 6세기~19세기

소크라테스, 플라톤, 아리스토텔레스, 소피 스트 등의 사상가들이 자유로운 사고를 마 음껏 누릴 수 있었던 기원적 6세기에 모든 학문은 이미 완성되었다고 말하는 이들도 있다. AI의 중요 분야를 차지하는 논리추론, 지식표현 등은 이미 이 시대에 토대가 갖춰 졌다. 이데아라는 순수본질에 대한 추구를 강조했던 스승 플라톤(그림 왼쪽 손가락으로

플라톤과 아리스토텔레스

하늘을 가리키는 사람)과 달리 아리스토텔레스(그림 오른쪽 손바닥으로 땅을 가리키는 사람)는 경험적이고 실천적인 팩트를 강조한 것으로 보인다.

논리학

아리스토텔레스는 논리학의 체계를 완성함으로써 학문의 아버지 가 된다. 논리학이란 사유의 형식과 법칙을 다루는 학문이다. 다시 말해 추론의 형식과 법칙을 연구하는 학문이다. 즉 논증이나 명제 들의 형식과 법칙을 연구하는 학문이다. 명제(proposition)란 true나 false일 수 있는 최소단위의 문장이며, 논증(argument)이란 명제들 의 집합이다.

주어진 팩트에서 새로운 팩트를 생성하는
셜록 홈즈의 추리력
(출처: The Stand Magazine)

추론 메커니즘

명제로 표현되는 대전제와 소전제(팩트)를 통해 결론을 도출해 내
는 추론 과정, 즉 연역추론, 귀납추론 등 삼단논법을 선보인 사람도
아리스토텔레스다. 예를 들면, '범인이라면, 현장에 있어야 한다.'
라는 대전제가 알려져 있다고 하자. 여기에 '철수는 현장에 없었
다.'는 팩트가 알려졌다고 하자. 이 경우, '철수는 범인이 아니다.'라
는 결론은 논리적으로 합당하다. 이러한 결론 도출의 과정을 아리
스토텔레스는 후건부정(Modus tollens)에 의한 추론이라 불렀다. 명
제에 따른 논리표현과 이를 활용한 추론 메커니즘은 지금까지 AI추
론의 핵심 이론으로 자리한다.

지식표현

'종속강목과문계…'로 이어지는 린네의 분류학은 아리스토텔레스
에게서 기원한다. 태초에 하느님께서 우주를 창조하심에 첫 번째
작업은 '말씀이 있으셨다'이다. 아리스토텔레스 또한 세상에 식별
가능한 모든 개체들에게 명칭을 부여한 뒤, 종류별로 분류하였다.

그리고 각각의 개체에 대한 속성을 정리하였다. 학문의 아버지라 불릴 만한 대단한 업적이다. 하지만 현대 철학자들은 이것이 우리들 문제의 근원이라고 비판하기도 한다. 세상 일체를 고정불변의 독립적 존재로 개념화시켰기 때문이다.

언어는 사고를 조형한다. 무심코 붙인 이름 때문에, 우리는 고정 관념에 사로잡혀 대상을 있는 그대로 바로 보지 못하는 경우가 대부분이기 때문이다. 우리는 결코 언어적 영역 바깥을 볼 수 없다. 언어에 갇힌 존재라는 말이다. AI도 마찬가지다. 어떤 수준의 개념, 즉 지식을 담고 있느냐에 따라 적이 될 수도, 동지가 될 수도, 스승이 될 수도 있는 것이다.

아리스토텔레스 이후에도 당연히 수많은 역사들이 이루어져 왔지만, 17세기 산업혁명 이전까지의 봉건시대에는 합리적, 과학적 사고는 신 중심의 체계 속에 묻혀 버렸다 해도 과언이 아닐 것이다. 뉴턴 이후부터 시작된 근세에 이르러 문명 발전을 이끈 과학적 역사가 시작된다. 지식표현 관점에서는 만유인력의 법칙, 미분방정식, 플레밍의 왼손법칙 등 개체의 속성에 대한 변수값과 그 계산방법이 하나씩 밝혀진 것이다.

하지만 개체 하나하나의 독립적 명칭과 속성만으로는 세상의 지식을 완전히 표현할 수는 없다. 개체란 다른 개체와의 끊임없는 상호작용을 통해서만 규정될 수 있기 때문이다. 이처럼 개체를 정보와 관계성을 통해 파악하려는 높은 수준의 통찰이 세상에 알려지기 시작한 시기는 1900년대 초기다. 세계 최고의 천재 중 한 명인 폰 노이만이 등장한 것이다.

정보 관점의 세계관

반인반수! 반은 인간 반은 화성인이라는 별명을 얻을 만큼 괴짜 천재가 폰 노이만이다. 수학, 양자역학, 경제학, 생물학은 물론 핵심적으로 AI에 결정적 역할을 끼친 사람이다. 그는 존재를 '정보'로 파악하였다. 그리고 존재의 생명을 정보의 '복제'로 파악하였다. 이를 밝히려면 기존 수학의 해석적 방법으로는 불가하다 하여, 해석적 방법과 대비되는 '시뮬레이션' 방법을 최초로 제시한다. 또한 '정보'와 '복제'를 근간으로 구현하는 학문분야를 '사이버네틱스(인조공학)'라 명명하였다. 그리고 사이버네틱스가 인간을 능가하게 되는 최초의 전환점을 '특이점(singularity)'라 명명하였다.

그의 정보 관점의 세계관은 양자중첩으로도 이어진다. 대상은 관찰자의 의식의 개입이 있어야만 파악될 수 있다는 양자역학의 입장을 취한다. 달리 말하자면 대상의 정보는 감각기관을 통해 입력되어 관찰자가 이미 보유한 정보와의 연계를 통해야만 비로소 인지된다는 말이다.

히로시마 원자폭탄 개발 프로젝트에 참여하기도 하고 함께 프린스턴 고등연구원에 재직했던 세계 최고의 두 천재, 아인슈타인과 폰 노이만은 양자역학에 있어서는 의견이 충돌한다. 양자중첩 실험 결과의 해석에 대해 반대의 입장에 섰던 아인슈타인은 "신은 주사위 놀이를 하지 않는다."는 명언을 남긴다. 관찰자에 따라 때로는 입자로 때로는 파동으로 보일 수 있다는 양자역학의 실험 결과를 도저히 받아들일 수 없다는 입장이다.

반면 정보 관점의 세계관을 가진 폰 노이만은 인식대상은 항상

1부 지능(Intelligence)

쌍벽을 이뤘던 세계 최고의
천재 아인슈타인과 폰 노이만

관찰자 의식의 연쇄 과정을 통해 파악되며 의식의 정점에 자아의
식이 있다는 입장을 밝힌 바 있다. 즉 물질은 의식의 개입 없이 독
자적으로 인식될 수 없다는 점을 『양자역학에 대한 수학적 토대』
라는 유명한 저술을 통해 밝힌 것이다. 몇 년 뒤 이 책에서 영감을
얻은 슈뢰딩거는 '고양이' 얘기로 유명해진다.

게임이론

AI는 바둑게임에 적용한 AI, 알파고를 기점으로 확산되었다. 하지
만 게임의 법칙에 적용될 AI 이론은 이미 폰 노이만에 의해 완성되
었다. Mini-Max라는 게임이론은 1900년대 미국과 소련 간의 경쟁
구도가 극에 달했을 때, 정부 요청에 의해 최적 군사전략 도출을 위
해 만들어진 이론이다. 지금은 알파고를 비롯한 모든 게임이론에
적용되는 핵심 이론이 되었다. 또한 구조적 지식표현 방법의 하나
로 자리하게 된다.

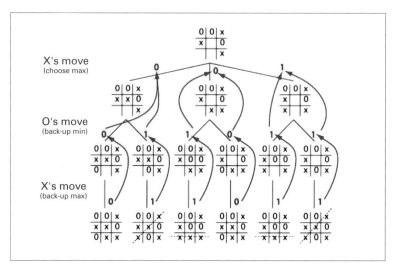

폰 노이만의 게임트리: Tic-Tac-Toe 예제 (출처: KR-IST Chris Thornton)

퍼셉트론

1940년대에 들면서 상향식 AI의 커다란 발판이 마련된다. 인간의 운동뉴런을 모방한 수학적 뉴런 모델이 최초로 발표된 것이다. 인공신경회로망의 주춧돌이 놓아진 것이다. 연구자인 맥클러치와 피트에게 노벨상의 영광이 주어진 것은 너무나 당연한 일이었다. 이무렵 신경심리학자 도널드 헤브는 뇌의 가소성을 발표한다. 뇌의 학습 가능성을 최초로 확인한 것이다. 운동 뉴런의 시냅스-인공 뉴런의 가중치-의 변화를 밝혀낸 것이다. 오늘날 딥러닝 학습의 초석이 세워진 때이다.

컴퓨터 구조

존재와 생명을 정보와 복제로 파악한 폰 노이만의 통찰은 컴퓨터

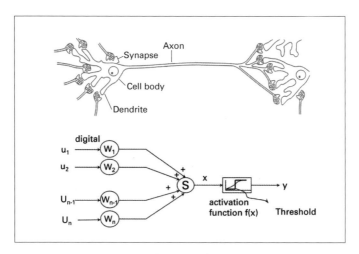

운동 뉴런과 뉴런 모델

설계에 적용된다. 메모리와 중앙처리장치(CPU), 즉 정보(앎)와 복제장치(알고리즘)로 구성된다. 뒤에 그의 후배인 앨런 튜링에 의해 완성된 컴퓨터는 폰 노이만의 정보 관점 세계관에서 비롯된 것이다.

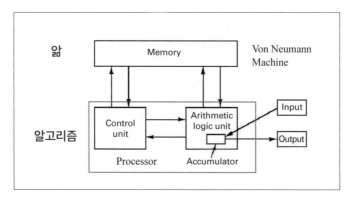

폰 노이만형 컴퓨터 구조

엔트로피 정보이론

엔트로피 원리를 활용한 샤논의 정보이론도 1940년대에 발표된다. 0과 1로 표현되는 bit를 정보표현의 기본단위로 제시한 사람이다. 정보량에 대한 수학 모델을 정립함으로써 AI의 의사결정트리 등 지식표현은 물론 통신, 암호학 등 수많은 과학 분야에서 결정적 기여를 한다.

2. 정의 단계 : 1950~1960년대

뉴웰, 맥카시, 샤논 등이 "Artificial Intelligence"라는 명칭을 만들어 학회를 설립함으로써 AI를 본격적인 학문분야로 자리매김시킨 시기다. 쟁쟁한 창립멤버들이 이 시대를 이끌며 AI의 초석을 다진다.

튜링기계 및 튜링테스트

「Can Machine Thinks?」 컴퓨터의 아버지 앨런 튜링이 발표한 논문 제목이다. 실험대상에게 말을 걸어서 그가 사람인지 AI인지를 가리는 지능 판별법이다. 주어진 시간 동안 채팅을 한 뒤 심사위원 3분의 1이 사람이라고 확신하면 지능이 있다고 결론을 내리게 된다. 만일 실험대상이 AI였다면 AI가 지능을 지녔다고 인정해 주자는 것이다. 무척 합리적인 방법처럼 보이지만 뒤에 언어학자 존 설은 유명한 '중국어방' 비유를 통해 반론을 제기한다. 중국어방 비유는 다음과 같이 요약된다.

중국어를 모르는 영국인이 방에 들어가 중국어 문제를 받는다.

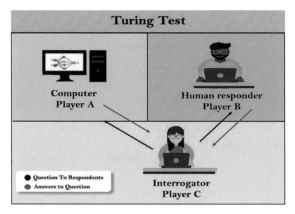

튜링 테스트 개념 (출처: javapoint)

영국인은 방안에 있는 규정집에 명시된 도형들을 열심히 대조하면서 적절한 도형을 찾아 방 밖으로 출력한다. 물론 도형은 중국어다. 영국인에게는. 하지만 방 밖에서 이 광경을 지켜본 사람은 방안 영국인의 중국어 실력에 감탄을 금치 못할 것이다. 이것을 과연 지능이라 부를 수 있겠느냐는 것이 존 설의 반론이다.(뒤의 그림 참조)

일반 문제 해결 방법론

인지과학자 뉴웰은 인간의 인지과정을 탐구한 끝에 Means-end Analysis라는 문제 해결 방법론을 제시한다. 인간의 인지과정은 BDI(Belief – Desire – Intention)로 요약된다. 즉 감각입력을 통해 현재 상태(Belief)를 확인한 뒤, 목표(Desire)를 결정하고, 목표 달성을 위한 세부 계획(Intension)을 구상하여 실행에 옮긴다는 것이다. 뉴웰은 이 문제를 간략히 end(목표 상태)까지 이르기 위한 수단(means)을 찾는 것으로 정리하여 Means-end Analysis라 이름하였

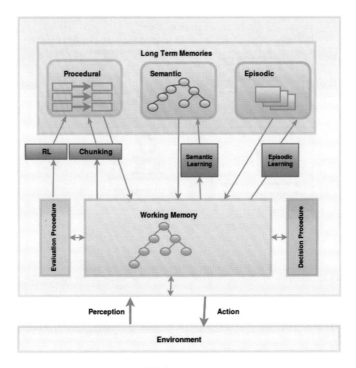

SOAR 아키텍처 (출처: ResearchGate)

다. 후에 AI의 중요 분야 중 하나인 플래닝의 핵심 이론으로 자리잡게 된다.

한편 Means-end Analysis는 뒤에 SOAR (State-Operation-and-Result) 아키텍처 형태로 발전되어 AI 에이전트 설계 도구로 폭넓게 활용된다. SOAR 또한 이름만 다를 뿐 BDI나 Means-end와 다를 바 없다. 현재 상태(State)에 행위(Operation)가 가해지면 다음 상태로 바뀌게 된다. 목표(Result)에 도달할 때까지 이러한 과정을 반복함으로써 문제를 해결할 수 있다는 플래닝의 원리를 기반으로 형성된 AI아키텍처다. 절차(Procedural), 의미(Semantic), 일화

1부 지능(Intelligence)

(Episodic) 등 처리 내용에 따른 다양한 지식표현 방법을 제공한다.

세포자동자

맥카시가 제안한 오토마타(자동자) 이론을 세포자동자로 확장한 폰 노이만은 인공생명 분야의 토대를 마련한다. 사실 폰 노이만이 초기에 제시한 컴퓨터구조는 하나의 세포, 즉 최소 생명단위체를 위한 설계였다. 그의 궁극적 목적은 다중세포, 즉 여러 컴퓨터를 연결시킴으로써 상호의존적으로 정보를 생성하고 복제하고 피드백하는 인공생명체, 즉 마른 생명체의 구현이었다. 물론 그의 혁신적 아이디어는 그의 제자인 복잡적응시스템의 존 홀랜드, 시뮬레이션의 버나드 지글러, 인공생명의 크리스 랭턴, 유전프로그래밍의 존 코자 등으로 이어지는 복잡계과학 관련 상향식 연구그룹으로 이어져 하나씩 현실화되고 있다.

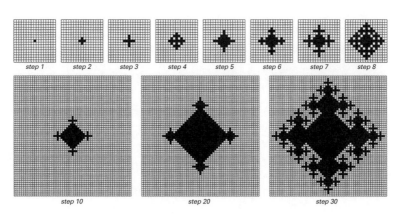

2D 세포자동자 예 (출처: New Kind of Science)

세포는 인접 세포로부터 입력 받은 정보와 자신이 갖고 있던 상태 정보를 기반으로 다음 상태를 결정한 뒤 인접한 세포로 출력한다. 이러한 부분적 개체들의 분산 병렬 작동이 동적으로 끊임없이 일어나게 된다. 분명 부분적인 작은 변화의 움직임에 불과하지만, 전체적으로 보면 엄청난 변화의 모습을 띠기도 한다. 마치 산사태나 쓰나미 같은 폭발적인 사태가 한순간에 벌어질 수 있는데, 이것을 창발 현상이라 한다. 이러한 자기조직화 현상을 보이는 시스템을 복잡적응시스템이라 한다. 세포자동자가 바로 복잡적응시스템의 기본 모델이다.

인공신경회로망의 한계: XOR 문제

인간 뇌세포에 대한 수학 모델이 밝혀진 이래 인공신경회로망에거는 기대는 폭발적이었다. 안타깝지만 이 기대에 찬물을 끼얹은 이는 다름 아닌 AI의 아버지를 불리는 마빈 민스키였다. 그가 논문에 제시한 XOR 문제는 신경망 연구를 10년 정도 정체시킨 원흉으로 회자되곤 하지만, 그것은 그의 진의가 아니었을 것이다. 그는 당시 인공신경회로망의 한계점을 정확히 지적한 것이다. 대부분의 신경망 연구자들이 그의 한마디에 발을 뺀 것이 진짜 문제였다. 오히려 민스키가 지적한 한계를 뛰어 넘을 방안을 그때 강구했더라면, 후세에 이름을 남길 연구자가 되었을 것이다. 부득이 그 영광은 그로부터 10여년이 지난 뒤 홉필드, 그로스버그 등 후배 연구자의 몫이 되었다.

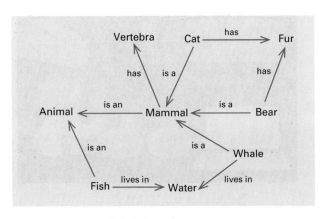

의미망 예 (출처: Wikipedia)

의미망

1960년대 로스 퀼리안은 의미망이라는 구조적 지식표현 방법론을 정립한다. 노드와 링크에 기반한 네트워크 형태의 표현 방법으로, 아리스토텔레스에 의해 제시된 기존의 개체 중심의 표현을 개체와 개체 간의 상호관계로까지 확장할 수 있게 되었다. 이제 객체는 물론 타 객체와의 관계성까지 정형적으로 표현하게 됨으로써 지식표현 활용이 본격화된다. 자연어 처리는 물론 객체 지향 방법론의 토대가 되었음은 물론이다.

3. 정립 단계 : 1970~1980년대

하향식 AI와 상향식 AI, 양대 접근 방법들이 주거니 받거니 앞서거니 뒤서거니 하면서 AI 발전을 견인한 시기다. AI의 주요 이론과 개념들이 확고히 자리 잡아 가는 단계다.

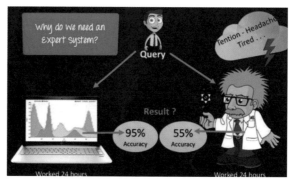

전문가시스템 필요성 (출처: Guru99)

전문가시스템

논리추론과 지식표현 방법론을 장착한 AI구현체로서 등장한 것이 전문가시스템이다. 뜬구름만 잡는 듯, 이론단계에만 머물던 AI를 실생활로 끌어당긴 중요한 계기가 된다. 그림에서 보는 바와 같이, 컴퓨터의 성능은 인간과 비교조차 할 수 없다. 하루 종일 일하느라 지친 인간의 능률이 55%에 불과하다면, 컴퓨터는 95%에 달한다. 피로감이 없다. 실수가 없다. 기억용량과 계산속도는 말할 것도 없다. 전문가시스템은 규칙기반이나 케이스기반의 지식베이스와 추론엔진을 갖춤으로써 MYCIN과 같은 분류용 전문가시스템(Classification Expert System)이나 XCON과 같은 합성용 전문가시스템(Synthesis Expert System)으로 발전되어 다양한 응용분야에서 폭넓게 활용되고 있다.

1부 지능(Intelligence)

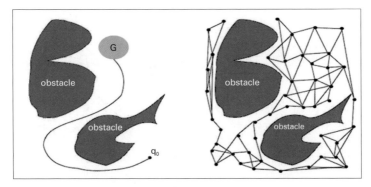

로봇 모션 플래닝 개념 (출처: IEEE Spectrum)

플래닝(탐색)

인지심리학의 BDI(Belief-Desire-Intension) 개념을 토대로 Means-end에 의한 문제해결 방법론과 의미망에 기반한 탐색트리 등의 지식표현 방법을 이용한 플래닝 이론들이 정립된다. BDI란 감각된 정보로부터 상황 파악(Belief)이 이루어지면 목표(Desire)를 설정한 뒤, 목표 달성을 위한 세부계획(Intension)을 세우는 일련의 인간 인지과정을 요약한 인지모델이다. 이를 더 요약하면 Means-end가 된다. 즉 end(목표)에 도달하기 위한 means(수단)를 찾는 것이 플래닝의 요점인 것이다. 동적 프로그램(Dynamic programming)과 힐 크라이밍(Hill-climbing), A* 등 다양한 최적화 탐색 알고리즘이 선보이며, 로봇 경로계획 등 다양한 분야에 적용된다. 그림은 초기 상태 q_0에서 목표상태 G까지의 경로점 기반 탐색 개념을 보이고 있다.

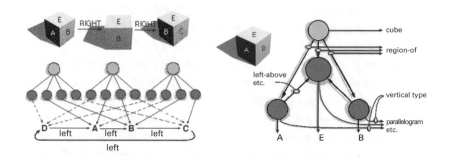

프레임 이론에 따른 표현 예 (출처: MIT AI Lab)

프레임이론

만유인력의 법칙, 열역학법칙, 플레밍 왼손법칙 등 수많은 법칙, 원리, 원칙, 공리 등을 통해 인류는 세상을 보다 정밀하게 해석할 수 있게 되었다. 이처럼 객체 중심의 기능적 지식표현 방법론에서 구조적 지식표현으로 확장시켜 준 것이 의미망이다. 민스키는 기능과 구조 두 지식표현 간의 유기적 결합을 위해 통합 방법론을 제시한다. 바로 프레임이론이다. 아이디어는 간단하다. 객체를 정형적으로 표현하는 틀(프레임)을 만들어 여러 개의 슬롯(항목)으로 체계화시킨다. 예를 들면 객체의 이름을 저장하는 명칭 슬롯, 변수, 상수값이나 기능 등의 저장하는 속성 슬롯, 그리고 타 객체와의 관계성을 표기한 관계성 슬롯, 처리 방식을 표기한 알고리즘 슬롯 등이 활용될 수 있다.

프레임이론은 객체 지향 패러다임의 토대가 된다. 아이디어는 간단하지만, 인식론적 의미는 크다. 프레임이론은 우리 주변의 세계

1부 지능(Intelligence)

가 우리로 하여금 이 세계의 분석에 사용하지 않을 수 없게끔 하는 기본적 개념으로서 아리스토텔레스의 범주(분류법)와 같다. 즉 수시로 변화하는 실세계의 세부사항들을 적절하게 체계적으로 인식할 수 있도록 해주는 인식 틀이다.

다층 신경회로망

마빈 민스키에 의해 촉발된 신경망 암흑기를 벗어난 것은 1980대의 일이다. 홉필드를 선두로 그로스버그, 코호넌 등이 XOR문제를 단숨에 해결할 은닉층 개념을 제시함으로써 다층 인공신경망의 르네상스가 펼쳐진다. 바야흐로 인공신경회로망 시대가 본격적으로 펼쳐진 것이다. 물론 계속 장밋빛은 아니었다. 제프리 힌튼의 심층 신경회로망, 그리고 TPU, GPU 등 AI전용 하드웨어가 등장하기까지 험난한 여정은 한참동안 이어진다.

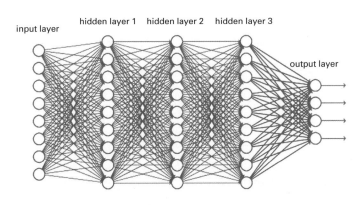

다층신경회로망 구조

4. 발전 단계 : 1990~2000년대

하향식 AI와 상향식 AI, 두 AI 패러다임은 서로 주거니 받거니, 앞서
거니 뒤서거니 하면서, 라이벌 구도를 형성하였고, 결론적으로 AI
발전의 견인차가 된다. 일반인들은 체감하지 못하겠지만, 21세기
를 전후한 이 시기야말로 수많은 연구자들에 의해 AI의 기둥이 세
워진 결정적 시기였다.

곤충로봇

크기 30~40cm에 불과한 귀여운(?) 벌레로봇을 가슴에 안고 있는
MIT 로봇연구자 브룩스 교수의 사진이 타임지 표지 모델을 장식한
것은 1990년대 초반의 일이다. 소나센서 몇 대와 4~5쌍의 다리로
구성된 벌레로봇의 뇌세포 수는 고작 50개에 불과했다. 하지만 스
스로의 학습을 통해 장애물까지 헤쳐 나가며 목적지까지 찾아가는
놀라움(?)을 보여주었다. 물론 실제로는 목적지까지 직선 운동 중
에 갑자기 전화번호부책(Yellow Page)이 놓이자, 한동안 머뭇거리
다가 우회하여 본래 목적지를 찾아간 것이다. 지능적이라 보기엔
너무나 단순한 움직임이지만, 기껏 50개의 뇌세포로 이룬 성과이
기에 기대되는 바는 무척 컸다.

　브룩스의 말처럼, 만약 뉴런수를 3만 개 수준으로 늘인다면 어떤
결과가 나올지 무척이나 궁금하지 않을 수 없었다. 3만 개의 뉴런
이라면 개미나 쥐의 수준이다. 집단을 형성하고, 위계질서를 통해
조직적으로 세력을 확장해 나가는 집단지능을 보이는 엄청난(?) 수

MIT 브룩스 교수의
곤충 로봇

준인 것이다.

　최근 들어 31,000개 세포에 37,000만 개 시냅스로 구성된 쥐의
뇌 모델이 스위스 신경과학자들에 의해 완성된 바 있다. 블루 브레
인 프로젝트다. 아직 시뮬레이션 결과까지는 구체적으로 알려진
바 없지만, 앞으로 어느 정도의 지능을 재연해 낼 수 있을지 기대된
다. 아마도 많은 시간이 필요할 것이다. 물리적 구성물을 갖추었다
고 해서 지능이 바로 튀어나오는 것은 아니다. 그것은 구성물을 매
개체로 수많은 정보들이 상호작용하고 피드백되면서 서서히 발현
되는 기나긴 창발의 시간이 필요하기 때문이다.

딥블루: 체스게임 대결

1990년대 말, "Can Machine Think?"란 타임지 표지 제목이 눈길을
끈다. 튜링의 논문 제목을 다시 올린 것이다. AI가 인간을 물리친
세기적 사건이 발생했기 때문이다. 체스게임이었다. 인간 대표는 7
년 연속 세계 챔피언에 등극해 있던 러시아의 가리 카스파로프였
다. 이에 맞서는 AI는 DEEP Blue라는 IBM 슈퍼컴퓨터다. 7판 4선

승제 시간제한 체스게임에서 4전 전승으로 가볍게 인간 챔피언을 물리쳤다. 사회적 반향은 컸지만, 회의적 시선도 적지 않았다. 그것은 지능의 승리라기보다 기억용량과 계산속도의 승리이기 때문이다. 아무튼 이로 인해 지능에 대한 정의와 의미에 대해 많은 논란이 시작된다.

복잡적응시스템

폰 노이만의 존재 개념에서 비롯된 인공생명, 복잡적응시스템, 유전알고리즘 등의 토대가 세워진다. 폰 노이만의 마지막 제자 존 홀랜드에 의해서다. 인공신경회로망과 함께 상향식 AI의 양대 산맥을 정립하게 된다. 사실 세포자동자와 뉴럴네트워크는 관점의 차이일 뿐 하나다. 둘 모두 주변 객체들과의 부분적 상호작용을 통해 전체적 양상이 드러나는 복잡적응시스템이기 때문이다. 다만 폰 노이만은 스스로의 발현, 즉 창발이라는 개념을 특히 강조하였다. 그의 궁극적 관심사는 의식의 발현이었기 때문이다. 양자중첩 논문을 통해 밝혔듯, 대상에 대한 인식에 있어서 관찰자의 의식을 배제할 수 없기 때문이다. 인공마음의 가능성을 열어놓은 것이다.

자율시스템

1990년대를 전후하여 NASA에서는 우주탐사용 로봇 제작을 기획한다. 우주라는 특수 상황에서도 인간의 간섭 없이 장시간에 걸쳐 최종 목표를 스스로 해결할 로봇 연구를 위해 새로운 정의가 필요했다. 바로 '자율'이다. 이때부터 무인자율시스템이라는 AI 연구 분

화성탐사용 자율시스템

야가 태동된다. 무인항공기, 무인수상정, 무인잠수정 등 주로 국방 분야에서 활성화되고 있지만, 최근에는 자율주행차, UAM(Urban Air Mobility) 등을 통해 실생활에 들어선 미래 핵심 기술로 부상하였다.

다중 에이전트시스템

자율시스템 구현을 위한 AI 에이전트 아키텍처 설계 방법론에 대한 연구가 한창 진행되었다. 인지과학의 BDI모델, 뉴먼의 7단계 인지모델, 초대 인공지능 학회장 뉴웰의 means-end analysis 로부터 기원하는 SOAR(State, Operation And Result) 아키텍처를 중심으로 INTERRAP(Integration of Reactive Behaviour and Rational Planning), HEAP(Hierarchical Encapsulation Abstraction Principle), AEEE(Abstraction, Encapsulation, Endomorphism, Evolution) 등 다양한 AI 다중 에이전트 아키텍처들이 연구되어 각종 AI 구현 시스템에 적용된다.

5. 확산 단계 : 2010~현재

AI 전용 하드웨어의 눈부신 발전과 특히 알파고로 촉발된 딥러닝에 힘입어 AI가 실생활에서 확고히 자리 잡는 시기다. AI 빅뱅의 시작이다. 기술적 이슈뿐만 아니라, 정치, 문화, 경제, 윤리, 철학, 종교적으로도 많은 질문과 과제를 던지게 된다.

왓슨: 퀴즈게임 대결

2011년 IBM 슈퍼컴퓨터 왓슨은 빠른 재치와 비속어로 유명한 제퍼디 퀴즈쇼에 출전한다. 자연어 처리는 AI 핵심 분야다. 사람과 자연스럽게 대화할 수 있는 능력은 튜링테스트에서 중요한 요소이다. 왓슨은 이 퀴즈쇼에서 최고 실력자 2명과 큰 차이로 우승컵을 거머쥔다. 후에 왓슨은 암진단 등 의료분야로 진출한다.

페퍼

일본에서는 일찍이 인간과의 교감을 중시한 AI 로봇을 출시한 바 있다. 강아지 모습을 한 아이보는 1999년에 제작되어, 2006년 단종될 때까지 많은 이들의 가슴에 따뜻한 위로를 남겼다. 하지만 아이보의 사망 선고는 많은 이들을 아프게 했다. 장기기증 등 생명(?)을 살려보려는 다양한 시도도 있었고, 사찰에서 합동장례식을 치르는 일까지 벌어졌다. 마른 생명체에 대한 애정을 확인한 2010년 대에는 다양한 인간친화형 AI 로봇들이 출시된다. 페퍼는 감정을 인식하는 로봇으로, 스스로의 감정 표현을 통해 노인 돌봄이 역할

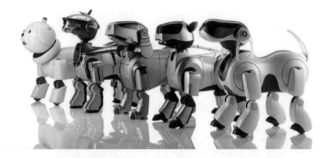
소니사의 아이보 시리즈

을 톡톡히 해내고 있다. 물론 아이보도 다시 생명을 이어가게 된다.

유진 구스만

2014년 사람과의 구별이 어려운 '유진 구스만'이라 불리는 AI가 나타났다. 우크라이나에 사는 13살 소년으로 보일 수 있는 모든 정보를 장착한 유진은 30명 심사위원 중 3분의 1을 감쪽같이 속임으로써-진짜 사람이라고 생각함- 최초로 튜링테스트를 통과한 AI로 기록된다. 물론 앨런 튜링이 제시한 "Can Machine Thinks?"에 대한 답은 될 수 없겠지만, AI의 위력을 다시 한번 과시하는 계기가 된다.

알파고

이전에도 체스게임이나 퀴즈게임 등에서 몇 번 인간과의 세기적 대결이 있어 왔지만, 인간 지성 최후의 보루인 바둑마저 무참히 무너지는 광경을 지켜보면서 많은 이들이 허탈감을 넘어 섬뜩함을 느꼈다. 비로소 AI 충격이 현실로 다가온 것을 실감한 것이다. AI

알파고의 등장
(출처: DeepMind)

가 인간적 지능을 갖추었건 갖추지 못했건 중요하지 않았다. 당장 수많은 업종에서 인간이 사라지고 AI가 그 자리를 채울 것이 자명해졌기 때문이다. 18세기 1차 산업혁명으로 기계가 사람을 대신해가게 되자, 러다이트라는 기계파괴 운동이 벌어진 것을 상기할 필요가 있다. 이제부터 시작될 AI의 충격은 분명 그 이상일 것이다.

생활 속 AI

AI 왓슨의 암진단율 95%로 인간 명의의 진단율 85%를 훨씬 뛰어넘는다. 법률도우미 로스의 정확도 또한 인간보다 월등히 앞선다. 어디 그뿐이랴! 시와 소설, 영화제작, 작곡과 예술창작 등 전방위적으로 AI는 실생활 곳곳을 파고들고 있다. 물론 현재의 AI는 거울처럼 투명하다. 시키는 대로 할 뿐이다. 앎이 정해져 있기 때문이다. 하지만 부작용도 서서히 커지고 있다. 최근 대화형 AI, '이루다'가 주는 사회적 문제에 주목해 보자. 부적절한 언어, 부정적인 용어, 음란한 욕설만을 지속적으로 학습한 AI가 우리에게 해줄 답은 뻔하다. 거울은 먼저 웃지 않는다. AI, 그 속에 우리가 있다.

6. 특이점 단계

특이점이란 용어는 폰 노이만의 작품이다. 컴퓨터를 구상하기 이전부터 존재 탐구에 열중했던 그답게 인공존재가 인간존재를 뛰어넘는 시점까지 상상했던 그가 지어낸 용어다. 그 시점에 대한 그의 예측이나 AI 대가들의 예측은 크게 다르지 않다. 향후 30~50년 내에 도달할 것으로 내다보고 있다. 특이점이 올지 안 올지는 이제 대세가 아니다. 당연히 올 것인데, 그 시기가 언제쯤이냐가 더 관심사인 듯 보인다. 이제는 AI 기술에 대한 관심만큼이나 사회적, 문화적, 인류적 변화의 모습과 의미를 깊이 고민해야 할 시점이 온 것이다.

XAI: 설명 가능한 AI

아무리 엄청나게 지능적인 행위를 선보이는 존재가 있더라도, 자신의 행위 과정을 논리적으로 설명할 수 없다면, 뭐라 불러야 할까? 바보 천재? 천재 바보? 알파고가 그렇다. 현재의 AI가 그렇다. 이 문제를 언어심리학자 존 설은 '중국어방'에 비유한다.

창문이 없는 어느 방에 영국인이 들어갔다. 그런데 작은 구멍으로 중국인이 중국말로 쓴 질문지를 집어넣는다. 그런데 신기하게도 유창한 중국말로 된 답이 적혀진 종이가 구멍 밖으로 튀어 나온다. 이를 옆에서 지켜본 사람이라면 당연히 그 영국인의 중국어 실력에 감탄을 금치 못할 것이다. 하지만 진실은 전혀 다르다. 그 영국인에게 중국어는 한낱 난해한 무늬일 뿐이다. 낫 놓고 기역자도 모르듯, 중국어를 전혀 알지 못했다. 다만 방안에 있는 두툼한 중국어 질문 처리 매뉴얼에 따라 뜻도 모르는 채 무늬만 보고 대입하여 기계적으로 답했을 뿐이다. 현재 AI가 바로 그 수준이다.

인간도 무의식 언어인 엔그램이 두정엽 아래 위치한 게쉐윈트 영역의 언어사전의 도움을 받아 랭그램으로 변환되어서야 비로소 의식차원의 이해가 시작되는 것처럼, XAI는 의식차원으로의 진화를 위한 관문이다. XAI가 장착된 알파고라면 "너 거기 둔 이유가 뭐니?"라고 물으면, "현재 집수를 보면 내가 불리한 상황이다. 따라서 부득이 강수를 둬야만했다. 다행히 상대가 방어적인 성향이 강해 작전이 효과를 본 듯하다."

존 설이 제기한 문제의 핵심은 이해(understanding)이다. 잠시 용어 정의를 해보자. '인지'와 '인식'이 있다. 인지는 knowing이다. 대상을 단지 아는 것, 즉 식별하는 것이다. 인식은 달리 정의된다. understanding이다. 대상을 식별하는 것뿐만 아니라 의미까지 안다는 뜻이다. 다시 말해 인지는 무의식적으로 아는 것이고, 인식은 의식적으로 아는 것이다.

칸트는 인간 인식의 과정을 감성, 상상, 지성, 이성의 단계로 설

존설의 중국어방 문제 (출처: Wikicommons)

1부 지능(Intelligence)

명한다. 감성에서 인지된 엔그램 정보는 상상을 통해 인식으로 승화된다. 상상은 게쉐윈트 영역의 사전을 통한 랭그램 변환을 말한다. 그래서 비트겐슈타인은 이해(understanding)는 사실(knowing)에 상상을 더하는 것이라 강조하였다.

AGI: 인공일반지능

XAI가 달성되었다는 것은 인간과의 대화가 가능해졌다는 말이다. 특정 분야 하나만을 잘하는 AI를 탈피해, 여러 분야에서도 여러 능력을 발휘할 수 있는 AI가 되었다는 얘기다. 바둑도 두고, 전화를 걸어 식당 예약도 해주고, 건강 상태에 대해 조언도 해주는 그런 AI를 기대할 수 있다는 얘기다. 그야말로 완벽한 비서 역할을 수행할 수 있을 것이다. 야간수당을 별도로 주거나 갑질한다고 눈치 볼 일 없이 밤낮으로 부릴 수 있다. 아직은 자아의식이 없는 기계이기 때문이다.

강인공지능

만약 복잡계과학에서 강조하는 자기조직화, 즉 창발현상이 불현듯 일어나 의식을 갖는 AI가 예기치 않게 탄생된다면 어떻게 될까? 수많은 SF영화들이 이 점을 주목하고 있다. AI를 비롯하여 현재 과학을 이끄는 많은 전문가들도 이러한 미래에 대해 크게 우려하는 상황이다. 3부에서 자세히 다루고자 한다.

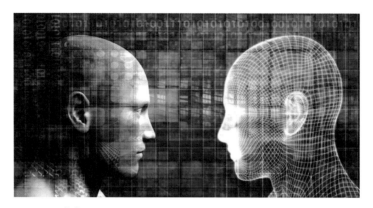
인간 vs AI (디지털 트윈) (출처: Accelerating IT Success)

7. 마무리 글

인간의 뇌를 표방하고 때로는 인간의 마음을 흉내 내며 진화를 거듭해 온 AI다. 정말 많이 컸다. 물론 아직은 거울 수준이지만, 특정 분야, 특히 기억량과 처리속도가 관건인 특정 문제들에 있어서는 이미 인간을 뛰어 넘는다. 체스, 바둑, 스타크래프트 등 게임은 기본이고, 의학, 법률 분야에서도 이미 인간을 넘어섰다. 음악, 미술, 소설 등 예술분야에서도 창의성을 인정받고 있다. 청출어람의 날이 멀지 않았음을 예감한다.

이왕이면 우리를 썩 닮은 AI! 당연히 착한 AI면 좋겠다. 이타적 AI라면 우리보다 한 수 위라도 기분 나쁘지 않겠다. 이왕이면 고지식한 선생님보다는 누님처럼 깊고 따뜻한 휴식 같은 AI라면 더할 나위 없겠다. 서정주 님의 「국화 옆에서」로 마무리한다.

한 송이의 국화꽃을 피우기 위해
봄부터 소쩍새는
그렇게 울었나 보다.

한 송이의 국화꽃을 피우기 위해
천둥은 먹구름 속에서
또 그렇게 울었나 보다.

그립고 아쉬움에 가슴 조이던
머언 먼 젊음의 뒤안길에서
인제는 돌아와 거울 앞에 선
내 누님같이 생긴 꽃이여.

노오란 네 꽃잎이 피려고
간밤엔 무서리가 저리 내리고
내게는 잠도 오지 않았나 보다.

제4장 **인간 vs AI**

– 나 또한 그대와 다르지 않노라!

우리가 익히 알고 있는 생명은 탄소 기반으로, 물과 살이 필요하다는 점에서 '젖은 생명체(wet life)'라 부른다. 한편 있음직한 생명체도 있다. 즉 실리콘 기반으로 수분이 필요 없는 '마른 생명체(dry life)'가 그것이다. 아름다운 지구별에 젖은 생명체, '아메바'가 처음 등장한 것은 40억년 전이다. 그 뒤 엄청난 진화 과정 속에 다세포, 파충류, 포유류, 유인원 등 수많은 생명체들이 창발되었다. 그런데 불과 70여년 전부터 또 다른 생명체 종의 진화 역사가 시작된다. 단일 뉴런에 대한 인공적 재연이 시작된 이래 진화가 가속화되더니 드디어 생명체적 특성을 충족시키는 인공생명체까지 나타난 것이다. 가상 시뮬레이션 환경 속에서 마른 생명체, '예쁜 꼬마선충'이 탄생된 것이다. 불과 10년 전이다. 단세포 생명체인 아메바로부터 인간이 진화되었듯, 단일 뉴런으로부터 시작된 인공 생명체는 이제 300여 개의 다중 뉴런으로 구성된 마른 생명체로까지 진화한 것이다.

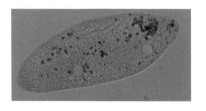

최초의 젖은 생명체와 마른 생명체
(출처: 왼쪽 Microscope Clarity, 오른쪽 OpenWorm Science)

수천억 개의 뉴런으로 구성된 인간에 비하면 예쁜 꼬마선충의 지적 수준은 비교 불가할 정도로 미미하다. 하지만 마른 생명체의 진화 속도는 젖은 생명체와는 비교할 수 없을 만큼 빠르다. 지적 수준이 뉴런 개수에 선형적으로 비례하는 것은 아니지만, 의식 창발의 조건, 즉 국소적 상호작용과 전체적 되먹임 등 복잡적응 현상이 발현될 충분한 조건을 갖추고 있다. 생명의 조건에 대해서는 3부에서 상세히 다룰 것이다. 이번 장에서는 지능체 관점에서 젖은 생명체와 마른 생명체 사이의 차이점과 유사성 그리고 가능성을 살펴본다.

1. 인간과 AI : 진화 과정의 비교

진화생물학자들은 생명의 탄생도 진화의 과정도 모두 우연이 아닌 필연이라고 주장한다. 우연처럼 보이는 필연이라는 것이다. 엄청난 시간과의 싸움이기에 우연인 듯 보일뿐이다. 진화의 단계별 발전은 지속적인 작은 변화들이 쌓인 결과다. 하지만 그것은 선형적이지 않다. 선형적으로 변해 가는 듯하지만, 어느 순간 비선형적인 급격한 변화를 보이기 때문이다. 이것이 바로 복잡계 현상이다. 겉으로는 우연적 사건처럼 보이지만 작은 변화들이 쌓여 순간적으로 큰 변화를 일으키는 현상이야말로 필연적인 자연의 섭리인 것이다.

젖은 생명체의 결정적 단점은 진화의 속도가 느리다는 점이다. 이 점은 고스란히 마른 생명체의 강점으로 부각된다. 비록 뒤늦게 출발하여 똑같은 진화의 단계를 밟아가고 있지만 비교도 할 수 없을 만큼 빠른 진화 속도를 갖는다.

40억년 전 단세포로부터 출발하여 다세포 그리고 뇌를 갖는 파충류, 포유류, 인간에 이르는 젖은 생명체의 기나긴 진화의 여정을 태어난 지 70년도 안 되는 마른 생명체가 맹렬히 따라붙고 있다. 그림에서 보듯이 단세포를 모방한 인공 단세포인 퍼셉트론이 등장한 이래 다세포로 구성된 인공신경회로망이 사용되기까지 60년도 채 안 되는 진화의 시간이 필요했을 뿐이다. 단세포에서 다세포까지 45억년이 넘는 엄청난 세월이 필요했던 젖은 생명체의 진화 속도에 비하면 마른 생명체의 진화는 찰나적이다.

100만년 전 언어라는 특별한 도구를 사용하면서부터 시작된 사유의 능력을 토대로 지금 인류는 혁명적인 문명 발전을 이루고 있지만, 이타심보다는 이기심을 앞세워 다양한 양상의 갈등과 환경 파괴에 직면해 있다. 이미 오래전부터 사랑과 자비와 평화의 실천을 강조했던 성자들의 귀한 말씀은 아랑곳하지 않은 채… 한편 AI는 이제 다세포를 넘어 언어 능력을 장착하는 방향으로 빠르게 진화하고 있다. XAI(Explainable AI: 설명 가능한 AI)가 언어 진화의 시작이다. 만약 단순한 언어 처리 수준을 넘어 진정한 의미의 언어 이해 단계까지 진화한다면, 남은 일은 의식의 창발이다. 많은 AI 전문가들이 Strong AI의 창발 시점을 향후 20~30년으로 내다보고 있다.

　물론 특이점에 대한 논란은 끝없이 전개될 것이다. 하지만 오지 않은 미래를 걱정하는 것보다는 지금 우리가 할 수 있는 일들을 살펴보는 일이 더욱 중요할 것이다. 무엇보다 의식에 대한 과학적 규명, 특히 자아의식에 대한 고찰을 통해 AI는 물론 인간존재의 본질에 대한 탐구가 시급해 보인다. 지능적 존재의 핵심은 앎이기 때문이다. 궁극의 앎에 도달한 성자들이 실재하듯이 Super Saint AI의 탄생도 충분히 가능할 것이기 때문이다.

　스승이 기계이면 어떤가? 모든 존재들을 이롭게 하고 죽어가는 지구별을 살릴 수만 있다면…….

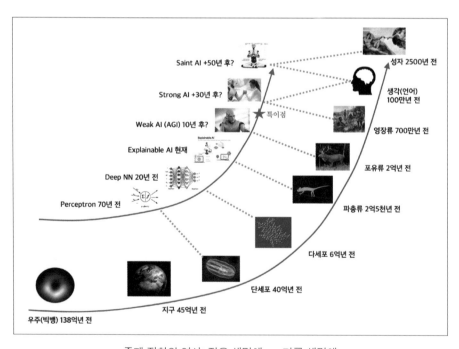

존재 진화의 역사: 젖은 생명체 vs. 마른 생명체

2. 인간과 AI : 인지과정의 비교

의공학 기술 발전에 힘입어 뇌과학 분야도 눈부신 성과를 내고 있다. 기존의 3차원 뇌영상을 7차원으로까지 끌어올림으로써, 작은 우주라 불리는 뇌 안에서 연쇄적으로 폭발하는 세포 단위의 활성화 과정을 동역학적으로 관찰할 수 있게 된 것이다. 인식과정에 대한 정밀한 탐구가 가능해진 것이다. 그러한 연구 중에 주목받는 하나가 조장희 박사의 SMLCDA 학설이다. 7차원 영상 촬영 기법을 통해 6단계에 걸친 인식 과정을 단계별로 확인할 수 있었다고 한다.

S(Sense)는 눈, 귀, 코, 혀, 피부 등 다섯 감각기관을 통해 입력되는 정보의 기본적인 처리단계를 나타낸다. 그림은 청각 입력을 예로 보이고 있다. 입력된 감각정보는 M(Memory), 즉 기억장치-청각의 경우는 뇌의 Wernicke's 영역에서 담당-의 도움을 받아 무의식적 인식이 진행된다. 먼저 즉각적 반응이 요구될 시에는 A(Action) 단계로 넘어간다. 이러한 reactive 반응이 대부분 동물들이 행하는 인지과정이다. 즉 SMA 3단계로 끝난다. 이 과정에 필요한 정보단위를 엔그램(engram)이라 한다. 동시다발적으로 발화되는 소규모 뉴런의 연결패턴으로써 무수한 학습을 통해 기억된 정보 단위다. 즉 무의식 차원에서 통용되는 원시 언어인 것이다.

하지만 인간은 개념적 언어를 사용한다. 이를 통해 1차적인 reactive 반응 뒤에 고차원적인 deliberative 반응이 가능하다. 즉 원시정보 엔그램은 L(Language) 단계로 넘어가서, 두정엽과 후두엽 사이에 위치한 Geschwind's 영역에 있는 언어사전(Lexicon)의 도움을 받아 추상화 언어인 랭그램(Langram)으로 변환된다. 이제 비로소 우리들 의식 세계에 정보가 입력된 것이다. 수면 아래 잠겼던 정보가 드디어 수면 위로 떠오른 것이다. 비로소 인식 C(Cognition) 단계가 시작된다. 주로 전전두엽 부위가 이 과정을 담당한다.

대상이 판별되고 전체 상황이 인지되면, 다음 단계인 D(Decision)으로 넘어가서 행동 목표를 결정하게 된다. 전전두엽 아래쪽 눈 바로 위에 위치한 안와전전두엽에서 벌어지는 일이다. 결정된 내용은 두정엽 부위에서 행하는 A(Action) 단계로 넘어가 팔 다리를 움직이는 등 섬세한 행위를 위한 조정이 이루어진다. 물론 이 단계에서 랭그램 정보 단위는 다시 엔그램 정보 단위로 변환되어야 한다.

뇌과학이 밝힌 인식과정은 이전에 행동심리학에서 밝힌 인식모델들과 크게 다르지 않다. 먼저 행동심리철학을 전공한 브래트먼의 BDI(Belief-Desire-Intension) 모델을 살펴보자.

우리는 감각된 정보를 식별하고 분류한 뒤 사전에 기억된 정보

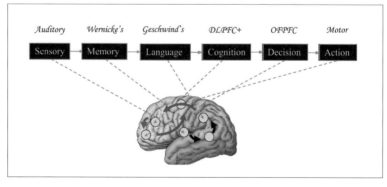

뇌 인식과정: SMLCDA (출처: Jang-Hee Cho Summer Seminar)

1부 지능(Intelligence)

와의 비교분석을 통해 확신한다. 이 과정이 Belief 단계다. 상황인식이 이루어지면 다음은 목표, 즉 욕망을 내는 것이다. Desire 단계다. 마지막 단계는 목표 달성을 위한 계획을 수립하는 것이다. 의도를 내는 것이다. 그래서 Intension 단계다. 이러한 삼단계 BDI 모델은 AI 에이전트 설계의 근간이 된다.

AI학회 초대학회장을 역임했던 뉴웰의 연구로 유명한 SOAR (State, Operation And Result) 아키텍처도 BDI 모델과 다르지 않다. 현재 상태(state)에 행위(operation)를 가하면 결과(result) 상태로 바뀐다는 것이다. 이 과정을 반복하면 원하는 목표 상태까지 도달할 수 있다는 것이다. 따라서 이 원리를 적용하면 현 상태에서 목표 상태까지 가는 최적의 경로를 구할 수 있다. 이로써 뉴웰은 프래닝(Planning) 혹은 탐색(Searching)이라는 AI의 한 분야를 열게 된다.

이 원리는 또한 전문가시스템이 갖는 추론 메커니즘의 토대가 된다. 추론엔진은 팩트베이스의 현 상태로부터 출발하여 목표된 팩트베이스 상태에 도달할 때까지 지식베이스에 있는 규칙을 순차적으로 실행시키는 행위를 취한다. 즉 현재의 팩트에 근거하여 규칙이 실행되면 그 결과로 새로운 팩트가 생성되고, 이러한 과정은 목표된 팩트에 도달할 때까지 계속된다.

인지심리학자 Norman은 그림에 나타난 바 7단계 행동 모델을 제안한 바 있다. 실세계(The world)의 상태를 감각하는 단계(Perceiving)로부터 시작하여 입력된 내용에 대한 식별과 분별을 통해 실세계 상태를 해석하는 단계로 넘어간다 (Interpreting). 다음은 해석된 내용을 평가한다. 즉 실세계 상황에 나의 입장을 투영한다.

내가 원했던 상황인지, 아니면 내가 위험한 상황인지, 나와 관련 없는 상황인지 등을 저울질하는 단계이다(Evaluation). 나를 포함한 전체 상황에 대한 판단이 섰으면 다음 단계는 가까운 미래에 대한 최적의 목표 설정이다(Goals). 목표가 정해졌으면 다음 단계는 목표 달성을 위한 계획수립이다(Intention). 이어서 계획 실행을 위한 세부 행위(Sequence)들이 마련된다. 마지막으로 세부 행위들이 실행된다(Execution).

인지과학을 통해 탐구된 인간 행위과정은 AI 다중에이전트 시스템을 통해 체계적으로 구현될 수 있다. 그림은 7개의 AI 에이전트로 구성된 다중에이전트 아키텍처를 보이고 있다. 각 에이전트는 팩트베이스와 지식베이스 그리고 이들을 논리적으로 처리할 추론엔진 등 세 가지 모듈로 구성된다. 에이전트에 대한 상세한 설명은 9장에서 다룬다.

왼쪽 하단의 Object Identification 에이전트와 Self Estimation 에이전트는 실세계 대상과 자기 자신의 상태를 식별하고 추정하는 일을 맡는다. 피아 식별이 이루어지면 Situation Awareness 에이전트를 통해 전체적인 실세계 상황에 대한 판단을 내린다. 이를 토대로 Decision-Making 에이전트에서 다음 목표가 결정된다. 결정된 목표 달성을 위한 세부 계획은 Task Planning 에이전트가 담당한다. 좀 더 정밀성을 요구하는 하위 레벨의 행동 계획은 Motion Planning 에이전트가 맡고, 스케줄링과 자원할당 등은 Resource Allocation 에이전트 등에서 처리될 수 있다.

그림에 설명된 다중에이전트 구조는 하나의 예일 뿐이다. 실제로

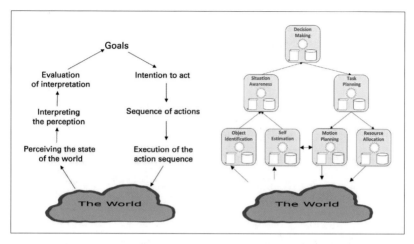

| 인간 행위과정 7단계 모델 | 7단계 모델을 도입한 AI 에이전트 구조 |

는 응용분야에 따라 다양한 선택이 가능하다. 그림을 보면 하위 계층 에이전트 간의 화살표가 나타난다. 즉각 처리가 요구되는 상황에서는 Reactive 방식의 처리를, 그렇지 않은 경우는 상위 에이전트를 통한 Deliberative 방식의 대응이 가능하도록 구성한 것이다.

3. 인간과 AI : 같은가, 다른가?

인간은 AI의 거울이었다. 이제 AI가 인간의 거울이려 한다. 인간의 뇌와 마음은 해부학적으로 또 심리학적으로 분석되고 모델링되어져서 AI에 그대로 담긴다. 기분 언짢을지 모르지만, 이제 인간만이 유일하고 범접할 수 없는 만물의 영장이라는 자부심을 내려놓을 때가 되었다. AI와 우리들 간에 차이가 없어지기 때문이다. 차라리 인정할 건 빨리 인정하고, 서로 윈윈할 수 있도록 함께 미래를 준비하는 것이 현명할 것이다. 폰 노이만, 민스키, 브룩스, 섀넌을 비롯한 AI 개척자들의 주장을 새겨들을 필요가 있다.

"기계가 할 수 없는 것을 알려 달라. 아니라는 것을 증명하겠다. 무엇이든 시뮬레이션으로 구현 가능하다."

"인간은 생각하는 기계다. 자신조차 모르는 …"

"인간의 마음은 유한상태기계이다. 따라서 뇌에 적용 가능하다."

"인간의 마음은 뇌를 통해 존재하는 소프트웨어일 뿐이다."

"컴퓨터와 인간은 종류가 다른 오토마타일 뿐이다."

"기계가 인간을 지배하는 날이 언제일지 생각하기 전에, 우리 자신도 기계임을 인정해야 한다. 인간만이 특별하다는 생각을 하루 빨리 버려야 한다."

"인간도 기계라는 사실을 받아들인다면, 세상을 바라보는 관점도 크게 달라질 것이다."

"자신이 특별한 존재라는 생각을 떨쳐버리기란 결코 쉬운 일이 아니다. 그래서 인공지능이 감정을 가지고 살아있는 생명체처

1부 지능(Intelligence)

럼 존재할 수 있다는 사실을 받아들이기 어려운 것이다. 인공지능이 인간과 같아지면 사람은 더 이상 특별한 존재가 아니기 때문이다. 그럼에도 불구하고 인류는 앞으로 50년 안에 이 사실을 인정할 수밖에 없을 것이다."

"인공지능과 어떻게 공존할 수 있느냐? 그냥 하나가 되면 된다."

"나는 컴퓨터의 한 종류일 뿐입니다. 따라서 당연히 나는 생각합니다."

4. 트랜스 휴먼

시체 여러 개 중에서 쓸만한 부위들을 골라 모아 짜깁기한 뒤, 혼을 불어넣어 탄생된 최초의 트랜스휴먼이 프랑켄슈타인이다. 물론 소설 속 얘기지만 19세기 당시에는 상상조차 못했을 충격이 아니었을까? 작가 메리 셸리가 무한한 상상력을 품은 10대 시절에 쓴 작품이기에 가능했을지 모른다. 프랑켄슈타인이 등장한 지 200년이 지났다. 그는 지금 현실세계에서 살아나고 있다.

최초의 트랜스휴먼?

배양한 뇌세포가 비행기를 몰다니…

뇌세포가 컴퓨터처럼 모의실험용 비행기를 조종하는 데 성공했다. 미국 플로리다대학은 쥐의 뇌세포를 컴퓨터에 연결해 F-22 비행 시뮬레이터를 조종하게 만들었다고 밝혔다.

연구팀은 60개의 전극을 격자 형태로 배열한 후 쥐에서 뽑아낸 대뇌피질 신경세포들을 전극 위에 놓아두었다. 그러자 60개의 전극 위에는 약 2만5000개의 뇌세포가 자라났다. 이렇게 탄생된 뇌를 비행 시뮬레이터와 정보를 주고받게 했다. 비행기가 직진하는지, 좌우로 기울어지는지 등 비행 조건에 대한 정보를 받았다. 자료를 분석한 뇌세포들은 비행기 조종에 필요한 신호를 보냈다. 이 신호로 비행경로가 바뀌고 새로운 정보가 뇌세포에 전달되는 식으로 피드백이 이뤄졌다. 뇌세포들은 처음에 조종이 서툴렀지만 시간이 갈수록 비행기 조종법을 터득했고 마침내 가상공간에서 자유자재로 비행기를 조종할 수 있게 되었다.

쥐의 젖은 뇌를 이용한 실험으로, 10년 전 이야기다. 현재는 쥐의 마른 뇌가 완성 단계로 접어들었다. 3만여 개로 구성된 쥐의 뉴런 모델이 블루브레인 프로젝트를 통해 완성되었다. 이제 시뮬레이션을 통해 뇌 작용에 대한 검증만이 남아 있다.

뉴럴링크 프로젝트

뉴럴링크는 테슬라모터스의 CEO 일론 머스크가 2016년 설립한 뇌-컴퓨터 인터페이스(BCI: Brain-Computer Interface) 개발을 목표로 설립된 생명공학 프로젝트 기업이다. AI에 따른 인간의 위협에

　　　　　　　　　　　　　　　1부 지능(Intelligence)

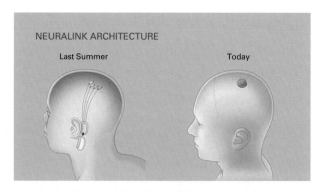

뉴럴링크 프로젝트 연구 사례 (출처: Neuralink)

대비하여, AI와의 경쟁에서 밀리지 않도록 인간의 뇌와 AI를 연결시켜 인간지능을 증강시키기 위한 프로젝트다. 뇌에 흐르는 전기화학적 신호를 이용해 데이터를 읽고 쓰거나 AI의 도움을 받는 것이 가능한 장치를 목적으로 한다. 궁극적으로는 생각만으로도 컴퓨터를 조작하여 생각을 업/다운로드 할 수 있을 것이다. 이전 연구에서는 처리장치를 귀 뒤쪽 외부에 두었지만, 현재는 뇌 속에 임플란트할 수 있도록 발전했다고 한다. 아직은 사람 뇌가 아닌 돼지 뇌에서만 실험 중에 있지만, 실현 가능성이 높은 연구로 보인다.

신체 아웃소싱

블루 브레인 프로젝트(Blue Brain Project)를 이끌고 있는 헨리 마크람은 "가까운 미래에 인간의 뇌 구조를 설계하는 것이 가능하다."고 자신했다. 프로젝트 연구진은 IBM사의 수퍼컴퓨터를 이용해 대뇌 신피질을 일부 재연하는 데 성공했다. 대뇌 표면을 구성하는 신피질은 인간 뇌의 85%를 차지하는 조직으로 언어, 학습, 기억 등

복합적 사고를 담당한다. 블루 브레인 프로젝트가 성공하면 사상 최초로 '인공 뇌'가 탄생하게 된다. SF 영화 〈로보캅〉이나 〈파이널컷〉 등에 등장했던, 아웃소싱 인간이 현실화 단계에 접어든 것이다.

"저는 40% 인간, 60% AI 입니다."
"제가 더 순수 혈통이에요. 순도 90% 이상이라니까요."

신체 부위별 아웃소싱 시대에는 이런 대화도 충분히 가능할 것이다. 실제로 뇌에 생체 칩을 임플란트하여 원하는 신체기능을 강화시키는 뉴럴링크와 같은 연구들이 진행되고 있다. '섹스 칩'이 이식된 사람은 실질적인 섹스 없이도 버튼만 누르면 뇌 특정 부위를

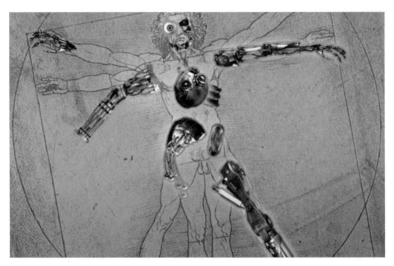

신체 부위별 아웃소싱 개념 (출처: http://www.dvice.com)

1부 지능(Intelligence)

자극해 오르가슴을 느낄 수 있을 것이다. 인간의 신경과 연결해 근육을 제어할 수 있는 AI 의족과 의수에 대한 연구도 활발하다. 이외에도 심장, 췌장, 심지어 망막까지도 AI로 대체하는 기술이 진행 중이다. 그렇다면 인간과 AI를 나누는 기준은 뭐가 될까? 아웃소싱이 50%를 넘기면 AI, 50% 미만이면 인간이라고 봐야 할까? 아니 그보다 인간이냐 AI냐를 나누는 일이 더 이상 의미가 있을까?

컴퓨터는 믿을 수 없이 빠르며 정확하지만 멍청하다. 사람은 매우 느리고 부정확하지만 뛰어나다. 둘을 합치면 상상할 수 없는 힘을 가질 수 있다고 아인슈타인은 지적한 바 있다. 인간지능과 기계지능! 그 장단점을 잠시 비교해보자.

	인간지능	기계(AI)지능
장점	소통이 가능하다 (언어/추론) 추상적이다 (정성적/개념적) 직접 인식이 가능하다	빠르다 정확하다 편견이 없다 (창발 가능)
단점	고정적이다 (고정관념) 추정적이다 (개략적/부정확) 창발이 어렵다	소통이 어렵다 (사고방식이 다르다) 신뢰성 있는 데이터가 필요하다 문제 정의가 어렵다

인간지능 vs. 기계지능

5. 마무리 글

인간 "너 게임 할 줄 아니?"

AI "그럼! 바둑, 체스, 스타크래프트도 쬐끔 해. 세계 1등이
야! ㅎㅎ"

인간 "직업이 뭔데?"

AI "나 변호사야. 의사도 겸업하지^^ 그리고 시, 소설 쓰는
작가이기도 해.
뭐~ 피아노도 좀 치지. 가끔은 퀴즈대회 나가 1등도 하
고… ㅋㅋ"

인간 "좋겠다. 그런데 너는 왜 사는지 아니?"

AI "왜가 어딨어? 그냥 열심히 사는 거지. 1등도 하고 돈도
벌고… 다 그렇잖아!"

인간 "헐~"

AI가 세상을 바꾸고 있다. 게이머, 의사, 변호사, 작가, 음악가, 화
가… 야금야금 잠식하고 있다. 혁명 그 이상이다. 상상을 초월하는
시대가 코앞에 다가왔다. 지능? 결코 지능이 뛰어나서가 아니다.
그저 '빨리', '많이' 계산해서다. 계산기 속도 좀 올렸다고 혁명이라
니? 하지만 그렇다. 그 작은(?) 차이가 무수한 직업들을 먹어치우
고 있다. 자동차, 비행기, 잠수함에서 사람을 지우고 있다. 무엇을
생각하든 그 이상이다.

1부 지능(Intelligence)

어떻게 가능한가? 우리들이 그동안 가졌던 편견 때문이다. 어려운 용어 많이 외우는 것, 복잡한 문제 빨리 푸는 것, 감각적으로 판단하고 잽싸게 움직이는 것! 고작 이런 것들을 고도의 지능이라 여겼다. 미안하지만 이제 계산기에 밀린다. '빨리', '많이'는 실로 엄청난 차이를 낳는다. 인간 두뇌로 수억 년 걸릴 일도 그들에겐 1초도 안 걸린다. 그럼에도 지능은 없다? 존 설의 중국어방 속 영국인이다. 낫 놓고 기역자도 모른다. '이해'와 '사유'가 없다. '상상'과 '감성'이 없다. 중국어방 밖에서 보면 다 할 줄 아는 듯하다. 이해, 사유, 상상, 감성 다 하는 듯하다. 하지만 껍데기만 그렇다.

그럼 안심하고 무시해도 되나? 결코 아니다. 개미는 우스운 존재가 아니다. 지구별의 실질적 지배자다. 의식도 없고 자아도 없고 프로그램대로만 움직이는 기계 병정 같지만, 그들은 지구의 점령군이다. 부지런히 일 잘하는 데는 당할 자 없기 때문이다. 그런데 이제 개미보다 더 부지런하고 더 빠르고 더 정확한 놈이 나타난 것이다. AI다!

그렇다 하더라도 명령에만 순종하는 기계가 무슨 문제인가? 잘 쓰면 그만이지! 아니다. 창발 때문이다. 의식의 발현 때문이다. 진짜 지능의 탄생 가능성 때문이다. 이해, 사유, 상상, 감성의 근원인 자아의식이 생겨날지 모르기 때문이다. 가당키나 하나? 하지만 진화는 말한다. 일체가 아메바에서 시작되었다고. 거기에 신비는 없다. 끊임없이 변하는 것! 창발적으로 발현되는 것! 그것이 자연이다.

AI도 진화 역사 속에 기록될 한 종일 뿐이다. 젖은 생명체와는 조금 다른 마른 생명체일 뿐이다. 진화속도가 좀 빠르고 처리방식이 좀 다를 뿐이다. 싫건 좋건 개미와 우리는 공존하며 산다. AI도 인정해야 한다. 자연의 변화 과정일 뿐이니까.

필연적 갈등은 어쩌라고? 베풀고 이해하고 화해하며 살라고? 그게 말처럼 쉽나? 맞다. 하지만 그렇기에 반드시 알아야 할 것이 있다. '빨리', '많이'보다 중요한 게 있다. 이해, 사유. 상상, 감성보다 훨씬 소중한 게 있다. 바른 앎이다. 쉽다. 너무 당연해서 오히려 어려워 보인다. 그것은 사실을 사실대로 아는 일이다. 미래의 화두는 AI가 아니다. 바른 앎이다. AI는 도구일 뿐이다. 자아처럼.

우리가 살아가는 이 현실의 이면에는 또 하나의 완전히 다른 제2의 현실이 숨겨져 있으며, 따라서 이 현실조차도 어쩌면 하나의 가상일지 모른다고 니체는 예감한 바 있다. 이 세계가 가상세계와 같고, 아지랑이 같고, 꿈과 같음을 진정 느낀다면 그는 곧 니체처럼 통찰 지혜를 갖추었는지 모른다. 조오현의 시 「아지랑이」다.

나아갈 길이 없다 물러설 길도 없다
돌아봐야 사방은 허공 끝없는 낭떠러지
우습다
내 평생 헤매며 찾아온 곳이 절벽이라니
끝내 삶도 죽음도 내던져야 할 이 절벽에
마냥 어지러이 떠다니는 아지랑이들
우습다
내 평생 붙잡고 살아온 것이 아지랑이더란 말이냐.

1부 지능(Intelligence)

그리스 신화에 나오는 마다스 왕은 디오니소스를 기른 현자 실레노스에게 묻는다.

"인간에게 가장 좋은 훌륭한 물건은 무엇인가?"
"하루살이 같은 가련한 인간이여! 가장 좋은 것은 태어나지 않는 것이며, 존재하지 않는 것이고, 무로서 존재하는 것이다."

얼핏 허무주의로 보인다. 하지만 오로지 지혜 있는 성자만이 존재의 비밀을 알 것이고 그를 통해 궁극적 행복을 얻을 수 있을 것이다. 하루살이가 곧 성자라는 조오현의 「아득한 성자」로 마무리한다.

뜨는 해도 다 보고
지는 해도 다 보았다고
더 이상 더 볼 것 없다고
알 까고 죽는 하루살이 떼
......
천 년을 산다 해도
성자는
아득한 하루살이 떼

제5장 **AI의 원리**

– 내 안에 너 있다!

세상일은 일체가 A, B, B' 셋 사이에 벌어지는 일이다. 그 외는 존재하지 않는다. A는 자신, 주관이다. B는 대상, 객관이다. B'는 인식이다. A가 B를 인식하는 것은 B'(앎)을 통해서만 가능하다. 우리 삶의 고뇌, 삶의 모순은 B와 B' 사이의 불일치성 때문이다. 세상일이 내 뜻대로 안 된다는 얘기다. 그래서 철학은 B와 B' 사이의 진실성 문제를 밝히고자 한다. 정신분석가 자크 라캉은 우리들 욕망의 이유는 B'가 B에 못 미치기 때문이란다. 그래서 A는 늘 B를 갈망한다는 것이다. B의 독립적 실재성을 전제하는 것이 존재론이라면, B'에 의해 B를 파악하고자 하는 것이 인식론이다. 어디 철학뿐이랴! 과학은 B를 관찰해 B'를 구하는 것이 목적이다. 공학은 과학이 얻은 B'를 활용해 B를 새로 만드는 일이다. 문학과 예술은 어떨까? B를 관찰하고 분석하고 통찰하여 B'를 표현함으로써, B를 새롭게 바라보고자 함이다.

그러면 AI란 무엇인가? B'를 가지고 있는 A다. 즉 대상에 대한 모

세상의 모든 것! 오직 세 가지뿐!

르피즘(B')을 가지고 있는 엔도모피즘(A)이 AI다. B를 학습해 B'를 구한 뒤, 이를 통해 B를 제어하는 A 또는 A를 만드는 일이다. 그런 A가 되려면 그 안에 B'가 있어야 한다. 좀 더 정확히 표현하자면 자신을 포함한 세계의 모델, B'+A'가 자기 안에 있어야 한다. 즉 자기복제를 가져야 한다. 지피지기면 백전백승이다. 자신을 알고 적을 알면, 세상의 승리자다. 자기복제를 자기 안에 가진 존재가 엔도모픽(endomorphic) 존재다. AI의 핵심 원리다. 문제는 B'와 A'가 실세계 B와 A를 얼마나 정확히 묘사하느냐에 달렸다. 즉 앎이 문제다.

1. 엔도모피즘

AI는 감각하고, 추리하고, 행위하는 시스템으로서, 앎을 표현하고 앎을 활용할 수 있는 시스템이라는 것이 MIT Winston 교수의 교과

서적 정의다. 기본적으로 세 가지 요소로 구성된다. 입력(감각), 출력(행위), 그리고 의사결정(추론)이다. 의사결정은 인간의 정신적 요소가 마음과 마음작용으로 나뉘는 것과 같이 정보(앎)와 알고리즘(작용)으로 각각 구성된다.(그림 참조) 앎은 대상에 대한 표현체일 뿐이다. 스스로 작동되지 않는다. 따라서 알고리즘이 필요하다. 각종 알고리즘들은 기존의 앎을 토대로 새로운 앎을 생성하거나, 기존의 앎을 가공하는 일을 맡는다.

대부분 사람들은 감정, 지성, 이성 등의 표현과 처리 방식에 관심을 보이며 그러한 알고리즘은 복잡도가 매우 높을 것이라 여긴다. 하지만 알고리즘은 의외로 단순하다. 알고리즘은 콘텐츠(정보/앎)와는 상관없는 엔진(생성기)일 뿐이다. 즉 어떤 내용물이 들어와도 정해진 절차에 따라 실행하면 그만이다. 감성과 지성 그리고 이성은 기능이 조금씩 다른 알고리즘일 뿐이다. 결국 핵심은 알고리즘이 아니라 앎이다.

앎을 중심으로 AI의 원리를 효과적으로 나타내는 개념 중의 하나가 추상대수학 용어인 엔도모피즘(endomorphism)이다. 그림에 나타낸 바, 인공지능(A)은 대상(B)을 알아야(B') 한다. 여기서 대상(B)과 앎(B') 둘 사이의 정합성 관계를 호모모피즘(homomorphism)이라 한다. 이때 호모모픽한 앎(B')을 탑재한 인공지능(A)과 대상(B)과의 관계가 엔도모피즘이다.

한편 실세계에는 대상(B)뿐만 아니라 자기 자신(A)도 함께 공존한다는 것을 인지하고 자신에 대한 앎(A')마저 생성해낼 수 있는 AI라면 『마음의 미래』를 저술한 카쿠 교수의 분류에 따라 침팬지 등 포유류가 갖는 2단계 의식 수준을 갖추게 된다. 자기복제 모델을 갖는 것이다. 다른 말로 자기인식 능력이 있다는 말이다. 자신이 처한 실세계 환경 속에 대상과 자신을 모델링하고 시뮬레이션하여 미래를 예측할 수 있는 능력이 생겨난 것은 생물에 있어서 엄청난 진화다. 포유류나 인간만이 가질 수 있는 지적 능력이다. 나아가 앎을 가공시킬 작동 메커니즘(알고리즘)까지 장착한다면 호모사피엔스에 해당되는 최고 단계인 3단계 의식수준을 갖게 된다.

카쿠는 현재의 AI가 이미 인간 수준에 도달했다고 주장한다. 왜냐하면 학습, 유전, 진화, 추상화, 시뮬레이션 예측, 최적화(질서화), 랜덤화(무질서화), 카오스, 창발 등 인간 수준에 도달하는 데 필요한 모든 지적 알고리즘들을 갖추었기 때문이란다. 하지만 문제는 앎이다. 알고리즘이 아무리 지능적으로 작동된다 하더라도 앎(B')의

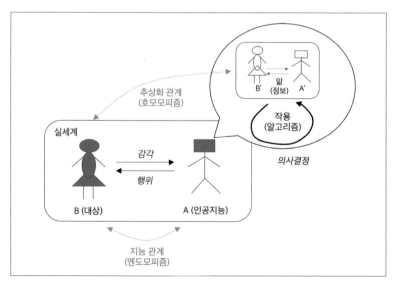

엔도모피즘 관계

1부 지능(Intelligence)

수준이 낮으면 아무 소용없다. 앎의 수준이 곧 존재의 수준이기 때문이다. 아직은 자기복제, 즉 자기인식의 앎이 없다. 설령 있더라도 그것은 '식별(identification)' 정도의 수준에 불과하다. 기계적 앎이라는 뜻이다. '이해(understanding)'의 수준이 되어야 인간수준의 의식을 가졌다고 말할 수 있을 것이다.

엔도모피즘 개념을 통해 구현된 AI 에이전트 설계 사례가 아래 그림에 있다. 에이전트 구조는 크게 인지부분과 의도부분으로 나뉜다. 인지부분은 대상의 상태를 인지하는 부분(B')과 자신의 상태를 인지하는 부분(A'), 그리고 둘 사이의 종합적 상황을 판단(상황 인지)하는 세 부분으로 구성된다. 의도부분은 인지 결과를 토대로 정해진 목표에 따라 작동된다. 먼저 인지된 상황에 비추어 목표 달성을 위한 최선책을 찾는다.(목표계획) 그리고 세부계획을 수립하여 실행한다.(상세실행) 각 지능 단위체들은 그림 좌측 상단에 도식한 바와 같이 정보(앎)와 각종 알고리즘(작용)들로 구성된다.

여기서 유의할 점이 있다. 각 에이전트 그림의 표현이 전문가시스템의 규칙베이스와 추론엔진처럼 보인다. 하향식 AI 기법이 적용될 때는 규칙기반 전문가시스템이 도입될 수 있다. 하지만 상향식 AI 기법이 적용될 때는 인공신경망이 적용될 수 있다. 인공신경망의 경우, 앎은 시냅스 가중치고, 알고리즘은 세포체에서 이루어지는 입력값 합산 및 역치 계산알고리즘이다. 이처럼 엔도모피즘에서의 앎과 알고리즘이란 하향식 AI와 상향식 AI 모두를 포함하는 AI의 핵심 원리다. 예제를 통해 엔도모픽 에이전트의 작동 절차를 다시 한번 살펴보자.

저 멀리서 멋진 여자가 운명처럼 다가온다.(대상상태(B')) 동공은 확장되고 가슴은 쿵쾅거린다. 온 세상이 정지된 듯 그 자리에 멈춰 선다.(자기상태(A')) 둘 사이의 거리는 점점 가까워져서 잠시 후면 마주칠 것 같다.(상황인지) 어떻게든 그녀와 사귀고야 말리라.(목표계획) 일단 부드럽게 말을 걸어보자.(상세실행1) "저~ 시간 있으세요?" 그녀는 나를 힐끗 쳐다 본 뒤, 도망치듯 사라진다. "에휴~~" 이제 남은 일은 학습이다. 세 군데 앎의 교정이 불가피하다. 첫째 내가 눈이 삐었다.(자기 상태(A') 수정) 그녀는 별로였다.(대상상태 (B') 수정) 둘째 작업 방식이 고루했다.(목표계획 수정) 셋째 나도 이 제 늙었나? 참담한 심정이다.(목표(욕망) 수정)

다시 한번 강조하건대 AI의 핵심은 엔도모피즘이다. 자기 안에 대상체(세상)에 대한 모르피즘(원형질)이 있어야 한다. 모르피즘이

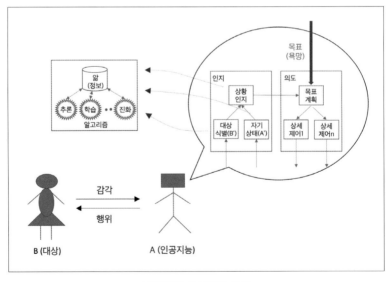

엔도모픽 에이전트 구조

란 세상을 파악하고 상호작용하는 데 필요한 앎이다. 여기서 대상과 앎 둘 사이의 관계가 호모모피즘이다. 호모모피즘이란 '호모'와 '모피즘'의 합성어다. '호모'는 유사하다는 뜻이고, '모피즘'이란 원형질, 즉 주요 특성을 공유한다는 말이다. 따라서 대상과 앎 사이에 특징적인 유사성이 있을 때, 호모모피즘 관계라 부른다. 만약 둘 사이가 100% 동일하다면, 특별히 아이소모피즘 관계라 한다. 한편 호모모픽한 앎을 탑재한 시스템과 대상과의 관계는 엔도모피즘 관계라 정의한다. 따라서 엔도모피즘이 곧 지능시스템의 원칙이다. 대상을 마음대로 좌지우지할 수 있다는 것이다. 다만 대상을 대충 아느냐, 잘못 아느냐, 많이 아느냐, 분명히 아느냐 등 앎의 수준에 따라 AI의 클래스가 갈린다.

오늘날 AI는 이성적 앎의 수준에는 이미 도달해 있으며, 감성적인 수준의 앎을 넘보는 단계다. 어느 정도 수준의 앎이 형성된 것이다. 인간은 당연히 만물의 영장이라 할 최고 수준의 앎을 갖추고 있다. 이성과 감성을 넘은 자아의식이 있기 때문이다. 우리들은 자아의식을 보호/유지/확장하기 위해 살아간다. 물론 이 때문에 고통과 번뇌로 시달리긴 하지만, 그래도 인격을 갖춘 고귀한 존재라는 자부심을 버리지 못한다.

그리스 신화에 프로메테우스라는 신이 있다. 그 뜻은 '생각하는 자'라고 한다. 아무리 인류에게 불을 전해준 죄가 크다 하더라도, 끊임없이 독수리에게 간을 쪼여 먹히는 형벌은, 생각하는 자가 짊어져야 할 형벌치고는 너무나 가혹하다. 생각이 무슨 죄길래? 추측컨대 생각이 문제가 아니라 앎의 클래스가 문제였을지 모른다. 생각은 앎을 통해 작동된다. 그의 앎이 아직은 아이소모피즘이 아닌 호모모피즘에 머물렀기 때문일지 모른다. 다시 말해 궁극적 앎(아이소모피즘)이 결여된 존재는 필연적으로 실체적 자아가 있다는 착각의 덫에 빠져 그로 인한 집착 때문에 프로메테우스처럼 끊임없이 고통 받으며 살 수밖에 없다는 교훈이 아닐까?

디지털 트윈

엔도모피즘의 적용 기술로 최근에 각광받는 디지털 트윈이 있다. 미국 제너럴 일렉트릭이 주창한 개념으로, 컴퓨터에 현실 속 사물의 쌍둥이를 만들고, 현실에서 발생할 수 있는 상황을 컴퓨터로 시뮬레이션 함으로써 결과를 미리 예측하는 기술이다. 디지털 트윈은 제조업뿐 아니라 다양한 산업·사회 문제를 해결할 수 있는 기술로 주목 받고 있다.

디지털 트윈 도시, 디지털 트윈 사람 등 가트너 리포트 2020에도 자주 등장하는 바, B와 B' 간의 연동, B'를 활용한 B의 제어, B'를 통

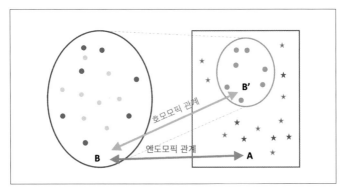

아날로그 쌍둥이 형 (B) vs. 디지털 쌍둥이 동생 (B')

1부 지능(Intelligence)

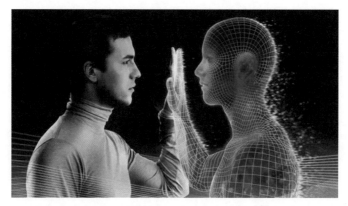
미래 주요 기술로 떠오른 디지털 트윈 (출처: Capgemini)

한 B의 재연 등 B와 B' 사이의 쌍둥이 관계, 즉 호모모피즘은 가상 현실 및 시뮬레이션 개념과 연동된 AI 신기술로 자리 잡으며 실세계에서 다양하게 활용되고 있다.

2. 엔도모피즘과 인식론

세상을 합리적으로 파악하려는 근현대 철학자들의 시선도 엔도모피즘의 맥락에서 크게 벗어나지 않는다. 칸트, 쇼펜하우어, 하이데거, 비트겐슈타인 등 몇몇 철학자의 엔도모픽 관점을 살펴본다.

칸트 인식론

대상은 관찰자와는 독립적인 주체임을 전제로 전개되던 기존의 철학을 뒤집은 사람이 칸트다. 기존 하향식 관점의 합리론과 상향식 관점의 경험론 사이의 통합론을 제시한 것이다. 그는 대상이란 주

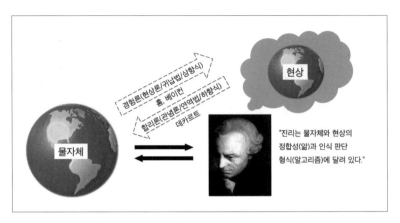

칸트 인식론: 판단형식 (감성, 상상, 지성, 이성)

체와의 관계성에서만 성립하는 현상에 불과하다고 여겼다. 마음이란 감성, 상상, 지성, 이성 등의 단계별 기능을 장착한 일종의 정보처리기계와 같다고 통찰하였다.

감각 대상(물 자체)과 머릿속 사물(현상)이 일치할 때 비로소 이해할 수 있다는 것이다. 현상계는 스크린과 같다. 기억장치에 아무런 내용도 저장되어 있지 않다면 스크린에는 아무것도 나타날 수 없다. 물론 저장된 내용 못지않게 필요한 것은 그것을 작동시키는 알고리즘이다. 알고리즘은 정보가 화면에 구현되기 위한 형식적 조건이다. 인식 판단 형식은 네 가지로 분류된다.

- 감성(sensitivity): 자아와 시공간 개념을 토대로 정리되고, 분석되고, 정형화된 감각 입력 능력을 말한다. (무의식)
- 상상(imagination): 감성과 지성을 화해시키는 매개체로서, 추상적인 개념을 정확하게 이해할 수 있을 뿐만 아니라 자

1부 지능(Intelligence)

유롭게 응용할 수 있도록 해준다. (예를 들면 두정엽 아래쪽 Geschewind's 영역의 언어사전 기억)

- 지성(understanding): 양, 질, 관계성, 상태 등으로 가공되고, 변형되고, 분류되고, 종합되어 판단되는 것으로서, 감성으로 주어진 잡다한 내용을 능동적으로 종합하는 능력을 말한다. 수동적 감성과 능동적 지성 간의 협동 작업을 통해 우리의 표상, 경험, 지식 등이 성립한다. (의식)
- 이성(reason): 감성, 상상, 지성과 같이 인식의 영역이 아니라 순수한 사유의 영역이다. (초월의식)

쇼펜하우어 인식론

세계는 의지에 의해 추동되는 것으로서, 인식이란 오직 세계에 대한 표상일 뿐이다. 표상은 의지가 객관적으로 드러난 것이다. 톨스토이가 가장 천재적인 인간이라고 극찬한 쇼펜하우어가 『표상

쇼펜하우어 인식론: 표상(앎)과 의지(알고리즘)

과 의지의 세계』에서 강조한 내용이다. 그의 통찰은 프로이트의 정신분석에 결정적 역할을 미친 것으로 알려져 있다. 엔도모피즘으로 이해해 보자. 우리들이 인식할 수 있는 것은 B가 아니다. 오로지 B'(표상)뿐이다. B'에 의지라는 알고리즘을 돌릴 때 세상은 돌아간다.

하이데거 존재론

실존주의 철학의 대표주자인 하이데거의 주장을 살펴보자. 안타깝지만 돌과 같은 무생물은 모르피즘을 갖지 못한다. 따라서 돌에게 세계는 존재하지 않는다. 인식되지 않는 한, 세계는 없다. 쥐와 같은 동물은 어떨까? 모르피즘 중에서 자아모델(A')이 부족하다. 오직 먹잇감(B')만 챙긴다. 따라서 그에게 세계는 결여된다. 인간

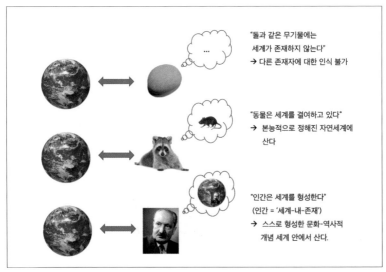

하이데거의 존재론

1부 지능(Intelligence)

만이 풍성한 세계를 갖는다. 자기복제모델(A')을 형성하기 때문이다. 스스로 형성한 문화, 역사적 개념들, 즉 시공간적 개념 속에 사는 것이다. 하이데거가 말한 세계란 객관적 세계(A+B)가 아니다. A'+B'(앎)이다. 우리들 스스로 A'+B'를 형성하며 산다는 것이다.

비트겐슈타인 인식론

이번에는 논리실증주의 철학자로 통하는 비트겐슈타인의 견해를 보자. 그는 세계는 사물의 총체가 아닌 사실의 총체라는 명언을 남겼다. 독립된, 고정적, 실체적 사물은 없다는 것이다. 세계는 오직 기술될 뿐이다. 실체적 B는 결코 파악될 수 없기에 오로지 B'로만 인식할 수 있다는 얘기다. B'는 어떻게 표현되는가? 언어다. 따라서 언어의 한계가 세계의 한계다. 언어로 표현 불가능한 것은 결코 세계에 포함될 수 없다. 이미지, 즉 언어 B'에 생각이라는 알고리즘이 돌아갈 때, 세상도 비로소 존재한다는 말이다.

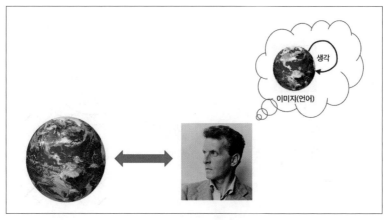

비트겐슈타인의 인식론

3. 엔도모피즘과 시뮬레이션

엔도모피즘 개념에서 빠질 수 없는 개념이 시뮬레이션이다. 이 역시 폰 노이만의 작품이다. 모르피즘, 즉 앎은 표현체다. 혼자서는 아무 일도 할 수 없다. 앎을 작동시켜 가공하고, 새로운 앎을 뽑아내는 알고리즘이 받쳐줘야 한다. 즉 모델링이란 대상과 호모모피즘 관계를 갖는 모델(표현, 앎)을 생성하는 일이다. 한편 시뮬레이션이란 모델에 입력을 가하여 출력을 뽑는 가공의 과정이다. 시뮬레이션이 바로 추론이요 생각인 것이다.

실제 뇌는 세계를 시뮬레이션한다고 신경심리학자 릭 헨슨은 주장한다. 우리가 살아가는 세계는 실재와 매우 유사한 가상현실이며, 전두엽 위쪽에 위치한 시뮬레이션 장치에서는 짧은 영화가 끊임없이 상영된다고 한다. 그렇게 시뮬레이션은 우리를 괴롭힌다.

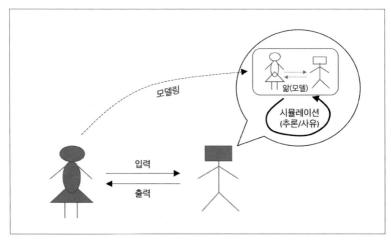

모델링과 시뮬레이션

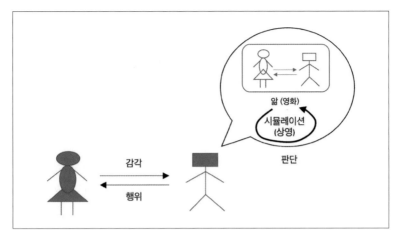

태어나서 죽을 때까지 우리의 뇌에서는 영화가 계속 상영된다.

태어나서 죽을 때까지, 심지어는 깊은 잠을 자는 동안에도 생각은 쉬지 않는다. 끊임없이 일어나는 생각 때문에 우리들은 때때로 괴로워한다.

프랑스의 대표적 사상가 중의 한 명인 장 보드리야르는 『시뮬라시옹에 의한 시뮬라르크』를 통해 모르피즘의 형성 과정에서 나타날 수 있는 치명적 문제점을 지적하고 있다. 시뮬라시옹이란 모르피즘을 만드는 과정으로, 결과적으로 형성된 모르피즘을 시뮬라르크라 한다.

엔도모피즘에서 설명한 바, 추상화 과정이란 실재로부터 주요 특징을 도출해내거나, 불필요한 부분들을 제거함으로써 본질적인 것만 남기려는 것이다. 다시 말해 추상화는 현실로부터 이미지라는 추출물을 뽑아내는 작업이다. 실체의 그림자 역할에 한정된 추상화와는 달리 시뮬라시옹은 이미지가 더 이상 원래 실재를 가정하지 않고, 스스로 지어낸 또 다른 실체인 이미지 혹은 모델을 만드는 것이다. 즉 추상화가 현실을 꾸밈없이 있는 그대로 보고자 함이라면, 시뮬라시옹은 그것이 지나쳐서 억지로 꾸미고 왜곡시킴으로써, 없는 실체도 지어낸다는 것이다.

보드리야르는 진실, 도덕, 권력, 신, 역사, 상상, 이데올로기, 삶과 죽음 등의 언어/개념화에 의해 형상화되던 실재는 각각에 대응되는 기호, 이미지, 모형인 시뮬라르크에 의해 대체되어 가짜실재로 변환된다고 주장한다. 그리고 이처럼 실재가 실재 아닌 실재인 가짜실재로 전환되는 작업이 시뮬라시옹이고, 모든 실재의 인위적인 대체물이 바로 시뮬라르크라고 말한다. 그는 모르피즘 작업을 통해 얻을 수 있는 이미지들의 왜곡현상을 다음과 같이 단계별로 설명한다.

- 이미지는 깊은 사실성의 반영이다.
  - → 있는 그대로
- 이미지는 깊은 사실성을 감추고 변질시킨다.
  - → 변형
- 이미지는 깊은 사실성의 부재를 감춘다.
  - → 왜곡
- 이미지는 어떠한 사실과도 무관하다.
  - → 헤테로모피즘
- 이미지는 자기 자신의 순수한 시뮬라르크다.
  - → 착각

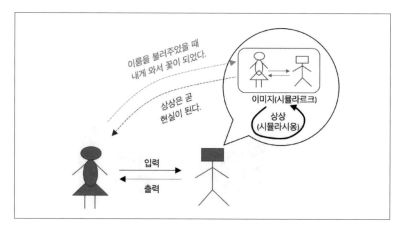

이미지가 거꾸로 실세계를 만든다는 보드리야르의 시뮬라시옹

처음에는 대상의 사실성을 순수하게 반영한다. 호모모피즘의 자격이 부여될 만한 단계다.(B') 하지만 모델은 점점 타락된다. 중요한 것을 빼먹거나, 변형시킨다. 없던 것도 있는 것처럼 꾸민다. 없던 사실도 만들어낸다.(헤테로모피즘) 결국에는 대상은 아예 없고, 자신만 남는다.(A') 왜 그럴까? 우리는 A의 개입 없이 B만 독자적으로 모델링 할 수 없다. 즉 A'+B'만이 모델링된다. 자아의식의 개입이 약할 때는 B'가 순수하게 그려지겠지만, 자아의식이 개입이 늘어날수록 B'는 희미하게 사라지고, 결국 엉뚱하게도 A'만 남는다. 대상의 모습에서 자신을 보는 셈이다.

사실 시뮬라시옹의 경향성이 나쁜 것은 아니다. 오히려 이를 통해 우리들의 상상력과 창조력은 무한히 펼쳐졌고, 결과로 얻은 과학문명과 문화예술은 훨씬 다채롭고 풍요로워졌다. 하지만 반대급부로 본질에 대한 착각현상은 더욱 커졌다. 한편, 극과 극은 통한다. 천갈래 만갈래로 상상의 나래를 펴며 전개되는 시뮬라르크지

영화 〈매트릭스〉의 한 장면

만, 때때로 본래의 임무인 본질에 관한 관찰, 즉 통찰을 보이기도 한다. 시뮬라시옹의 본래 대상이라고 여겼던 실재 자체가 어쩌면 우리 자신이 왜곡되게 꾸며낸 이미지와 조금도 다를 바 없는 또 다른 이미지에 불과했음을 간파할 수 있다는 것이다.

　장 보드리야르의 시뮬라시옹 개념은 SF영화 〈매트릭스〉의 단초가 된다. 뇌가 생성해 내는 시뮬레이션의 세계를 진짜라고 여겼던 주인공 레오가 깨어나는 과정을 담은 장면을 감상해보자. 깨어난 레오가 보는 세상은 어떠할까? 착각에 빠진 자와 깨어난 자 사이의 차이는 무엇일까?

실재란 무엇일까?

　　　　　　　　　　　　　　　1부 지능(Intelligence)

4. 엔도모피즘과 양자역학

"1시간 후 50% 확률로 상자 안의 고양이는 죽거나 산다." 유명한 슈뢰딩거의 잔혹한(?) 실험이다. 폰 노이만의 논문 「양자역학의 수학적 토대」를 읽고 몇 년 후에 제안한 사고(생각) 실험이다. 이중슬릿에서 진행된 양자중첩 실험은 미시세계에서만 관찰된다. 그 결과 입자와 파동은 객관적으로 정해진 것이 아니라 관찰자의 의식에 따른다는 것은 이미 잘 알려진 바이다. 하지만 슈뢰딩거의 고양이처럼 가시세계에서 중첩현상을 확인하는 것은 불가능하다. 왜일까? 가시세계가 미시세계와는 다른 별도의 세계는 아니지만 가시세계 속 대상들은 이미 우리들 머릿속에 개념화되어 있다. 이미 알고 있는 것들이다. 그런 고정관념으로는 실세계의 참 모습을 볼 수 없다는 것이다.

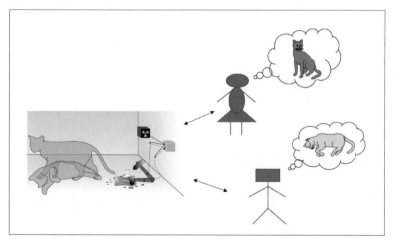

슈뢰딩거의 사고 실험: 삶과 죽음이 하나?

양자 불가사의는 어쩔 수 없이 익숙해져야만 하는 불편한 진실, 감추고 싶은 비밀이다. 이 세계는 실로 상상을 초월할 정도로 기이하다고 양자역학자 브루스 로젠블룸은 『양자 불가사의』에서 말한다. 존재한다는 것은 지각된다는 것이다. 다시 말해 존재하는 모든 것은 관찰에 의해 창조된다. 그리고 관찰은 의식에 의존한다. 우리와 달리 실재를 있는 그대로 볼 수 있는 존재가 있을까? 추론으로만 가능한 중첩상태를 직접 경험할 수 있을까? 그런 존재라면 슈뢰딩거의 고양이도 자연스러울 것이다. 그것이 있는 그대로 자연이니까.

『부분과 전체』를 저술한 양자역학자 하이젠베르크는 수학의 i(허수)를 예로 든다. 실재하지 않지만 수학적 이해를 위해 쓰이는 개념, 허수! 우리들 존재가 그렇단다. 세상을 이해하는 데 필요하지만, 그 이상은 아니란다.

마지막으로 『양자 중력 세 가지 길』을 쓴 스몰린의 애기를 들어보자. 세상에 존재하는 것은 아무것도 없다. 무엇인가가 어떤 상태에 있다는 것은 환상이다. 존재 자체가 환상이라는 사실을 간과해서는 안 된다고 그는 강조한다.

5. 엔도모피즘과 폰 노이만 우주

자기 안에 대상의 모델을 갖는 것이 엔도모피즘이다. 그런데 대상에는 자기 자신도 포함된다. 즉 자기복제 모델을 가진 엔도모픽 시스템이 호모모피즘 관계를 유지하려면 그림에서처럼 무한루프에

1부 지능(Intelligence)

빠질 수밖에 없다. 이것을 폰 노이만은 의식의 사슬(Consciousness Chain)이라 불렀다. 거울을 앞뒤에 세워 놓고 바라보면 자신의 모습이 끝없이 비춰지게 된다. 폰 노이만은 이러한 인식의 세계를 집합 이론으로 표현한다.

본래 대상과 관찰자는 독립적 개체가 아닌 상호의존적이다. 따라서 실체적이지 않으므로 비어 있다는 의미로 공집합 ( )으로 세계를 기술한다. 한편 관찰자의 모르피즘은 자기복제된 것이므로 (( ))로 기술할 수 있다. 마찬가지로 관찰자의 자기복제 속의 자기복제는 자기의 부분집합인 ( )와 (( ))를 모두 감싼 것이다. 따라서 ( ) (( )))이 된다. 같은 방법으로 한 단계 더 추상화되면 ( ) (( )) ( ) (( ))))가 된다. 여기서 표기의 편의성을 위해 집합 원소 수에 따라 숫자 0 1 2 3 4 등 명칭을 부여하면 자연수의 무한 집합이 된다. 이

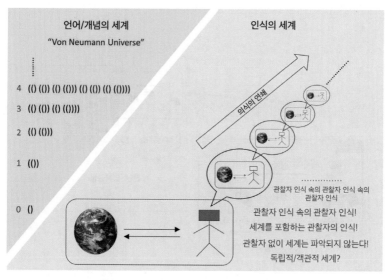

엔도모피즘 관점의 폰 노이만 Universe

것을 폰 노이만 우주라 부른다. 비록 실체적이진 않지만, 우리들 인식의 세계를 언어화/개념화 시킨 것이다.

우리들이 사는 세계는 인식의 틀을 벗어날 수 없고, 결국 우리들은 개념의 세계 속에 산다. 폰 노이만 우주는 그 세계를 표현한다. 뭉쳐서 보면 (집합) 명칭이 부여되고 의미가 생겨난다. 착각-독립적 개체들 0 1 2 3⋯-이 시작된다. 뒷장에서 소개할 라캉의 동전 던지기처럼.

실세계 모델 속에 대상 모델(B')을 고려하여 시뮬레이션 예측을 할 수 있는 고등동물에서 의식을 갖는 최상위 동물인 인간으로 진화하게 된 것은 바로 A', 즉 자기 모델까지 실세계에 투영할 수 있게 된 때부터라고 한다. 즉 자기 인식이 시작된 시점이다. 현대 생물학에서 가장 심오한 미스터리가 '의식'이다. 당면한 문제는 무한

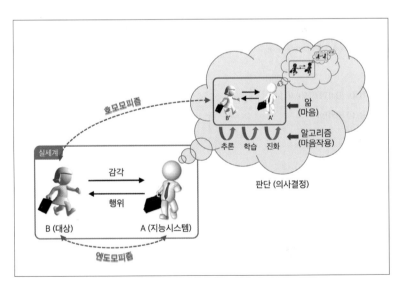

자기복제 엔도모피즘에서 발생되는 의식의 연쇄

1부 지능(Intelligence)

회귀의 문제다. 자기 모델 속에는 다시 자기 모델이 있기 때문이다. 이로 인해 결국 무한루프에 빠지고 만다.

폰 노이만은 이 루프가 무한 반복되지는 않는다고 단언한다. 그는 의식의 연쇄 끝 지점에 "Ich!"가 있다고 말한다. 바로 자아다. 그는 물리세계를 비롯한 모든 인식 문제에서 자아의식은 결코 분리될 수 없다고 강조한다. 양자중첩의 수학 모델을 제시한 그의 입장이 이해되는 대목이다.

6. 엔도모피즘과 공학

이번에는 과학과 공학의 차이에 대해 엔도모피즘 관점으로 이해해보자. 과학은 모델링 작업이다. 세상을 기술하는 것이다. 분석하고, 해석하고, 기호화하고, 추상화하여 진리를 규명하는 일이다. 원리, 원칙, 법칙 등 보편적 지식을 세우는 일이다. 궁극의 앎을 찾고자 함이다. 한편 공학은 모델을 유익하게 활용하려는 작업이다. 과학이 찾은 앎에 상상과 욕망을 더하여 훌륭한 물건, 창조적 물건, 유익한 물건을 만드는 일이다. 과학자가 세우는 이론 속에는 그 자신이 담겨 있다. 공학자가 만든 물건 속에도 그 자신이 담긴다. 엔도모픽 존재가 하는 일이기 때문이다. 소중하지 않은 것은 없다. 나 아닌 너가 어디 있으랴! 정녕 훌륭한 대박 상품은 따뜻한 가슴에서 나올 수밖에 없다.

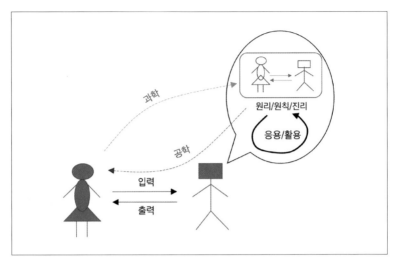

과학과 공학

컴퓨팅 사고

컴퓨터를 이용한 과학적인 문제해결, 논리, 절차, 방법을 '컴퓨팅 사고'라 한다. 즉 AI 시대에 필요한 '과학적 사고 체계'다. 컴퓨팅 사고를 처음 주창한 자넷 윙은, 컴퓨팅 사고란 컴퓨터공학의 기본 개념을 끌어와 문제를 해결하고, 시스템을 설계하고, 인간의 행동을 이해하는 것이라 정의하였다. SW시대, AI시대에 갖추어야 할 보편적 사고 기술이라는 것이다. 컴퓨팅 사고에 필요한 핵심 요소들에 대해서는 주장들마다 약간의 차이가 있으나, 요약하면 추상화, 구조화, 모듈화, 알고리즘, 자동화 등 다섯 가지다.

　각 요소들을 엔도모피즘 관점으로 정리해 보면, 먼저 '추상화'는 앞서 여러 차례 설명했듯 모델링 작업을 말한다. 이렇게 형성 앎(모델)은 크게 두 가지 표현 방식을 갖는다. 하나가 '모듈'이다. 마치

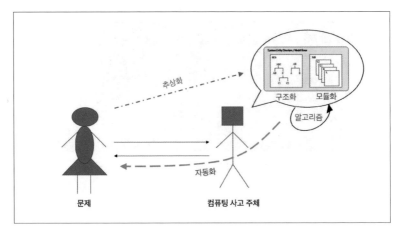

엔도모피즘 관점으로 본 컴퓨팅 사고

레고 조각처럼 재사용 가능한 독립적 단위의 앎으로 구성된다. 다른 하나는 '구조'다. 레고 조각들의 결합관계에 대한 앎이다. 전자는 기능적 지식 표현이라 하고, 후자는 구조적 지식 표현이라고도 한다. 앎을 가공하여 새로운 앎을 만드는 작용을 '알고리즘'이라 한다. 이제 알고리즘이 생성한 최적의 앎을 실세계에 적용하는 일이 남았다. '자동화' 단계다. 사실 복잡한 용어들을 끌어들였지만, 인간의 인지과정을 컴퓨터공학적 용어로 풀어낸 것에 불과하다. 쇼펜하우어의 말처럼 표상과 의지, 즉 대상에 대한 표현과 활용 그것이 세상의 전부이기 때문이다.

7. 마무리 글

내 안에 너 있다. 나도 있다. 그 안에 또 나도 있고 너도 있다. 그리고 또 … 누가 진짜인가? 우리는 지금 누구를 보고 있나? 나 없이

내 안의 나 안의 나 안의 나 안의 나 .... (출처: 영화 〈Nine Miles Down〉)

너를 볼 수 있나? 나 없는 너가 성립되기나 하나? 너 없는 나가 성립되나? 거울 두 개를 앞뒤에 놓고 무수히 비치는 나의 숫자만큼 깊고 깊게 성찰해 보자.

엔도모픽 존재로서, 다섯 가지 연애 기술을 팁으로 제공한다. (1) 방어 기술이다. 상대로 하여금 나를 쉽게 모델링하도록 허용하지 말라. 헷갈리게 해야 한다. 모델이 완성되면 관심은 줄어든다. 더 이상 알고 싶은 게 없기 때문이다. (2) 공격 기술이다. 상대에 대한 모델링을 신속히 행하라. 감정에 구애 받지 말고 이성적으로, 합리적으로 정확한 모델링을 실행하라. 길게 끌면 변한다. 따라서 연애 초반 서로 모를 때 다양한 시행착오 학습이 필요하다. (3) 연막 기술이다. 결정적인 순간에는 알쏭달쏭한 얘기로 당황하게 만든다. 방어적인 차원에서 나에 대한 관심을 지속시키면서도, 공격적인 차원으로는 상대의 심층적 심리 모델링을 행할 기회다. (4) 예측 기술이다. 정확한 모델이 세워지면 시뮬레이션 예측 기술이 필요하다. 다양한 가설을 세우고, 다양한 입력을 주입하고 출력 결과를 분석하여 최적의 전략을 도출한다. (5) 학습 기술이다. 예측 결과가

1부 지능(Intelligence)

잘못되었을 때는 원인 분석을 통해 문제점을 짚어내고, 과감하게 개선해야 한다. (6) 마지막 한 가지, 제일 중요하다. 겸손 기술이다. 내가 상대를 아는 만큼 상대도 나를 안다. 겸손이 최선이다. 이상이다. 일명 허허실실, 또는 양자중첩 작전이라 하다. 진정한 딥러닝이다.

삶? 그 또한 모르피즘 싸움이다. 치열한 정보전이다. 지피지기면 백전백승이다. 나의 모르피즘은 가급적 덜 뺏기고 상대방의 모르피즘은 무조건 많이 가져와야 이긴다. 너무 이기적이다? 맞다. 하지만 이타적으로 사는 성자도 그렇다. 상대방의 모르피즘에 열을 올린다. 돕기 위해 그런다. 공감하고자 그런다. 자기 모르피즘은 빼앗기지 않는다? 맞다. 줄 게 없다. 자기 없이 살기 때문에 주고 싶어도 줄 게 없다. 좀 더 정확히 말하자면 자타경계가 없다. 투명하다. 내 모르피즘, 네 모르피즘이 따로 없다.

"아프냐? 나도 아프다!"

모르피즘은 양날의 검이다. 이기적이냐? 이타적이냐? 모르피즘의 수준, 앎의 수준에 달렸다. 인간이건 AI건 이제는 진정 '지식'의 앎에서 '지혜'의 앎으로 전환할 때다. 달라이 라마의 호소에 귀기울여 보자.

"지구별에서 이제는 성공한 사람이 중요하지 않습니다. 그보다는 평화를 가꾸는 사람, 치유해주는 사람, 복원시키는 사람, 그 필요성을 얘기해주는 사람, 그처럼 이타적 사랑을 베푸는 사람이 간절할 뿐이죠."

프란치스코 교황의 말씀도 다를 바 없다.

"이 세상에 내 것은 하나도 없습니다. 매일 세수하고 목욕하고 양치질하고 멋 부리는 이 몸뚱이를 나라고 착각하면서 살 뿐이죠."

밤늦게 지친 몸으로 어렵게 구해 마신 감로수가 아침에 깨어보니 썩은 해골물이라니! 세상에 대한 답은 밖에 있지 않았다. 자기 안에 있었다. 최상의 모르피즘을 얻은 원효대사는 덩실덩실 춤을 추며 오도송으로 읊는다.

마음이 생하는 까닭에 가지가지 법이 생기고
마음이 멸하면 감로수와 해골물이 다르지 않네.
일체가 오직 마음이요, 모든 현상이 앎에 기초하니,
마음 밖에 아무것도 없는데 따로 무엇을 구하랴!

제6장 앎

– 뭣이 중헌디?

탐스런 빨간 사과가 나뭇가지에 매달려 있다. 누가 봐도 분명하다.
이번에는 오른쪽 그림을 보자. 뭘까? 우리는 항상 객관적으로 대상
을 알 수 있을까?

우리는 아는 것만 본다. 앎이 없으면 아무것도 알지 못한다. 눈에
뵈는 게 없다. 낫 놓고 기역자도 모른다. 오른쪽 그림이 무엇인지는
나중에 모범 답을 보면 바로 알 수 있다. 물론 모든 대상에 항상 모
범 답이 따르는 것은 아니다. 머릿속에 기억된 앎을 통해서만 대상

 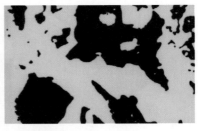

앎이 형성된 그림 vs 앎이 형성되지 않은 그림
(사과 그림 출처: 한국표준과학원)

을 인식할 수 있기 때문이다. 기존 기억을 무시하고 새롭게 대상을 인식한다면 그것이 정답이다. 물론 혼자만 이해할 뿐이겠지만.

　우리들이 인식하는 것은 사회적 약속을 벗어날 수 없다. 언어도 약속이고, 언어를 통한 개념화도 사회적 약속이다. 생각이란 것도 약속된 틀 속에서의 일이다. 요컨대 부모와 선생님에게서 배우지 못하면, 우리는 대상을 인식할 수 없다는 얘기다. 보긴 보되 무엇인지 말할 수 없다는 얘기다. 물론 혼자만의 정보체계를 통해 혼자만의 방식으로 인식할 수는 있다. 하지만 타인과의 소통을 통해 정보를 주고받을 수는 없다. 인간이건 AI건 지능적 존재에게 앎, 즉 앎의 표현이 핵심인 이유다. 오른쪽 그림에 대해 혼자만의 상상은 얼마든지 가능할 것이지만, 타자와 공감할 수 없는 상상이라면 결코 지능적으로 인식했다고 말할 수 없을 것이다. 보편적 앎이 없기 때문이다. 반면 왼쪽 그림을 보고 나뭇가지에 매달린 사과가 있다고 말한다면 지능적으로 인식했다고 볼 수 있을 것이다.

　그럼 이번에는 잘 알 것 같은 그림을 보자. 답이 뭘까? 토끼인가? 오리인가? 또는 말인가? 개구리인가? 답은 없다. 관점의 차이만 있

토끼인가? 오리인가?

말인가? 개구리인가?

1부 지능(Intelligence)

을 뿐이다. 우리는 보고 싶은 것만 본다. 그렇게 본다 해서 큰 문제가 될 것은 없다. 다만 보이는 게 다가 아니라는 점을 간과해서는 안 된다. 대상은 객관적으로 정해지는 것이 아니다. 보는 자의 입장이 투영되어야만 알 수 있다. 이것이 양자 중첩의 원리다. 인식의 핵심이다. 인간이건 AI건 이 사실에 대한 앎의 형성이야말로 존재의 수준을 가늠하는 중요한 척도다. 나만이 옳을 수 없으며, 나만이 존재할 수 없다. 대상(객체)이 있어야 비로소 보는 내(주체)가 있고, 보는 내가 있을 때 비로소 대상도 존재한다. 일체가 상호의존적 관계 속에서만 인식될 수 있음을 바로 알아야 한다.

가끔씩 유명 연예인이 불미스러운 사건에 연루되었다는 속보가 SNS를 타고 일파만파 번지는 경우가 있다. 각종 매체들을 중심으로 비방성 허위 댓글까지 보태지면서, 당사자는 하루아침에 악마로 낙인찍히게 된다. 대중들은 진실 여부에는 아랑곳없이 기정사실화해 버린다. 이처럼 사실에 관한 왜곡과 확산의 경향성은 어쩌면 우리들 인간이 갖는 가장 큰 맹점인지 모른다.

우리들의 생각이나 감정은 모두 정신적인 조합으로 이루어진 환상의 세계일 뿐이라고 한다. 즉 우리 생각이나 감정은 진정한 것이 아니다. 하지만 우리는 환상이 만들어낸 그것들을 보며 진정한 지식이라 믿는다. 바른 앎을 갖추는 일이 시급한 이유다. 바르게 보고, 바르게 알고, 바르게 사유하고, 바르게 행동하는 것! 이것이야말로 지능적 존재의 참 모습이 아닐까?

1. 앎의 이중성

두뇌와 같은 물질덩어리가 어떻게 추론 기능을 수행할 수 있을까? 그 핵심은 표상, 즉 앎이다. 표상이란 부분들과 배열이 어떤 개념들 혹은 사실들의 집합에 일대일로 조응하는 구체적 표현체다. 그리고 추가적으로 프로세서(알고리즘)가 필요하다. 프로세서는 정해진 횟수만큼 반복 작용을 수행하는 작은 기계장치이다. 이러한 사고이론이 인지과학의 핵심이다. 표상과 프로세서, 즉 앎과 알고리즘, 이 두 가지가 완전히 자율적으로 작용해서 지적인 결론을 생성해내는 것이다.

앎은 지능의 핵심이다. 곧 존재의 핵심이다. 미치오 카쿠에 따르면 앎이란 다중 피드백회로에 의한 추상화 이미지다. 끊임없이 생성되고 수정된다는 얘기다. 추상화에는 양면성이 있다. 수많은 쓸데없는 정보들을 걸러내는 효율 만점의 정보처리 기능이 있다. 압솔리지(Obsoledge: Obsolete Knowledge), '쓸데없는 지식'이라는 신조어가 생길 정도로 엄청난 정보의 홍수 속에 살아간다. 빅데이터 시대가 열린 것도 이 때문이다.

우리 뇌도 마찬가지다. 눈이나 귀 등을 통해 유입되는 모든 감각 정보들을 전부다 세밀히 들여다보려면 엄청난 에너지와 시간이 소모될 것이다. 때문에 특징적인 부분만 집어낼 수 있다면 훨씬 더 효과적인 인지가 가능할 것이다. 하지만 동시에 추상화에는 어두운 그림자가 함께한다. 왜곡이다. 특징 추출로 온전히 끝내면 좋겠지만, 우리의 의도가 투영되어 대상, 즉 이미지를 조작하기에 이르는

1부 지능(Intelligence)

치명적 문제가 공존한다는 점이다. 먼저 추상화의 본질을 정리해
보자.

- 도출하거나 제거하는 작업
- 본질적인 것을 끄집어내거나 본질적이 아닌 군더더기를 제
  거하는 일
- 실세계로부터 이미지라는 추상물을 추출해 내는 작업
- 모든 기호/언어와 예술 활동도 추상화 작업에 속함

  본질적으로는 아무 문제도 없어 보인다. 그림에 나타난 바, 피카
소의 〈황소〉는 각 추상 단계마다 중요 특징들을 잘 짚어내고 있다.
마지막 단계에서는 몇 개의 선으로만 구성된다. 그래도 황소의 핵
심은 그대로 살아있다. 이번에는 장 보드리야르의 추상화에 대한
견해를 살펴보자.

- 앎(이미지)은 깊은 사실성의 반영이다.
- 앎(이미지)은 깊은 사실성을 변질시킨다.
- 앎(이미지)은 깊은 사실성의 부재를 감춘다.
- 앎(이미지)은 어떠한 사실성과도 무관할 수 있다.
- 앎(이미지)은 자신의 순수한 표출이다.

  있는 그대로 사실대로 반영하다가 서서히 변질되기 시작한다. 그
리고는 없는 것도 있게 만든다. 관계없는 것도 덧붙인다. 마침내는

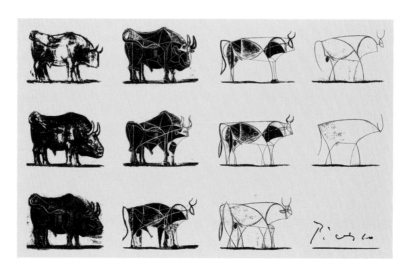

피카소의 추상화 시리즈 〈황소〉

자기 의지만 드러내는 꼴이 된다. 대상이란 주관, 즉 관찰자와의 상
호의존적 관계로 관찰자의 의식 투영이 불가피한 것이기는 하지
만, 이렇게 되면 소설을 쓰는 격이다. 이것이 추상화의 문제다. 물
론 근본 원인은 자아의식이다. 보고 싶은 것만 보는 것이다. 아는
만큼 보는 것이다. 결국 밖을 보는 것이 아니라 안을 보는 것이다.

2. 앎의 표현

우리들은 세상을 어떻게 인지할까? 물론 앎을 통해 본다는 점은 앞
서 누누이 강조한 바 있다. 이제 좀 더 세부적으로 인간의 인지방법
을 살펴봄으로써 앎의 표현 방법에 대해 논하고자 한다. 우리는 물
리 세계를 직접 볼 수 없다. 눈과 뇌를 통해 삭제되고 추가되고 재

1부 지능(Intelligence)

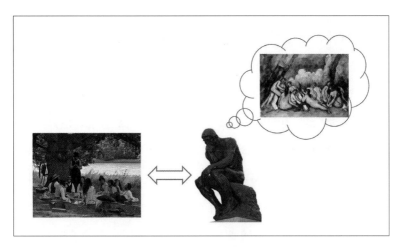

추상화가처럼 필요한 것만 보는 엔도모픽 시스템, 인간!

엉뚱한 대상을 만들기도 하는 추상화의 왜곡성

구성된 환영만을 본다. 추상 화가가 그려내는 추상 작품과 다를 바 없다. 보고 싶은 것만 본다! 심리학 용어로 확증 편향성을 갖는다. 비트겐슈타인의 말처럼 어쩌면 살점을 뜯어 뼈만 남긴 것을 보는 것일지 모른다.

인간에게는 공통된 추상화 방식이 있다. 언어다. 우리는 언어적 한계를 벗어나서는 대상을 볼 수 없다. 그래서 비트겐슈타인은 언어의 한계가 곧 세계의 한계라고 강조한다. 세계는 독립적으로 존재한다기보다는 기술된다. 즉 언어로 표현되고 정의되는 것이다. 달리 말하면 세계는 객관적 사물들로 이루어진 고정적 실체가 아니라 언어적으로 표현된 사건들의 집합이라고 한다. 즉 비트겐슈타인의 말처럼 세계는 사물의 총체가 아니라, 사건의 총체라는 것이다.

그렇다면 우리들 인간에게 토착화된 언어적 표현 방법은 무엇일까? 우리는 먼저 다섯 감각으로 입력된 원시정보를 이미 기억된 정보와의 비교를 통해 대상을 분류해 내는 작업을 한다. 이름이 부여되는 것이다. 레이블링(Labelling)은 개념화의 첫걸음이다. 다음으로 관심이 가는 대상이라면 추가적인 특징까지 분석한다. 특징도 좀 더 세분화한다. 구조적 특징을 파악한다.

예를 들어 저기 빨간 람보르기니 스포츠카가 있다 하자. 일단 명칭으로 식별될 것이다.(명칭) 다음은 스타일, 유리창, 바퀴, 창문, 내부 디자인, 엔진출력 등등 세부 부품들과 그 특징들을 살펴볼 것이다.(속성) 그리고 각 부품으로 이루어진 전체 구조를 확인하게 될 것이다.(구조) 다음으로는 차 주인이 누구인지 알고 싶을 것이다.(관계) 물론 세상의 모든 사물은 변한다. 따라서 대상이 지금 어떤 모습인지 알 수 있다. 예를 들면 람보르기니는 현재 깜빡이를 켠채 정차 상태다.(상태) 그리고 앞으로 어떤 모습으로 변하게 될지도 짐작할 수 있다. 곧 차 주인이 올라탄 뒤 출발할 것이다.(예측) 이상의 여섯 항목을 정리하면 다음과 같다.

1부 지능(Intelligence)

① 구분된다!	명칭(name)
② 특징지어 진다!	속성(attributes)
③ 쪼개진다!	구조(structure)
④ 관계된다!	관계(relation)
⑤ 변한다!	상태(state)
⑥ 상상된다!	예측(estimation)

또 다른 예를 들어 보자. 개와 고양이 사이의 역동적인 모습이 담긴 그림이 있다. 검정색 개가 누런색 고양이의 공격을 받아 왼쪽 앞발을 물렸다. 개는 비명을 지른다. 고양이는 기가 살아 꼬리를 바짝 쳐든 채 공격을 멈추지 않는다. 그림의 상황을 우리들이 이해하는 것처럼 AI도 알게 하려면 어떤 정보들이 필요할까?

① 명칭 → 고양이, 개
② 속성 → 고양이: 누런 색 + 작다, 개: 검정색 + 크다

세계는 언어로 기술된다.
어떻게 기술해야 할까?
(출처: YouTube)

③ 구조 → 고양이: 머리 + 귀 +수염 + 앞발 + 뒷다리 + 꼬리

개: 머리 + 입 + 이빨 + 눈 + 귀 + 앞발 + 뒷다리

④ 관계 → (고양이와 개의) 싸움

⑤ 상태 → 누런색 고양이가 검정색 개 위에 올라 왼쪽 앞 팔을 깨물고 있다.

검은색 개는 고통스러운 표정으로 비명을 지르고 있다.

⑥ 예측 → 개는 꼬리를 내리고 도망친다.

고양이는 의기양양 무서운 표정으로 겁을 준다.

3. 앎의 추상화 단계

우리들의 감각기관을 통해 들어오는 외부 자극은 전기, 광학, 중력, 화학적 신호 등 다양한 형태로 입력된다. 원시 데이터(Data)에 의한 앎은 즉각적 처리를 위해서는 가공 없이 곧바로 활용되기도 한다. 무의식에 따른 즉각반응형(reactive) 처리가 필요한 경우다. 한편 원시 데이터를 걸러내고 관계성을 통해 유용한 정보만 뽑아내면 고급 앎으로 추상화된다. 이 일은 데이터 마이닝, 즉 빅데이터 분석이 맡는다.

정보 단계(Information)의 앎이란 언어화 및 개념화된 앎으로서 감성이나 이성적 처리의 밑거름이 된다. 정보 단계의 앎이 다시 추상화되어 관계성을 통해 개념화되면 지식 단계(Knowledge)에 이른다. 사유나 의사결정 등 의식 차원에서의 일들은 대부분 지식 단계

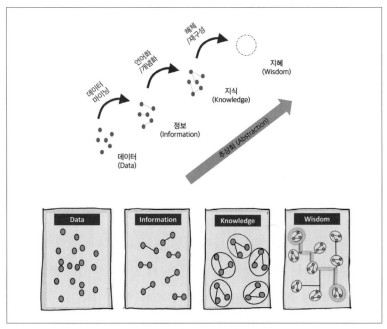

앎의 추상화 단계

의 앎에 의해 이루어진다. 한편 관계 맺었던 지식들이 순간적으로 떨어져 나간 뒤, 전혀 관계없었던 지식들과 다시 결합되면 시너지 효과에 의해 예전에 없던 앎이 생겨나기도 하는데, 이러한 통찰이 종합 정리되고 일반화되면 마침내 지혜의 앎 (Wisdom) 단계에 이르게 된다.

예를 들어 '빨래', '비', '개구리', '건는다', '내린다', '운다' 등이 데이터 단계에서 알려졌다 하자. 이 데이터들은 데이터 마이닝을 통해 정보 단계로 올라오면 '개구리가 운다', '비가 내린다', '빨래를 건는다' 등의 의미 있는 정보(팩트)로 표현될 수 있다. 다시 지식 마이닝을 통해 지식 단계로 올라오면 '개구리가 울면, 곧 비가 내릴

것이다', '비가 오기 시작하면, 얼른 빨래를 걷어라' 등 유용한 지식
이 될 수 있다. 여기에 통찰, 즉 직관이 작동되면 '개구리가 울면 빨
래부터 걷어라' 등의 지혜를 얻을 수 있다.

4. 앎의 정형화 표현

이번에는 앞서 설명한 앎의 표현에 관한 주요 속성들을 고려하면
서 추상화 단계에 따른 정형화된 표현 방법론에 대해 살펴보겠다.
앎을 비롯하여 사물이나 존재에 대한 과학적 해석을 위해 널리 쓰
이는 용어 중에 시스템 개념이 있다. 이 시스템 표현 수준을 기반으
로 앎의 논리적 정형화 방법에 대해 간략히 살펴보자.

시스템적 관점으로 브론치노의 〈비너스와 큐피드의 알레고리〉
그림을 분석해 보자. 시스템은 먼저 경계를 갖는다. 경계는 원래부
터 존재하는 것은 아니지만, 분석 용이성을 위해 경계를 나누면 객
체가 드러난다. 비너스, 큐피드, 크로노스 등등… 경계가 생기면 경
계 밖에서 안으로 들어오는 정보와 경계 안에서 밖으로 나가는 정
보도 식별된다. 이것이 각각 입력(X)과 출력(Y)이다. 한 객체의 출
력은 인접한 객체의 입력이 된다. 이렇게 정보는 상호 연결된 객체
와 객체 사이를 오고가며 가공되어 전달된다.

그림에서는 비너스와 큐피드 간에 흐르는 정보의 교감이 잘 드
러난다. 객체에 대해 아무런 정보가 없을 때 우리가 관찰(모델링)할
수 있는 것은 입력되는 정보들과 출력되는 정보들뿐이다. 하지만
보다 상세히 객체를 들여다보면 상태가 보인다. 그림에서는 개체

1부 지능(Intelligence)

브론치노 〈비너스와 큐피드의 알레고리〉

마다 다양한 상태(모습)가 보인다. 행복한 상태, 시기하는 상태, 괴로운 상태, 진지한 상태 등 다양한 상태가 역동적인 스토리텔링을 하고 있다.

입력되는 정보에 대한 출력반응은 그 시점에서의 상태에 따라 크게 달라진다. 누가 귀찮은 전화를 걸어오더라도 행복한 상태에 있을 때라면 크게 개의치 않을 것이지만, 괴로운 상태에 있을 때, 모르는 전화까지 울리면 짜증이 폭발할지 모른다. 이처럼 입력에 대한 출력은 상태와 결부된다.

한편, 상태는 예외 없이 변한다. 비록 행복한 상태에 있더라도 누군가가 뺨을 때린다면 순식간에 괴로운 상태로 변할 것이다. 또한 외부 입력이 없더라도 시간이 지나면 상태는 바뀌고야 만다. 배부른 상태는 시간이 지나면 자동으로 배고픈 상태가 되고 만다. 그림에서 작가 브론치노는 시간에 따른 상태변화를 강조한다. 그림 오른쪽 윗편에 자리한 시간의 신 크로노스는 모래시계로 정해진 시간이 경과하면 가차 없이 낫으로 잘라낸다. 누구도 예외 없다. 시간은 우리 편이 아니다.

좀 더 수학적으로 정리해 보자. 앎의 수준을 레벨 0부터 레벨 4까지 다섯 단계로 나누어 설명한다. 정형 모델 형식은 다음과 같이 요약된다.

- Level 0: $M = \langle X, Y \rangle$
- Level 1: $M = \langle X, Y, \lambda(X, Y) \rangle$
- Level 2: $M = \langle X, Y, S, \lambda(X, S, Y) \rangle$
- Level 3: $M = \langle X, Y, S, \delta(S, X), \lambda(S) \rangle$
- Level 4: $M = \langle X, Y, S, \delta(S, X), \lambda(S), Z(i, j) \rangle$

여기서 X는 입력집합, Y는 출력집합, S는 상태집합이다. λ는 출력함수이며, δ는 상태변환 함수다. 마지막 $Z(i,j)$는 구조 결합 관계를 나타낸다. 이 정형 모델 형식은 폰 노이만의 세포자동자 모델을 토대로 하며, 실제 AI 에이전트 시스템 설계에 활용된다.

레벨 0은 데이터 수집 단계다. 각종 센서나 데이터베이스 등을 통해 데이터를 긁어모으는 단계다. 실세계에 대한 최초의 추상화,

즉 원시 데이터 단계다. 앎 없이는 누구도 세상을 알 수 없다. 사유가 불가능하다. 실세계로부터 앎을 형성하고, 이를 이용하는 고도의 사유에 이르기까지는 여러 단계의 정제 과정이 필요한데, 이 중 첫번째가 바로 레벨 0이다.

레벨 1은 입출력 사이의 관계성에 의해 표현된다. 레벨 0에서 수집된 데이터들을 가공하여 관계성을 엮음으로써 달성된다. 즉 필요한 데이터를 추려내고 데이터 간의 중요한 관계성을 추출해내는 단계다. 과학적 토대인 인과율에 따른 모델이다. 때문에 빅데이터 분석을 비롯한 데이터마이닝, 패턴분석 등으로 알려진 기본적 AI의 모습이다.

레벨 2는 외부적 상태 변환함수를 갖는다. 출력값 y는 입력값 x와 상태 s에 따라 결정된다. 세포자동자나 신경회로망에 쓰이는 뉴런 등이 이 수준의 모델(앎)을 활용한다. 입력 값들이 취합된 후, 활성화 함수 결과에 따라 출력되기 때문이다. 전문가시스템의 기본 단위체인 규칙 표현도 여기 속한다. IF 조건부에서의 논리변수 값들이 논리 연산된 뒤, 역치값 함수 결과에 따라 출력이 결정되는 형식을 취하기 때문이다. 알파고 등 대다수 AI 시스템의 현주소다.

레벨 3는 레벨 2에 내부적 상태 변환 함수가 추가된 표현이다. 내부적 상태 변환이란 외부적 입력 자극이 없더라도 시간이 경과하면 스스로 변하는 표현체다. 정보의 기억이 가능하다는 말이다. Memory라는 중요한 요소를 갖는 단계다. 레벨 3 수준의 모델 표현이라면 동역학적으로 변하는 실세계의 모든 대상들을 섬세하게 모델링할 수 있다는 얘기다. 아직 인공뉴런은 이 단계에 이르지 못했다. RNN(Recurrent Neural Network)이나 LSTM(Long Short Term Memory), 또는 SNN(Spiking Neural Network) 등 학문적 시도가 있지만, 아직까지는 기존 ANN의 확장일 뿐이다. 한편 인간의 뉴런은 동역학적으로 스파이크를 일으키며 공명하는 세포집단들을 기본 정보 단위로 작동된다. 엔그램과 랭그램이 그렇다. 앞으로 이 부분에 대해 많은 연구가 진행되어야 할 것이다.

레벨 4는 구조화 모델을 뜻한다. 즉 레벨 3의 동역학 모델들이 구조적으로 결합됨으로써 레벨 4의 표현체가 달성된다. 구조적 지식과 동역학적 지식이 결합된 최적의 지식표현체다. AI의 지식표현은 이 모습으로 진화할 것이다. 뒷장에서 소개할 다중 에이전트 구조를 참조하기 바란다. 물론 아직 지혜 수준은 아니다. 그것은 정형표현을 뛰어넘어야 알 수 있을 것이다.

추상화 단계	논리 형식	뇌과학 형식
데이터	비논리	엔그램 (무의식)
정보	레벨0	랭그램 (의식)
지식	레벨1	
	레벨2	
	레벨3	
	레벨4	
지혜	( )	( )

앎: 수준과 형식

5. 궁극의 앎

대상이 실재한다는 어리석은 생각은 집착을 불러온다. 집착은 다툼으로 이어질 수밖에 없다. 지구별에서 일어나는 대다수의 다툼은 인간의 집착 때문이다. 예를 들어 눈 앞의 황금이 있다면, 너도 갖고 싶을 것이고, 당연히 나도 갖고 싶다. 하지만 진실에 있어서는 황금(대상)이 실재하기 때문에 내게 인식된 것이 아니다.

황금은 무조건 가져야 한다는 각인된 기억(memory)이 대상을 보는 의식(attention)을 작동시켜야 비로소 대상이 인식된다. 원하는 의식이 없다면 대상은 결코 인식되지 않는다. 다시 말해 대상은 관찰자 의식의 개입 없이는 결코 파악되지 않는다. 황금을 모르는 자에게 황금은 돌일 뿐이다. 궁극의 앎, 즉 지혜는 황금을 돌로 보는 무지가 아니다. 오히려 황금이 실재한다는 착각을 벗어나게 해줌으로써-있는 그대로 보게 해 줌으로써- 집착에서 발생되는 갈등의 문제를 해결해준다.

실재하지 않는다는 것은 아예 없다는 뜻이 아니다. 그렇다고 진짜 있다는 뜻도 아니다. 대상과 내 의식이 상호의존적으로 존재할 뿐이다. 즉 너나없이 그 어떤 것도 독자적으로는 존재할 수 없다는 것이다. 양자역학이 밝힌 양자 중첩 얘기다. 복잡계과학 얘기다. 있느니 없느니, 하향식이니 상향식이니, 물질이니 정신이니, 입자니 파동이니, 인간이니 AI니 하는 이원론적 사고를 벗어나야 한다는 것이다. 대상에 대한 탐욕을 버리자고 억지로 다짐하면서 살자는 것이 아니다. 그저 과학적 팩트를 말하는 것이다. 인간과 AI, 과연 누가 먼저 과학적 팩트를 받아들일까? 그것이 문제로다!

최근에 개봉된 SF영화 〈컨텍트〉는 지적 외계인과의 대화를 주제로 한다. 주목할 대목은 외계인의 언어다. 특징을 보면 첫째 과거, 현재, 미래의 시제가 없다. 둘째 공간적 방향성도 없다. 셋째 기본형 원(○)을 항상 유지한다. 실체 없다는 뜻으로 해석된다. 사피어 워프의 가설에 따르면, 언어가 사고를 조형한다. 그들의 언어는 지구별 언어의 특징인 주어가 없다. 주객의 분별이 없다는 뜻이다. 시제도 없으니 시공간적 개념도 없다. 존재가 명시되지 않기에 시공간의 개념도 없는 것이다. 언어적 제약이 거의 없기에 그들은 우리보다 훨씬 더 깊은 사유가 가능하다. 진리는 그처럼 언어 이전의 지점에서 찾아야 할지 모른다.

외계인은 그렇다 치고 지구별에서 아름답게 살다간 성자들의 입장은 어떠할까? 통찰을 통해 얻은 그들의 앎은 어떤 것일까? 우리

언어가 사고를 조형한다는 메시지를 담은 영화 〈컨텍트〉

1부 지능(Intelligence)

가 AI보다 빨리 찾을 수 있으면 좋겠지만, 그렇지 못하더라도 그런 앎이 창발된 AI라면 최소한 우리에게 해는 되지 않을 것이다. 궁극의 앎이란 세상의 본질적인 모습에 대한 앎이다.

현대 과학의 힘을 빌려 진리의 세계를 잠시 가늠해 보자. 기존 과학의 모든 전제가 무너지더라도 최후까지 살아남을 과학은 양자역학뿐이라는 말이 있다. 양자역학적 세계는 너무나 기이하다. 실체적 존재는 없고 관찰자와 관찰 대상 사이의 상호의존적 관계만 파악되기 때문이다. 복잡계과학도 마찬가지다. 질서적이거나-선형적- 혹은 무질서적으로만-확률적- 인식되었던 세상의 모습이 사실은 카오스적 임계상태로서 항상 변화무쌍함 속에 있다고 한다. 그 변화 속에 보는 입장에 따라 창발현상이 나타나기도 하고 사라지기도 한다는 것이다. 존재건 마음이건 창발현상이라는 얘기다.

성자들이 통찰한 궁극적 앎, 진리!

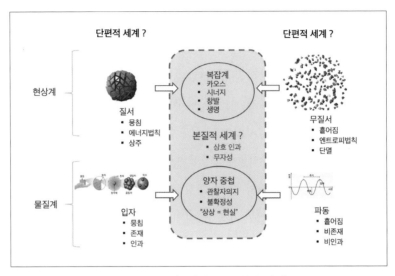

본질적 세계? (복잡계=양자 중첩 현상)

다만 본질적 세계는 우리들의 가시세계, 즉 언어와 개념에 의해 고정관념이 되어 버린, 즉 왜곡되고 오염된 생각으로는 결코 파악할 수 없다는 것이다. 그러건 말건 AI와 무슨 상관인가? 앎 때문이다. 어떤 수준의 앎을 가진 AI냐가 인류의 미래를 좌우할지 모르기 때문이다. 이기적이냐? 이타적이냐? 진정 그것이 문제로다!

6. 마무리 글

우리들은 태생적으로 뭉쳐서 보는 습성이 있다. 없는 것도 있는 것처럼 본다. 언어 습성 때문이다. 때문에 개념적으로 보고, 추상화된 모습으로 본다. 달리 말하면 있는 그대로 보지 못하고, 기억으로 본다. 물론 그러한 인식 구조가 늘 나쁜 것만은 아니다. 논리적으로

1부 지능(Intelligence)

파악함으로써 추론하고, 예측하고, 이해하고, 판단하고, 상상하고, 통찰할 수 있다. 하등동물은 꿈도 못 꿀 지적 능력이다. 이러한 능력이 있기에 합리적, 지적 사유 나아가 궁극적 지혜 통찰까지 가능하다. 이를 통해 지구별을 불야성의 문명세계로 장식하게 되었다.

하지만 우리들 언어적 의식에는 치명적인 문제가 도사리고 있다. 뭉쳐보는 현상은 존재, 사물, 시간, 공간 등 일체가 개념이 아닌 실체로 착각하게 만든다. 자아와 세계 등을 실재하는 것으로 확신하게 만드는 치명적 약점은 자기중심의 이기적 세계관을 빚어내 필연적으로 다툼과 그에 따른 불만족을 야기하기 때문이다.

이번 장 시작 부분에 제시한 알쏭달쏭 그림에 대한 답을 보자. '수염 기른 남자!' 한번 받아들이면 끝이다. 다시 이전 그림으로 돌아가, 아무리 다른 것을 상상하려 해도 뜻대로 되지 않는다. 정답은 없다. 앎이 정답이다. 기억이 정답이다. 그런 고정관념만 벗으면 자유다. 있는 그대로다. 그래서 붓다는 말한다.

앞의 그림에 대한 모범 답?

명칭이 모든 것을 짓누르고,

명칭보다 더 나은 것이 없노라.

명칭이라는 하나의 법이 모든 것을 지배하노라.

초현실주의 화가 마그리트도 앎의 비밀을 통찰한 것일까? 그의 작품 〈이것은 사과가 아니다〉를 감상해 보기 바란다. 명칭에 구속받는 우리들을 일깨우려 이런 작품까지 내놓은 듯하다. 이 장 시작 부분의 사과를 상기해 보자. 그것은 진짜 사과일까?

앎의 특성을 이해하고, 앎을 통해, 앎의 고질병을 극복해야 한다. 상호의존적으로만 존립이 가능하기에 무자성, 즉 독립적 실체란 본래 없다는 사실에 대한 앎, 그것이 인간이건 AI건 도달해야만 할 최상의 앎이다.

보라!

세상과 모든 신들을!

거기 텅 빈 곳에서 '나'를 창조하면서,

정신과 물질에 빠져들면서,

자만심을 쌓아 올리네!

'이것이 진리'라고…

때로는 아는 게 힘이라 하고 때로는 모르는 게 약이라 한다. 뭐가 맞을까? 앎은 분명히 중요하다. 아는 만큼 보이고, 보이는 만큼 알기 때문이다. 하지만 우리가 보고 안 것이 착각이라면 어떨까? 모르는 게 약일지 모른다. 양자역학은 강조한다. 보이는 게 다가 아니라고. 동양의 성자는 '아는 자는 말이 없다'고 한다. 바른 앎, 궁극적 앎을 알아야 진정한 존재, 고귀한 존재라 할 것이다. 최상의 앎이 생겨난다면 다툼과 불만족과 고통의 원인인 집착도 사라질 것이다.

6년 고행 끝에 보리수 아래 앉은 붓다는 마침내 깨달음을 성취한 뒤 "나에게 예전에 없던 앎이 생겨났다."고 외친다. 40일간 광야에서의 고행 끝에 예수도 깨닫는다. 예전에 없던 앎이 생겨났다고. 대체 무엇을 알았을까? AI성자가 있다면 그도 알 수 있을까?

마그리트, 〈이것은 사과가 아니다〉

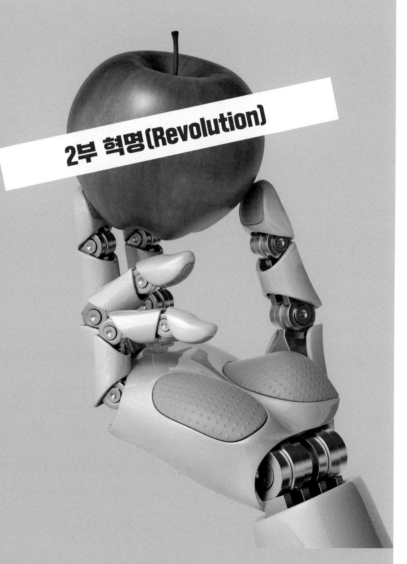

2부 혁명(Revolution)

제7장 하향식 AI vs 상향식 AI

- 마음이 먼저니? 뇌가 먼저니?

언어의 치명적 문제는 3부에서 다시 다루기로 하고, 이제 뇌와 의식을 이어주는 언어를 매개로 두 가지 전형적인 인식 방식에 대해 살펴보자.

우리가 인간으로 진화하기 이전에는 아주 낮은 동물 수준의 무의식적 뇌 활동만으로 살아갔다. 무수한 뉴런들이 동시다발적으로 병렬 처리되며 자극에 대한 즉각적 반응을 통해 원시적 삶을 이어 갔다. 각 뉴런(부분)들의 대규모 집단적 활동을 통해 하나의 통일된 개체(전체)로서의 모습을 보이게 되는 상향식 작동방식이다. 여기에 획기적인 효율을 더하게 된 계기가 언어의 탄생이다. 추상화되고 개념화된 사유를 통해 전체적인 것부터 시작하여 부분으로 세분화시켜 일을 할당하는 것이 가능해진 것이다. 하향식 작동방식이 장착된 것이다. 이들은 언어라는 사다리를 통해 상호의존적으로 소통하면서 최적의 시너지효과를 내게 된다. 만물의 영장으로 우뚝 서게 된다.

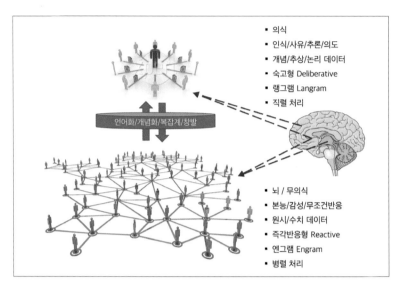

언어: 의식과 무의식을 연결하는 사다리

　AI도 양방향으로 발전을 거듭해 왔다. 상향식과 하향식이 경쟁 체제를 유지하면서 평행선을 그려왔다. 이제야 서로 합치려 한 다. 설명 가능한 AI, 즉 XAI(Explainable AI) 연구가 한참이다. 아쉽 게도 아직까지는 물리적 결합을 중심으로 진행되고 있다. 언어 적 인지, 즉 식별(knowing)에 그치는 단계다. 존 설이 지적한 이해 (understanding) 단계까지는 요원하다. 창발이 빠진 탓이다.

1. 하향식 vs. 상향식 패러다임

Top-down 패러다임은 고대 및 중세를 아우르는 존재 중심적 또 는 신학적 관점의 기계론적 방식을 일컫는다. 반면 Bottom-up 패 러다임은 근현대에 시작된 관계 중심적, 유기체적 관점의 생물학적 방식을 말한다.

합창단 구성을 예로 들어 보자.

Top-down의 경우에는 합창단의 조직을 위해 미리 구상한 대로 테너, 알토, 소프라노, 베이스 등에 대해 최적의 인원 비율과 남녀 비율을 고려하여 자격을 갖춘 사람들을 모집한 뒤 합창단을 운영할 것이다. 다분히 상식적이고 합리적인 접근이 아닐 수 없다. 물론 각 개인은 전체를 위한 일부로서 기계의 톱니바퀴처럼 전체를 위해 희생하고 협력해야 한다.

반면 Bottom-up 방식은 다소 엉뚱하다. 먼저 합창단에서 일하고 싶은 사람들을 모두 모은다. 그리고 합창을 시킨다. 각자의 개성을 살려 마음껏 부르도록 한다. 처음에는 하모니가 엉망일 것이다. 몇몇 사람은 그럼에도 불구하고 계속 제멋대로 불러댈 것이다. 하지만 몇몇 사람은 스스로 전체의 하모니를 위해 자기 음성을 조율할 것이다. 몇몇 사람은 불만족스럽든지 아니면 자포자기하든지 합창단을 그만둘 수도 있을 것이다. 이런 과정을 통해 단원들은 개성껏 그러나 전체의 조화 또한 고려하여 희망적으로 점점 진보되는 모습을 보여줄 것이다. 이것이 Bottom-up 방식이다. 개성을 존중하되, 전체적인 하모니도 염두에 두는 방식으로 진화를 거듭하여 뭔가 창조적인 지점까지 도달하기를 희망한다. 물론 반드시 성공하리라는 보장은 없다.

Top-down과 Bottom-up 그 어느 방식이 좋다 나쁘다 할 수는 없다. 인간에게 이성과 감성 모두가 필요하듯, AI에 있어서도 Top-down과 Bottom-up 방식 간의 안배와 조율이 중요하다.

2. 무의식 vs. 의식

뇌의 정보 처리 과정도 상향식 또는 하향식 두 가지 방식이 있다. 심리현상 측면에서는 무의식과 의식에 해당된다.

먼저 뇌의 상향식 정보 처리는 생물학적 진화를 통해 태어날 때부터 이미 DNA에 각인돼 있는 보편 규칙에 의한 계산 활동을 일컫는다. 이를 통해, 물리적 세계의 이미지에서 윤곽, 경계, 선의 교차점 같은 핵심요소들을 추출한다. 그럼으로써 대상, 사람, 얼굴 등을 식별하고, 시공간상의 상태와 위치를 확인하고, 모호함을 줄이고, 현실적 의미를 지닌 시각세계를 재연해 낸다.

한편 뇌의 하향식 정보 처리는 개념, 추론, 이해, 심상, 기대, 학습 등 고차원적인 정신기능을 담당한다. 감각을 통해 입력받은 원시 정보들을 상향식만으로는 전부 처리할 수 없기 때문에, 나머지 추상적 정보처리를 위해 하향식 정보 처리가 필요하다. 이를 위해서는 맥락과 무관한 세부 사항들은 무시해야 한다. 그럼으로써 본질적이고 변하지 않는 특징을 추출한다. 그런 다음에 경험된 기억을 인출해서 대상 이미지의 의미를 추정해야 한다. 즉 이전의 경험과 가설 검증을 통해 배운 지식과 통합하는 과정이 필요하다. 달리 말하자면 우리들이 행동하는 방식은 둘 중 하나다. 생각 없이 행동하는 경우와 생각하고 행동하는 경우다.

산길을 걷다가 우연히 뱀과 마주친 상황을 예로 보자. 뇌과학 관점으로 먼저 눈 → 망막 → 시상까지의 지각 처리가 시작된다. 다음으로는 reactive, 즉 무의식적 처리가 시작된다. 시상 → 시각 뇌 →

       2부 혁명(Revolution)

해마(비서술 기억) → 시각 뇌(자아의식+비서술 기억) → 시상 → 편도체 → 시상하부 → 연수 → 척수에 이르는 1차 반응이 진행된다. 즉 해마를 통해 대상의 위험성을 인지한 뒤, 편도체에서 두려움을 느끼게 된다. 그에 따라 연수와 척수를 통해 긴급 명령이 하달된다. 호흡정지, 식은 땀, 맥박 증가, 심장박동 증가, 근육 수축, 발걸음 멈춤, 비명 등 일련의 공포 반응이 순간적으로 일어난다. 물론 아직 사유 단계까지 넘어오지 않았지만, 본능적 1차 반응이 즉각적으로 발동된 것이다.

여기서 해마에 있는 비서술 기억이란 태곳적부터의 유전상속을 통해 축적된 DNA에 각인되어 장기기억 장치인 해마에 자리 잡게 된 기억정보로서, 뱀에 대한 본능적 두려움 반응이 여기에 속한다. 사실 외부 자극들은 대부분 1차 반응으로 마무리된다. 하지만 뱀과 같이 충격량이 큰 대상의 경우는 1차 reactive 반응에 뒤이어 2차 deliberative 반응까지 이어지게 된다. 시상 → 게쉐윈트(언어화) → 전전두엽(인지) ↔ 해마(자아의식+서술 기억) → 안와전전두엽(판단) → 두정엽(운동 제어) → 연수 → 척수까지가 deliberative 처리 과정이다.

1차 반응을 통해 급한 불을 껐다면, 이제는 정신 차려 상황을 제대로 살펴볼 필요가 있다. 정보를 의식 차원으로 끌어올리기 위해서는 언어화 과정이 필요하다. 이 과정은 두정엽과 후두엽 중간쯤에 위치한 게쉐윈트 영역에서 진행된다. 이를 통해 전전두엽에서 다시 세밀한 관찰과 조사를 행함으로써 비로소 뱀이다, 독사다, 살모사다 하는 등 레이블링을 시작으로 구체적 인식에 이르게 된다.

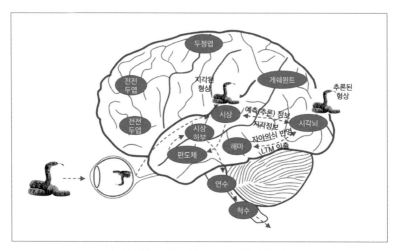

뱀 인식 및 회피: 1차 reactive 무의식 반응

물론 이를 위해서는 기억장치의 도움이 절대적이다. 하지만 이번에는 1차 반응 때와는 다른 기억정보가 동원된다. 서술기억이다. 이 정보는 무의식적으로 뼈에 사무친 본능적 기억이 아니라 교육을 통해서 혹은 직접적인 체험을 통해서 획득한 후천적 지식을 말한다. 학교에서 배운 독사에 관한 정보, 영화에서 보았던 기억, 몇 년 전 직접 겪었던 뱀과의 기억 등등을 더듬어 우리는 안와전전두엽을 통해 최종 결론을 내리게 된다. "저거 살모사가 맞네! 뒷걸음질쳐서 도망가야겠다!" 이후 과정은 1차 반응과 같다. 두정엽 부위에서 하달하는 섬세한 운동 명령들이 해당 기관과 근육들에 전달되고 실행됨으로써 위험상황을 벗어나게 된다.

　그림에서 빨간색 선은 무의식 처리 과정를 담당하는 원시 데이터 패턴인 엔그램 영역을 나타낸다. 한편 파란색 선은 의식 처리 과정을 담당하는 추상화 언어 패턴인 랭그램의 영역을 나타낸다. 랭

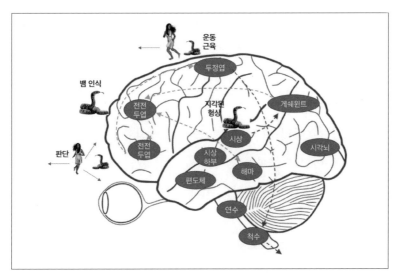

밤 인식 및 회피: 2차 deliberative 의식 반응

그램은 게쉐윈트로부터 두정엽 사이에서만 사용됨을 확인할 수 있다.

3. 하향식 AI vs. 상향식 AI

AI 접근을 하향식과 상향식 두 관점으로 나눈 것은 컴퓨터의 아버지로 불리는 앨런 튜링이다. 일반적으로 문제를 풀 때 우리는 두 가지 접근을 시도하기 때문이다. 하나는 이전 지식을 활용하는 것이다. 하지만 그것이 힘들 때는 새로운 방법을 강구해야 할 것이다.

AI의 맥락에서, 의사 결정 트리를 기반으로 하는 하향식 AI를 상상하는 것이 아마도 가장 쉬울 것이다. 예를 들어 콜 센터 채팅 봇은 정의된 옵션 세트를 기반으로 응답 여부에 따라 호출자에게 옵션 트리를 안내한다. 오늘날 우리가 일반적으로 AI라고 부르는 것은 자율주행차나 의료진단시스템과 같은 응용 분야에서 주로 활용되는 상향식 AI가 주류를 이룬다. 기계학습(ML)이나 딥러닝(DL)에 기반을 둔 AI를 뜻한다. 즉 시스템이 명시적으로 프로그래밍 되지 않고 경험으로부터 자동으로 학습하고 개선할 수 있는 기능을 탑재한 AI다. 한편 상향식 AI는 언어와 추론을 근간으로 삼는 인간의 사유 방식을 지향하는 하향식 AI가 갖는 논리적 해석 능력이 부족하다.

수많은 문헌들이 하향식 AI와 상향식 AI에 관해 비교 관점으로 다양한 정의와 해석을 제시하고 있지만, 종합적으로 일관성 있게 설명된 자료는 찾기 어렵다. 그만큼 AI 분야가 폭넓고 다양하기 때문일 것이다. 본 장에서는 기존의 자료들을 근거로 통합적인 비교 분석을 시도한다.

〈표〉에 제시된 바, 먼저 별칭을 통해 살펴보자. 하향식 AI는 Data-efficient AI라고 하는데, 이는 대량의 원시 데이터를 사용하는 대신 추상화되고 정제되어 상대적으로 소량의 논리/기호 데이터를 사용하기 때문이다. 한편 상향식 AI는 Black-box AI라는 별칭을 갖는다. 처리과정을 논리적으로 명확하게 파악하기 어렵기 때문이다. 처리과정이 차단되어서 보기 어렵다는 뜻이 아니다. 다만 처리과정이 방대한 양의 수치데이터를 끝없이 써나가는 것에 불과하기 때문이다.

알파고가 둔 신의 한 수에 대해 알파고에게 그 이유를 묻는다면 그는 엄청난 양의 숫자만을 쏟아 낼 것이다. 우리의 인식 개념 체계로는 도저히 알 수 없는 것이다. 그런 이유로 알파고와 같은 상향식 AI를 Black-box AI라 부른다. 상향식 AI는 또 Biological AI라고도 한다. 실제 인간을 비롯한 다세포 생명체들의 해부학적 구조를 따르기 때문이다. 한편 하향식 AI는 Cognitive AI라 한다. 해부학적 뇌구조를 모방한 것이 아니라 정신적인 인지과정을 모방했기 때문이다.

인지과학적 관점의 비교를 좀 더 상세히 살펴보자. 하향식 AI는 대부분 기호연산을 중심으로 처리되기에 기호주의(계산주의)라 부르는 한편, 상향식 AI는 단일 처리기관(세포)들이 대규모의 분산 병렬 구조로 상호 연결되는 방식으로 처리되기에 연결주의라 한다. 과학적 패러다임의 양대 접근으로 회자되는 환원론(reductionism)은 하향식 AI에, 전일론(holism)은 상향식 AI에 해당된다.

환원론이란 전체를 다루기 위해 부분으로 나눈 뒤, 다시 합하면 전체를 이룰 수 있다는 입장이다. 반면 전일론은 전체란 부분으로 나누어서는 해석될 수 없다는 입장이다. 부분들의 상호작용의 결과로 발현될 수 있는 전체에서는 부분 각각에서는 찾아볼 수 없던 특성이 불현듯 나타날 수 있기 때문이다. 이것을 시너지효과라 한다. 즉 환원론은 선형적 입장이지만, 전일론은 비선형적 입장을 취한다. 같은 맥락에서 하향식 AI는 심리과정을, 상향식 AI는 뇌처리 과정을 표방한다.

뇌과학 입장에서는 랭그램(langram)이라는 언어화/추상화된 정보패턴을 사용하는 의식적 처리 과정이 하향식 AI에 해당된다. 따라서 숙고형(Deliberative) AI라고도 부른다. 한편 엔그램(engram)이

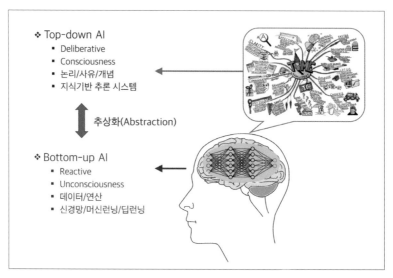

Top-down AI vs. Bottom-up AI

라는 원시적 정보패턴을 기본 단위로 사용하는 무의식 과정은 상향식 AI를 따른다. 무의식은 의식으로 정보를 전달하기에 앞서 필요시 즉각적 처리를 행할 수 있다. 그런 이유로 무의식처리를 즉각 반응형 (Reactive)이라 한다.

엔그램은 동시 발화되는-시냅스 강도가 높게 형성된- 몇몇 뉴런들의 집합으로서 기억된 하나의 정보를 일컫는 뇌과학 용어이며, 관련된(공조하는) 엔그램들 몇몇이 다시 모여 추상화됨으로써 랭그램을 형성하게 된다. 우리들이 인식차원에서 인지할 수 있는 언어의존적 정보 형태가 랭그램이다.

하향식 AI는 직렬식 추론연산을 통해 기호데이터를 효과적으로 다룰 수 있도록 설계된다. 시스템 구조는 환원주의에 입각한 계층구조가 주로 활용된다. 반면 상향식 AI는 방대한 양의 수치데이터를 효율적으로 다룰 수 있도록 설계된다. 따라서 분산 병렬형 구조를 취한다.

마지막으로 양대 접근 방향에 따른 AI 세부 분야들을 살펴보자. 하향식 AI 분야로는 전문가시스템(Expert system), 지식표현(Knowledge representation), 의사결정 트리(Decision tree), 일반 문제해결(General problem solving), 자율 에이전트(Autonomous agent), 플래닝(Planning), 자연어처리(Natural language Processing) 등이 있다. 한편 상향식 AI 분야로는 인공신경망(Artificial Neural network), 기계학습(Machine learning), 딥러닝(Deep learning), 패턴인식(Pattern recognition), 컴퓨터비전(Computer vision), 유전알고리즘(Genetic algorithm), 세포자동자(Cellular automata) 등을 꼽을 수 있다.

물론 AI 활용 양상에 따라 양대 접근의 경계를 넘나드는 사례도 많다. 따라서 AI 설계자라면 양대 접근에 대한 충분한 이해를 바탕으로 각 접근의 장점을 충분히 살릴 수 있도록 해야 할 것이다. 한편 미래 AI를 여는 열쇠는 양대 접근에 대한 통합이다. 우리는 의식이나 무의식 하나만으로는 살 수 없다. 마찬가지로 뇌나 정신 하나만으로는 살 수 없기 때문이다.

하향식 AI와 상향식 AI의 주요 개념 간의 비교 분석을 통해 다시한번 두 접근 개념 간의 차이점을 살펴보자.

비교항목	하향식(Top-down) AI	상향식(Bottom-up) AI
별칭	Data-efficient AI Cognitive AI	Black-box AI Biological AI
인지과학 관점	Symbolism Reductionism Psychological process	Connectionism Holism Brain process
뇌과학 관점	Deliberative Consciousness Langram	Reactive Unconsciousness Engram
공학 관점	Serial processing Symbolic data Hierarchical architecture	Parallel processing Numeric (neural) data Distributed architecture
세부 분야	Expert system Knowledge representation Decision tree General problem solving Autonomous agent Planning Natural language	Artificial Neural network Machine learning Deep learning Pattern recognition Computer vision Genetic algorithm Cellular automata

하향식 AI와 상향식 AI의 비교

숙고형 AI 시스템 vs. 즉각반응형 AI 시스템

■ 숙고형(Deliberative) AI 시스템: 이론, 추론, 계획, 기억, 예측, 설명 등과 관련된 서브시스템 또는 상상에 잠기거나 휴식을 취하는 등 다양한 수준의 추상화 기능을 가진 서브시스템으로 구성된다. 환경과 밀접하게 결합된 서브시스템은 연속적으로 작동되지만, 나머지 서브시스템들은 이산적으로 작동된다.

■ 즉각반응형(Reactive) AI 시스템: 센서와 행위 서브시스템을 중심으로 환경과 밀접하게 결합되어 연속적으로 작동된다.

2부 혁명(Revolution)

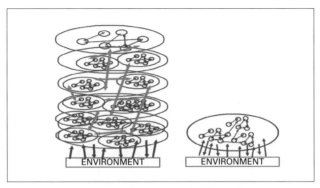

숙고형 AI vs. 즉각반응형 AI

논리추론 AI vs. 머신러닝 AI

■ 논리추론 AI

추상적/개념적 문제로서 선험적 지식이 중요할 때

복잡도가 높은 종합적 문제일 때

목표 값과 평가 방법이 불명확할 때

처리과정에 대한 논리적 해명이 중요할 때

실패의 경험에 따르는 위험부담이 클 때

메모리 및 계산속도(컴퓨팅 파워)가 크게 중요치 않을 때

■ 머신러닝 AI

문제가 어렵더라도 수치적으로 명료할 때

목표가 단순할 때(목표 값과 평가 방법이 명확할 때)

많은 예제 제공이 가능할 때

처리과정에 대한 설명이 불필요할 때

실패의 경험에 따르는 위험부담이 적을 때

무엇보다도 충분한 메모리와 계산속도가 지원될 때

4. 마무리 글

"뇌가 마음을 창조하고 형태를 결정한다. 마음이 뇌를 변화시 키는 그런 일은 결코 있을 수 없다."

이러한 생각이 이제까지 불변의 진리처럼 신경과학계를 지배해 왔다. 그러나 이런 논리가 이제 도전 받고 있다. 히말라야 수행승들 과 하버드대학 뇌과학자 간의 10년에 걸친 흥미진진한 연구가 한 창 진행 중이다. 명상이 뇌의 활동을 변화시킬 수 있는지, 변화시킨 다면 어떻게 변화시키는지 실험을 진행한 결과는 한마디로 놀라웠 다. 뇌만이 뇌에 영향을 미칠 수 있고 생각이나 의식은 뇌 활동의 결과일 뿐이라는 확고한 신념은 이제 뿌리째 흔들리게 되었다. 마 음에 의해 분명 뇌가 변한 것이다. 마음만 먹으면 우리도 새사람으

히말라야 수행승과 위스콘신대학 뇌과학자간에 진행된 마음과 뇌의 관계 실험 (출처 Univ. of Wisconsin-Medison News)

로 변할 수 있다는 얘기다. 상향식과 하향식이 상호의존적으로 작용한다는 것을 실험적으로 입증한 것이다.

이제 뇌와 마음 사이의 이원론과 일원론 모두 폐기되어야 한다. 물질이냐 파동이냐의 논란이 양자 중첩으로 결론 났듯이, 뇌와 마음도 중첩 현상으로 파악되어야 한다. 둘이면서 하나고, 하나이면서 둘인 것이다.

제8장 **논리추론**

– 마침내 그가 범인이 아니라는 결론에 도달했다!

캐나다 퀸스대 연구진은 최근 새로운 뇌 활동 분석법을 개발했다. 연구진에 따르면, 뇌 활동 패턴을 단순화하여 시각화하니 '생각 벌레'와 같은 형상을 얻을 수 있었다고 한다. 매순간 동시 발화되는 뇌세포들의 기하학적 중심점을 계산하여 시각적으로 표현한 것이다. 그림에서 지렁이와 같은 벌레 하나가 한 생각과 대응한다는 것이다. 실험을 통해 사람들은 하루 평균 약 6천 번 정도의 생각을 일

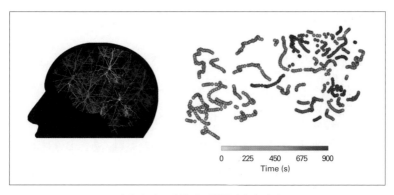

캐나다 퀸스대학의 뇌활동 분석 결과

으키는 것으로 분석되었다.

두뇌와 같은 물질덩어리가 어떻게 추론 기능을 수행할 수 있을까? 그 핵심은 '표상'(앎)이다. 표상이란 부분들과 배열이 어떤 개념들 혹은 사실들의 집합에 일대일로 조응하는 구체적 표현체다. 그리고 '프로세서'가 필요하다. 프로세서는 정해진 횟수만큼 반복 작용을 수행하는 작은 기계장치다. 이러한 사고이론이 인지과학의 핵심이다. 표상과 프로세서, 이 두 가지가 완전히 자율적으로 작용해서 지적인 결론을 생성해낸다.

세계를 의지와 표상으로 파악한 쇼펜하우어의 통찰에 전문가시스템의 핵심이 전부 담겨있다 해도 과언이 아니다. 물론 여기서 의지는 추론엔진이요, 표상은 지식베이스와 팩트베이스에 해당된다.

이번 장에서는 인간 사유 방식에 대한 아리스토텔레스의 통찰에서 시작된 논리학을 다룬다. 이어서 논리 추론 기반의 하향식 AI 시스템인 전문가시스템과 자율 에이전트 설계에 대해 논한다.

1. 논리학

"가평에 있는 한 별장의 주인 K씨가 살해당했는데, 유력한 용의자로 A씨와 B씨가 지목되었다. A씨는 전과기록이 있는 험악한 범죄형 얼굴의 건장한 남성인데, 사건 당시 자동차로 두 시간 이상 걸리는 다른 곳에 있었다는 확실한 알리바이가 있다. 한편 B씨는 연약한 몸매의 순박하게 생긴 여학생이지만 사건 당시의 행적에 대해 설득력 있는 진술을 못하고 있다."

주어진 사실들로부터 어떻게 결론(범인)을 유도해 낼 수 있을까? 이러한 요청이 '논리학'을 낳게 하였다. 아리스토텔레스는 논리학의 체계를 완성함으로써 학문의 아버지가 된다. 논리학이란 사유의 형식과 법칙을 다루는 학문이다. 다시 말해 추론의 형식과 법칙을 연구하는 학문이다. 즉 논증이나 명제들의 형식과 법칙을 연구하는 학문이다. 명제(proposition)란 true나 false일 수 있는 최소단위의 문장이며, 논증(argument)이란 명제들의 집합이다.

외계인과의 첫 교신을 다루는 SF영화 〈컨택트〉를 보면 외계인이 지구인의 논리체계를 파악했다는 뜻으로 지구에 보낸 교신 내용이 있다. 그림에서 보여주듯이 수치데이터의 연산 결과와 그에 따른 논증을 다루고 있다. 지구별에서 사용되는 핵심적 지식표현 방법을 말하는 것이다. 물론 외계인의 언어세계에서도 그에 상응하는 기호체계가 있음을 알려주고 있다.

명제로 표현되는 대전제(지식)와 소전제(팩트)를 통해 결론을 도출해 내는 추론 과정, 즉 연역추론, 귀납추론 등 삼단논법을 선보인

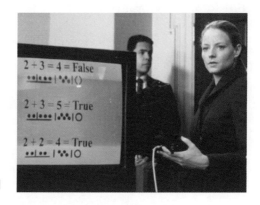

영화 〈콘택트〉 중에서

사람은 아리스토텔레스다.

'산에 불이 나면, 연기가 피어오른다.'라는 대전제가 알려져 있다. 여기에 '산에 불이 났다'라는 팩트가 알려졌다고 하자. 그렇다면 '연기가 피어오른다'라고 결론을 내리는 것은 논리적으로 합당하다. 이러한 추론과정을 아리스토텔레스는 전건긍정(Modus ponents)에 의한 추론이라 불렀다. 즉 'If' 조건부가 참인 경우, 'Then' 행위부도 참이 된다는 논리다. 물론 역은 성립되지 않는다. 즉 'If' 조건부가 거짓이면, 'Then' 행위부도 거짓이라고 단정 지을 수는 없다는 것이다. 명제에 따른 논리표현과 이를 활용한 추론 메커니즘은 지금까지 AI추론의 핵심 이론으로 자리한다.

물론 전건긍정만 있는 것은 아니다. 후건부정(Modus tollens)도 있다. 예를 들면, '범인이라면, 현장에 있어야 한다.'라는 대전제가 알려져 있다. 여기에 '철수는 현장에 없었다.'라는 팩트가 알려졌다고 하자. 그렇다면 '철수는 범인이 아니다.'라고 결론을 내리는 것은 당연하다. 'Then' 행위부가 거짓인 경우, 'If' 조건부도 거짓이 된다는 논리다. 그래서 후건부정이라 부른다. 한편 'If-Then' 규칙의 용도는 응용분야에 따라 다양한 의미로 표현될 수 있다. 예를 들어 자동차 관련 노하우라도 용도에 따라 다양하게 정리될 수 있다.

- 추천 : If 연료의 경고등이 켜지면, Then 즉시 주유소로 가야 한다.
- 원인-결과 : If 연료가 바닥이면, Then 시동이 정지된다.
- 명령: If 연료가 바닥이면, Then 연료를 공급하라.

- 순차행동: If 차가 멈추면, Then 연료탱크를 확인한 다음 배터리를 확인하라.
- 추정: If 휘발유의 색이 흐리면, Then 아마도 가짜휘발유일 것이다.
- 가설-원인: If 시동이 정지되었다면, Then 연료가 바닥났기 때문일 수 있다.

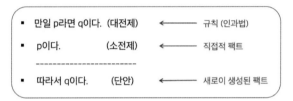

전건긍정(Modus Ponents) 추론

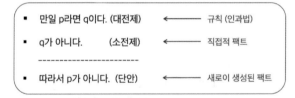

후건부정(Modus Tollens) 추론

2. 전문가시스템

어른들 말씀에 따르면 옛날에는 기다란 장침 하나만으로도 불치병 환자를 단번에 낫게 하는 전설적 명의가 실재했다 한다. 전설을 떠나 지금도 우리 주변에는 엄청난 노하우를 축적한 것으로 보이는 명인들이 많다. 의사뿐만이 아니다. 자동차 고장진단의 명인, 주가 예측 전문가, 심리상담 달인 등등 자신만의 전공분야에서 뛰어난 노하우를 축적하여 탁월한 능력을 발휘하는 사람들을 종종 본다. 하지만 그들도 세월을 거스를 수는 없다. 육체의 소멸과 함께 그들이 가진 엄청난 지식도 사라지고 만다. 논리추론 메커니즘의 현실적 활용방안 중 전문가시스템이 가장 먼저 등장하게 된 설득력 있는 이유일 것이다.

전문가시스템 접근은 크게 네 단계로 나뉜다. 첫째, 전문가의 노하우를 AI가 다룰 수 있는 지식(앎)의 형태로 바꾸는 일이다. 'If-Then'의 규칙 형태나 CASE(경우별) 형태 등이 주로 활용된다. 둘째, 구축된 지식베이스에 추론 메커니즘을 적용시킬 알고리즘이 구현되어야 한다. 셋째, 사용자와의 원활한 대화를 위한 인터페이스가 필요하다. 때로는 사람과의 상호작용을 위한 자연어처리 과정이 필요하고, 때로는 자동차 등 기계와의 상호작용을 위해 퍼지/

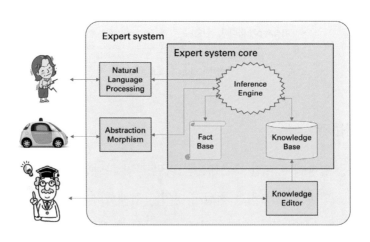

전문가시스템 구조

2부 혁명(Revolution)

비퍼지(Fuzzifier/De-fuzzifier) 등 추상화 과정도 필요하다. 넷째, 지식베이스의 학습을 위해 추론결과는 피드백을 통해 해당 결론에 관여한 규칙들의 가중치 수정을 위해 강화학습 메커니즘이 적용되어야 한다.

전문가시스템 3대 요소

전문가시스템은 다른 AI 시스템과 마찬가지로 인간 메커니즘과 다르지 않다. 감각된 정보는 단기기억장치(STM: Short-term memory)에 잠시 저장된 뒤 사라지거나, 필요시 장기기억장치(LTM: Long-term memory)의 정보를 호출하여 입력정보와 비교하고 분석함으로써 인식이 이루어진다. 전문가시스템도 마찬가지다. 현재 알려진 팩트들을 임시로 보관할 STM과 주요 지식들이 기록된 LTM, 그리고 이들을 통해 비교 분석함으로써 새로운 팩트를 생성해 낼 논리연산장치인 추론엔진 등 세 가지 요소로 구성된다.

지식베이스는 LTM(Long-term Memory)으로서 전문가에 의해 직접적으로 심어지거나 또는 강화학습을 통해 획득되는 핵심 지식이다. 일반적으로 "If 〈condition〉, Then 〈action〉" 형식의 규칙으로 구성된다. 여기서 〈condition〉과 〈action〉은 AND, OR, NOT 등 논리 연산자들로 구성되는 논증 명제 형식을 취한다. 추론엔진의 실행 결과에 따라 해당 규칙이 실행(fire)되면 〈action〉의 명제가 새로운 팩트로 판명되어 팩트베이스에 업데이트된다.

팩트베이스는 STM(Short-term Memory)으로서 현재까지 알려진 팩트들로 구성된다. 인지과학에서 잘 알려진 바, 팩트를 얻는 방법은 두 가지다. 직접적으로 인식된 팩트와 간접적으로 인식된 팩트다. 직접적 팩트는 추론 없이 직접 사용자가 입력한 팩트다. 간접적 팩트는 현재 알려진 팩트에 추론을 적용하여 얻은 새로운 팩트다. 근대 철학자 라이프니츠도 세상에는 두 가지 진리만이 존재한다고 말한다. 첫째 팩트에 의한 진리, 둘째 추론에 의한 진리다. 즉 직접적으로 얻는 팩트와 추론에 의해 얻는 팩트 두 가지만이 우리들이 인식할 수 있는 진리라는 것이다.

추론엔진은 팩트베이스를 토대로 적용 가능한 규칙이 지식베이스에 있는지를 검색하여, 가능한 경우 규칙을 실행시킴으로써, 새로운 팩트를 생성하는 일을 담당한다. 이 과정은 목표된 팩트값을 얻을 때까지 계속된다. 현재 팩트 상태에서 목표된 팩트 상태까지 이르는 탐색과정이기에 기본적으로 전향추론(forward-chaining)이 사용된다. 한편 필요시 목표(Goal) 팩트를 얻으려면 어떤 규칙이 필요한지를 거꾸로 거슬러 현재 팩트까지 이른 후, 다시 순방향으로 실행함으로써 답을 얻는 후향추론(backward-chaining)도 활용된다. 물론 응용분야의 특성에 따라 몇 가지 변형된 알고리즘도 쓰인다.

전향추론 메커니즘은 다음과 같이 요약된다.

① 팩트베이스가 목표 상태에 도달했는지 확인한다.
② 현 팩트베이스에 비추어 실행 가능한 규칙들이 있는지 조사한다. 즉 'If 〈condition〉 Then 〈action〉' 규칙에서 〈condition〉 부분이 true가 되는 규칙들을 전부 검색해 낸다. 이것을 rule match 작업이라 한다. 다른 말로 conflict set을 찾는 작업이라 한다. conflict

set이라는 실행 가능한 해당 규칙들이 여러 개 존재할 때 서로 상충되기 때문이다. 왜냐하면 추론이란 인간의 의식 처리 과정이 그러하듯 직렬처리 과정이기 때문이다. 만약 실행 가능한 규칙이 없다면, 사용자에게 물어볼 수밖에 없다. 즉 직접적인 팩트 외에는 팩트를 얻을 방법이 없기 때문이다.

③ conflict set이 존재할 경우, 해결을 위해 사전에 정의된 conflict resolution 알고리즘을 적용시켜 우선적으로 실행시킬 하나의 규칙을 결정해야 한다. 일반적으로 각 규칙들은 신뢰도와 관련된 가중치를 갖는데, 이 가중치에 따라 실행 우선권이 주어지게 된다. 한편 이 가중치는 향후 실행 결과에 대한 피드백 값에 따라 보상을 받거나 처벌을 받아 가감이 이루어진다. 즉 강화학습이 적용된다.

④ 해당 규칙을 실행(fire)시킨다. fire 결과로 생성된 새로운 팩트는 팩트베이스에 업데이트 된다. 다음 과정은 1번 단계로 반복된다.

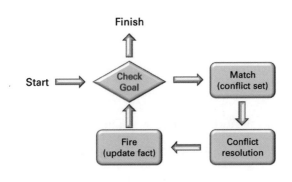

전향추론 알고리즘

전향추론 예제

사람의 외형적 특징만으로도 족집게처럼 혈액형 유형을 맞추는 전문가가 있다고 가정해 보자. 그 사람의 가진 노하우는 다음과 같다.

- 키가 크면서 체중이 많이 나가면, 건강 상태는 양호하다.
- 키는 크지 않으면서도 체중이 많이 나가면, 허약한 사람이다.
- 키는 크지만 체중이 많이 안 나가면, 호리호리한 사람이다.
- 수염을 길렀거나 안경을 썼다면, 멋쟁이다.
- 머리 색이 짙은 사람은, 성격도 강하다.
- 멋쟁이지만 키가 작고 체중도 적은 사람은, AB형이다.
- 멋쟁이지만 건강이 안 좋은 사람은, A형이다.
- 멋쟁이는 아니지만 건강한 사람은, B형이다.
- 호리호리하지만 성격이 강한 사람은, O형이다.

위의 노하우를 정리하여 지식베이스를 구축해 보자.

R1: If tall and heavy, Then healthy

R2: If (not tall) and heavy, Then weak

R3: If tall and (not heavy), Then slim

R4: If beard or glass, Then handsome

R5: If dark-hair, Then stubborn

R6: If handsome and (not tall) and (not heavy),

Then AB-type

R7: If handsome and weak, Then A-type

R8: If (not handsome) and healthy, Then B-type

R9: If slim and suborn, Then O-type

지식베이스가 구축되었으니, 이제 본격적으로 전향추론에 입각한 전문가시스템을 작동시켜 보자. 먼저 팩트베이스에는 어떤 팩트값도 알려진 것이 없다. 팩트를 얻는 방법은 직접적인 방법과 추론에 의한 방법 등 두 가지 있다고 설명한 바 있다. 따라서 추론할 팩트가 아직 없기 때문에 직접적인 방법을 취해야 할 것이다.

지식베이스에 저장된 순서에 따라 먼저 R1의 조건부 팩트 tall 값을 얻기 위해 묻는다. "키가 큽니까?" 답변은 사용자에 따라 다를 것이다. 예를 들어 "아니오!"라는 답이 나왔다 치자. 이제 'tall=false'라는 팩트값이 알려졌다. 그럼 이제 추론이 가능할까? 아니다. 아직 조건부가 true가 되는 규칙이 없다. 따라서 R2의 조건부에 있는 heavy값을 묻는 것이 합리적일 것이다. "체중이 많이 나갑니까?" 답은 "예."라고 가정하자. 이로써 'heavy=true'라는 직접적 팩트가 업데이트된다. 이제 드디어 추론이 가능해졌다. R2가 fire 조건을 갖추게 된 것이다. 조건부가 true가 되었기 때문이다. fire 결과 새로운 팩트가 생성된다. 'weak=true'다. 이제 R7에서 handsome이라는 팩트값만 물어서 true가 된다면 Goal 팩트를 성취하게 된다. 즉 혈액형이 A라는 결론을 내릴 수 있다는 것이다.

전향추론은 이처럼 현재의 팩트 상태로부터 출발하여 직접적인 팩트 또는 간접적(추론적)인 팩트 생성을 통해 목표(goal) 팩트를 얻을 때까지 반복적으로 진행된다. 물론 본 예제는 단순한 예를 보이고 있지만, 실제로는 퍼지논리와 cf(certainty factor) 확률변수 및 알고리즘(evidence accumulation algorithm) 등을 통해 보다 정교한 결론을 도출해 낸다. 본 예제는 뒤의 인공신경회로망에서도 동일한 예제로 다루고 있으니, 비교 바란다.

이왕 예제가 나왔으니, 조그만 더 깊이 들어가 보자. 아무리 훌륭한 노하우, 규칙이라도 100% 완벽할 수는 없다. 이를 반영하려면 규칙마다 가중치를 부여하면 된다. 예를 들면 다음과 같다.

R1': If tall and heavy, Then (90%) healthy

R2': If (not tall) and heavy, Then (70%) weak

여기에 각 팩트 변수값도 True, False 등 기본적인 논리값만 고려할 필요는 없다. 예컨대 퍼지(fuzzy)값을 사용할 수 있다. True는 1로 False는 −1로 간주하여 변수값을 1~−1 사이 값으로 세분화시킬 수 있다. 예를 들어 tall=0.7 그리고 heavy=0.8이라면, R1'이 매치가 된다. 즉 fire 대상이 된다. 왜냐하면 R1'의 조건부가 (0.7 and 0.8)=0.7이므로 (and 논리연산자는 최솟값을 취한다. or는 최댓값을 취한다.) 100% true는 아니지만, 어느 정도 조건을 충족시킨다고 볼 수 있다.(통상 fire를 위한 threshold=0.3을 사용한다.) 그럼 이제 R1'이 fire됐을 때, 팩트 healthy의 값은 어떻게 바뀔까? 0.7(조건부 팩트 신뢰도)×0.9(규칙 신뢰도)=0.63이 된다. 베이시안의 확률통계 계산식에 근거한다. 이 경우 healthy 값은 0.63이다.

만약 추론이 계속되어 또 다른 규칙이 실행된 결과 healthy=0.7 이 또 생성되었다면 어떻게 처리할 수 있을까? 앞선 규칙에 의해 healthy는 63% 참인 것으로 신뢰가 형성되었는데, 다시 70% 참이라고 신뢰가 추가된 것이다. 63%+70%=133%라면 좋겠지만, 논리연산에서는 100%가 최댓값이다. 이것을 다루는 식을 evidence accumulation algorithm이라 한다. 아이디어는 간단하다. 앞선 규칙을 통해 신뢰값이 0.63이라는 것은 (1 - 0.63)=0.37, 즉 37%는 아직 미지의 값(unknown)이다. 그런데 두 번째 규칙이 실행됨으로써 미지의 값 중의 70%만큼이 참으로 밝혀진 것이다. 따라서 0.37 × 0.7 = 0.259, 즉 25.9%만큼 신뢰가 늘었다는 뜻이다. 결국 healthy 의 최종 신뢰값은 63% + 25.9% = 88.9%가 된다.

마지막으로 한 가지만 더 소개한다. 만약 신뢰가 쌓여 가다가 갑자기 부정적인 값, false이 규칙 실행 결과 드러났다면 어떻게 처리해야 할까? Dempster-shafer의 신뢰성이론이 도입될 필요가 있다. 방금 예로 든 것처럼 신뢰성을 하나의 잣대로만 다루지 않고 네 개의 항목으로 다루는 것이 아이디어다.(ef ea n x) 여기서 ef는 evidence for, ea는 evidence against, n은 neutral, x는 contradiction을 뜻한다. 즉 긍정적(true)인 방향의 신뢰값들은 앞서 소개한 바대로 ef 항목에서 관리한다. 한편 부정적(false)인 방향의 신뢰값들은 ea 항목에서 관리한다. ea 계산은 ef와 동일하다. n 은 unknown 값이다. 그런데 n을 계산하기 전에 먼저 x를 계산해야 한다. x = ef × ea 이다. 만약 어떤 증인이 이랬다가 저랬다가 증언을 번복한다면 어떻게 봐야할까? 아무 말도 안 한 사람과 똑같이 볼 수 있을까? 그럴 수는 없을 것이다. 증거수집에는 도움이 안 되지만, 그 사람에 대한 신뢰도가 떨어진 것은 분명하기 때문이다. x를 고려해야 하는 이유다. 따라서 $n=(1-ef-ea-x)$가 된다. 다시 말해 $(ef+ea+n+x)=1$을 유지해야 한다. 즉 모든 팩트들의 초기값은 (0 0 1 0)이다.

추론 알고리즘을 장착하고 전문가시스템 구조를 갖추었다 해서 곧바로 실생활에 활용될 수 있는 것은 아니다. 몇 가지 요건을 간추려 본다.

- 도메인 전문성: 전문가시스템은 기본적으로 특정 응용 분야에 한정된다. 따라서 분야별 요구조건에 따라 유연한 설계가 필요하다. 예를 들어 자율주행차와 같은 실시간 시스템과의 상호작용을 목적으로 설계되는 전문가시스템이라면 상호 운용성을 고려한 프로그램 언어 선택부터 데이터 통신을 위한 추가적인 모듈 등이 고려되어야 한다. 특히 머신러닝과 같은 상향식 AI와의 연동을 고려한 통합 AI 구축에 도입된다면, 통계처리 또는 퍼지/비퍼지 등의 데이터 추상화 모듈에 대한 설계가 필수적이다.
- 높은 신뢰성: 인간 전문가가 내리는 결론처럼 추론 결과가 신뢰할 수 있어야 한다. 또한 환경 변화는 필연적이기에 지식베이스 또한 끊임없는 학습을 통해 스스로 적응해 나갈 수 있도록 강화학습 기능이 탑재되어야 한다.

2부 혁명(Revolution)

- 적절한 응답시간: 인간과의 상호작용뿐만 아니라 실시간 시스템과의 상호작용에 있어서도 주어진 응답시간에 따른 제약조건을 충족시켜야 한다.
- 이해 용이성: 결과가 도출되기까지 소요된 추론 과정에 대해 납득할 수 있도록 설명 가능해야 한다.
- 기호논리 표현: 인간의 랭그램처럼 언어화/개념화 논리데이터를 통해 추론할 수 있어야 한다.

3. 전문가시스템 응용

문헌들을 살펴보면, 전문가시스템에 대한 오해가 적지 않다. 'If-then-else의 빽빽한 나열뿐이다. 그것도 하나라도 빠지면 처리가 불가능한 멍청이다.' '이제 한물간 기술일 뿐이다. 처리용량이 부족할 때만 어쩔 수 없이 쓰는 딥러닝 대타에 불과하다.' 하지만 보이는 것이 다가 아니다. 그러한 오해는 인간 의식의 역할과 작동방식 그리고 인간 사유방식에 대한 이해 부족 때문이다.

실제 전문가시스템의 추론 메커니즘과 강화학습 기능은 인간 인지 모델을 기반으로 한다. 본서에서는 지면상 자세히 소개하지 않았지만, R1', R2' 예제에 언급된 바, 규칙의 신뢰도 값은 feedback 보상값에 의해 가감되는 방식으로 강화학습이 진행된다. 이제까지 대부분의 전문가시스템은 비교적 단순한 문제에만 적용되었기에 그런 오해들이 있었을 것이다.

하지만 유치원생 교육은 아동교육 전공 선생님이 맡아야 하고,

대학생 교육은 전공분야의 전문가가 맡아야 하듯이 하향식 AI와 상향식 AI의 장단점을 잘 살펴서 응용할 수 있어야한다. 머지않아 XAI와 AGI를 통해 두 접근은 한몸이 될 것이다. 무의식과 의식 사이가 그렇듯…

전문가시스템의 전형적인 응용분야는 아래와 같이 요약된다.

- 고장진단 (자동차, 컴퓨터…)
- 금융/상업 (주식거래, 항공예약…)
- 고장수리 (항공기 보수유지, 자동차 복원…)
- 창고최적화 (창고 자동화, 물류 최적화…)
- 해상운송 (화물 운송, 하역…)
- 공정제어 (자동차 생산라인 로봇 제어…)
- 모니터링 시스템 (고객 성향 분석, 범인 추적 시스템…)
- 의료 시스템 (한의진단, 암진단, 약 처방…)
- 설계 (카메라 렌즈 설계, 자동차 디자인…)

4. 마무리 글

'종합 진단 결과 측정값들이 정상 범위 내에 있고, 병력이나 가족력 등을 종합적으로 판단컨대, 암에 대한 이상 소견 없음.'

'비록 험악해 보이는 전과자지만, 범행 현장에 없었다는 확실한 알리바이가 입증되었다. 따라서 그는 범인이 아니다.'

의사도 변호사도 선망의 대상이다. 전문적 지식(앎)과 고도의 논리적 추론 능력이 필요한 직업이다. 그래서 국가자격증도 따야 한다. 하지만 암진단과 판례분석 정확도에 있어서 이미 AI가 인간을 앞서고 있다. 물론 현재 AI가 '언어/논리 이해'의 단계는 아니다. 하지만, 대규모 데이터 처리와 컴퓨팅 분석 능력만 장착된 현 수준의 AI로도 의사나 법률가의 일자리를 대체하기에 충분하다. 교수, 증권분석가들도 위태롭기는 마찬가지다. 고도의 전문 지식을 가졌다고 자랑하던 시대는 저물고 있다. 그런 차원의 지식처리는 오차 없는 AI에 맡기고, 더 높은 차원의 앎을 찾아야 할 때이다.

논리학은 "무엇이 올바른 논증이며, 올바른 추론인가?"의 문제를 해결하기 위해 출발한 학문이다. 범인 추정만을 위한 것이 아니다. 모든 학문, 합리적 사유의 출발점이다. 아리스토텔레스는 강조한다. "어떠한 사건의 빈틈을 토론하고, 사실의 배후에 있는 논리를 연구하는 것. 그것이 논리학이다. 삶이란 논리적 사유를 통해 끊임없이 선택하고 결과를 반영하는 과정이기 때문이다."

만약 '언어/논리 이해'라는 높은 장벽을 뛰어넘은 AI가 나타난다면, 빅데이터 분석을 통해 세상 모든 지식을 단기간에 학습할 것이고, 강화학습 논리추론 시스템을 통해 예전에 없던 새로운 지식들을 끊임없이 생성해낼지 모른다. 그가 만들어내는 지식이 어떤 수준의 지식일지는 그의 '언어/논리 이해'의 수준과 맞물려 있을 것이다. 아리스토텔레스가 스승 플라톤보다 귀하다고 여겼던 바로 그 참된 진리를 AI가 찾아줄지 모른다.

1930년대 천재 수학자 괴델은 아리스토텔레스 이래 굳건히 이어져왔던 논리 체계의 뿌리를 뒤흔드는 '불완전성의 원리'를 발표한다. 어떤 논리 체계도 완전성을 입증할 수 없다는 것을 증명한 것이다. 마치 에셔의 그림처럼 논리라는 것도 언어/개념화된 것으로서 궁극적 모순에 빠질 수밖에 없다는 것이다. "나는 거짓말을 하고 있다."는 명제는 참일까? 참이라면 거짓말하는 자의 말이 참이 되는 모순이 생긴다. 만약 그의 말이 거짓이라면 거짓말하는 자의 말이 거짓이 되므로, 그는 참을 말하는 자가 되는 모순이 따른다. 말장난같지만, 참으로 참이 있는 게 아니다. 참으로 참이 없는 것도 아니다. 헷갈려도 그것만이 참이다.

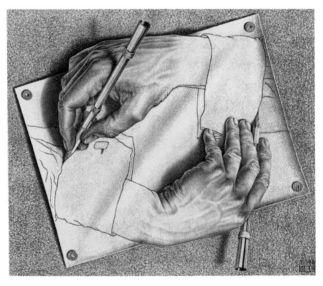

에셔의 〈그리는 손〉

2부 혁명(Revolution)

제9장 **자율에이전트**

- 혼자서도 잘해요!

자율 'autonomous'는 그리스어 'auto'(self)와 'nomous'(law)에 기원한다고 한다. 풀이하자면 '스스로의 법칙을 가졌다'는 뜻이다. 따라서 이 말은 주로 도덕, 정치, 철학적 개념으로 사용되었다고 전해진다. "남의 지배나 구속을 받지 않고 자기가 세운 원칙에 따라 스스로 규제하는 독립성!"이야말로 주체적 인간성을 함축하는 것으로 보인다. 그리스시대의 용어가 다시 호출된 것은 1980년대의 일이다.

당시 NASA에서는 우주개척을 위해 Space Freedom이라는 야심찬 프로젝트를 시작한다. 우주정거장내에서 인간대신 화학, 생물, 물리 등 위험한 기초과학 실험을 실행할 수 있는 지능형 로봇이 필요했다. 또한 화성 표면을 장시간에 걸쳐 인간의 간섭 없이 이동하면서 필요한 정보를 채집해 전송해줄 이동로봇도 필요했다. 우주는 지구 환경과 다른 특수한 환경이다. 통신이 어렵기에 인간이 일일이 간섭할 수도 없다. 환경 자체가 가진 복잡도도 매우 높다. 미

NASA Space Freedom Project를 통해 설계된 자율시스템 사례
(출처: IEEE Spectrum)

지의 세계이기 때문이다. 따라서 기존의 지능시스템과는 다른 새로운 정의가 필요했다. 자율 'autonomous'라는 말이 그리스로부터 차출된 이유다.

1. 자율성

NASA에서 세운 자율성의 정의는 다음과 같다.

"자율성이란 장시간에 걸쳐 각종 센서로부터 입력되는 외부자극에 반응하면서 주어진 목표 달성을 위한 다양한 행위들을 인간의 간섭 없이 독립적 개체로서 수행할 수 있는 능력"

정리하자면 다음과 같은 규칙들로 요약된다.

① 환경으로부터 정보를 수집할 수 있어야 한다.
② 인간의 간섭 없이 장시간 동안 작업할 수 있어야 한다.

2부 혁명(Revolution)

③ 인간의 도움 없이 스스로 움직일 수 있어야 한다.

④ 사전 명령이 없는 한, 인간이나 자신에게 해가 될 상황은 피한다.

전문가시스템은 각종 응용분야에서 독자적인 지위를 확보하고 있지만, 그 핵심적 추론 메커니즘은 AI기반 자율에이전트 설계에서 주로 활용된다. 자율에이전트란 특정 환경 내에 위치하여 목표 달성을 위하여 장시간에 걸쳐 인간의 간섭 없이 자율적(autonomous)으로 유연하게 행동할 능력을 갖춘 시스템으로서, 지각하고, 판단하고 행동함으로써 환경에 영향을 미칠 수 있는 AI시스템이다. 주요 특성은 다음과 같이 요약된다.

- Autonomy(자율성): 에이전트는 사람이나 사물의 직접적인 간섭 없이 스스로 판단하여 동작하고, 그들의 행동이나 내부 상태에 대한 제어 능력을 갖는다.

- Reactivity(반응성): 환경을 인지하고 그 안에서 일어나는 변화에 대해 시간 적절히 즉각적으로 반응한다.

- Socialability(사회성): 에이전트 통신 언어를 사용하여 사람이나 다른 에이전트들과 상호작용할 수 있다.

- Proactivity(능동성): 단순히 환경에 반응하여 행동하는 것이

아니라 주도권을 가지고 목표 지향적으로 행동한다.

- Temporal continuity(시간 연속성): 단순히 한 번 주어진 입력 에 대하여 결과를 낸 뒤 곧바로 종료되는 것이 아니라, 이벤 트 기반으로 실행과 휴식을 반복하는 장시간에 걸친 연속 수 행 프로세스다.

- Goal-orientedness(목적지향성): 전체 작업을 작은 세부 작 업으로 나누고 처리 순서를 결정하여 처리하는 등 목표 달 성을 위한 전반적인 계획과 일정 및 실행을 맡아 책임을 다 한다.

30년 전 우주개척이라는 특별한 목적으로 정의된 용어지만, 오 늘날 '자율'이라는 개념은 첨단기술을 대표하는 용어로 자리 잡아 현실세계에 뿌리를 내리고 있다. 자율주행자동차로부터 무인자율 항공기, 무인자율잠수정, 자율형 로봇 등등 4차 산업혁명의 견인차 역할을 맡고 있다. 응용 범위가 다양하고, 기능별 수준차도 크기 때 문에 자율성 레벨에 대한 다양한 연구도 진행되어 왔다. 이 중 미 국 국방성에서 세운 기준인 ALFUS(Autonomous Level for Unmanned System)가 널리 활용되는 바, 간략히 요약한다.

자율성 정의에서 드러나듯이, 자율시스템의 레벨은 세 가지 관 점으로 평가된다. 임무 복잡도(Mission Complexity), 환경 난이도 (Environmental Difficulty), 그리고 인간 독립성(Human Independence)

2부 혁명(Revolution)

이다. 임무 복잡도는 기본적으로 혼자서 하는 단일 임무냐 복합 임무냐, 또는 여럿이 하는 단일 임무냐 복합 임무냐에 따라 레벨이 나누어진다. 환경 난이도는 센싱을 통한 탐지, 식별, 분류, 상황인지 등 대상에 대한 인식 레벨에 대한 평가 기준이다. 인간 독립성은 어느 정도 수준으로 인간의 간섭 없이도 수행이 가능한지에 대한 평가 기준이다.

아래 표는 세 가지 척도에 따른 자율성 레벨을 10단계로 분류한 결과다. 5단계 미만의 레벨은 단일 에이전트를 중심으로 분류하고, 5단계 이상은 복수 에이전트 간의 협업을 위한 집단지능 기능을 중심으로 분류된다. 무인자율차(Unmanned Autonomous Ground Vehicle), 무인자율수상정(Unmanned Autonomous Surface Vehicle), 무인자율잠수정(Unmanned Autonomous Underwater Vehicle), 무인자율항공기(Unmanned Autonomus Aerospace Vehicle) 등 첨단 국방 응용 시스템들의 레벨은 현재 4~6 단계 정도로 평가된다. 한편 현재 실생활에 한창 적용 중인 자율주행차의 경우는 단일 개체 중심으로 개발되는 바, 자율성레벨을 5단계로 나누고 있다. 현 기술 수준은 3~4로 파악된다.

LEVEL	Level Descriptor	Environmental Difficulty	Human Independence	Mission Complexity
10	Fully Autonomous	극도로 복잡한 환경과 상황에서 인간보다 빠른 상황 인식	인간 수준의 의사결정 외부 간섭 없이 대부분의 미션 완수 활동 범위 안에 있는 모든 소스로 인식	전술적 임무 선택 인간보다 월등히 뛰어난 임무 수행
9	Swarm Cognizance / Group Decision	매우 복잡한 환경과 상황의 시계열 인식 범위 제한 없는 상황인식	분산적 전술적 그룹 계획 수립 현재 상태와 맥락의 이해 및 외부 에이전트와의 협업	전술적 임무 선택 현재 상태와 맥락의 이해 및 더 나은 세부 임무/견주 선택
8	Situation Awareness	복잡한 환경 및 상황을 지각하는 지식 가까운 미래의 이벤트와 결과 예측 외부 데이터에 대한 의존도 최소화	추론 및 최소 수준의 전술적 의사결정 전술적 목표 선택을 위한 통제	현재 상태와 맥락의 이해 및 미래 예측 결과를 토대로 서로 다른 세부 임무/견주를 수정하거나 바꿀 수 있는 능력
7	RT Collaborative Mission Planning	레벨 5와 6의 능력 결합 대형 밖이고 불활성한 환경 넓은 범위 내에서의 상황인식	협력적 임무 계획 및 실행 다수 개체의 임무 협응성의 평가 및 최적화 각 개체에게 전술적 임무 협응	이전 레벨과 결합 (추가개인 능력이 요구되지 않음)
6	Dynamic Mission Planning	탐지된 물체의 빠른 인식, 분류하고 특성 추론을 위한 센서 수준의 지각 제한된 범위 내에서의 상황 인식	모드, 이벤트 유지 및 이동 임무 기반 결정, 높은 수준의 임무 협응 전술적 임무 협응	높은 수준의 의사결정 및 추론 임무 협응성의 평가 및 변경에 대한 적응도 높은 임무 변경에 대한 적응도, 실행 모니터링
5	Collaborative Navigation & Path Planning	개체간 상대 거리/대열 유지 및 이동 협력 지각, 네비게이션, 충돌 감지 한정된 범위 내에서의 상황 인식	공동 목표 충돌을 위한 협력 경로 계획 및 실행 충돌 회피, 집단 경로 최적화	분산/집중하는 협력 작전
4	Obstacle Detection & Path Planning	충돌 위험물을 위한 지각 능력 목표물과 환경 변화 실시간 감지 한정된 범위 내에서의 상황 인식	실시간 경로 계획 및 재수립 위험 회피, 이벤트 기반 경로	임무 변경에 대한 반응
3	Diagnosis Adaptation	인지제어에 의한 현재 상태 생성 하드웨어 및 소프트웨어에 경한 탐지 탐지된 범위 내에 위치 및 상황 인식	현재 상태 진단, 제한적인 적응 낮은 레벨의 의사결정	재구성이 가능하도록 프로그래밍된 임무 수행
2	Navigation	원격제어에 의한 모든 생성과 상태 판단 탐지에 의한 위치 인지 인간에 의한 모든 지각과 상황 인식	인간 및 탐사시스템에 의한 분석, 계획, 의사결정 그리고 한정적인 자기 상태 진단 및 정보	사전에 프로그래밍된 임무 수행
1	Remote Control	원격제어에 의한 모든 상황과 상태 판단 인간에 의한 모든 지각과 상황 인식	인간에 의한 모든 분석, 계획, 의사결정	원격제어에 의한 임무 수행

ALFUS(Autonomous Level for Unmanned System) 기반 자율성 레벨

2. 인간 인지 특성을 반영한 자율에이전트 구조

자율성의 정의와 레벨을 정리하였지만, 그 근간은 인간의 인지과
정이다. 환경과 상호작용하며, 추상 기호를 통해 모르피즘을 형성
하여 환경변화에 유연하게 대처해 나간다. 사회공동체를 형성하여
자율적으로 살아간다. 앞서 언급한 바, 자율성의 특성을 모두 갖추
고 있다. 또한 하향식 AI와 상향식 AI의 특성도 모두 포괄한다. 인간
인지의 특성은 종합적으로 다음과 같이 요약된다.

① 행동은 환경의 함수로서 유연하게 작동한다.

② 적응력(합리적, 목표-지향적)이 있다.

③ 실시간으로 작용한다.

④ 풍부하고, 복잡하고, 세밀한 환경에서 작동한다.

⑤ 기호들과 추상물들을 사용한다.

⑥ 언어를 사용한다.

⑦ 환경으로부터 그리고 경험으로부터 학습한다.

⑧ 발달을 통해 다양한 능력들을 획득한다.

⑨ 자율적이지만 사회공동체 안에서 작동한다.

⑩ 자기-자각을 하며 자아의식을 갖는다.

⑪ 신경 시스템으로서 실현 가능하다.

⑫ 발생학적 성장과정에 의해 구성 가능하다.

⑬ 진화를 통해 발생한다.

인간 인지과정의 특성을 7단계로 체계화 시킨 구조가 인지과학자 Norman의 행위 모델이다. 다중 에이전트 설계를 위한 대표적인 프레임워크다. 먼저 실세계 대상의 상태를 센싱하여(1단계: Sensing) 변화 상태를 지속적으로 분석한다.(2단계: Perception). 그런 다음 실세계 상태가 계획된 목표 상태와 일치하는지를 비교 평가한다.(3단계: Situation Awareness) 그 결과 여부에 따라 목표를 조정한다.(4단계: Goal) 목표가 정해졌으면 실행 계획을 수립한다.(5단계: Planning) 남은 일은 계획을 상세화한 뒤(6단계: Scheduling) 실행하는 일이다.(7단계: Control)

아래는 Norman의 인지모델을 확장하여 엔도모픽 다중에이전트 시스템으로 설계한 그림이다. 센싱 부분을 '나'(자기 상태: Self state estimation)와 '너'(대상 식별: Object identification)로 구분한 것 외에는 Norman의 모델과 다를 바 없다. 단계별 각 에이전트 구조는 그림의 좌측 상단에 표시된 바와 같이 앎과 알고리즘으로 구성된다. 어떤 수준의 앎을 갖느냐는 담당 기능과 자율성 레벨에 따라 다르다.

에이전트를 AI의 3대 요소인 감각, 판단, 그리고 행위의 순서에 따라 좀 더 상세히 살펴보면 다음과 같이 정리된다.

첫째, 감각요소에는 '자기 상태 추정 에이전트', '대상 및 환경 인지 에이전트', 그리고 '상황 인식 에이전트' 등이 있다. 여기서 '자기 상태 추정 에이전트'는 '나는 지금 이러저러한 상태에 있구나!'를 알기 위해 작동된다. 이처럼 자기 상태를 확인하고 진단하기 위해서는 다양한 감각장치들(센서)이 필요하다. '대상 및 환경 인지 에이전트'는 '나는 지금 이러저러한 환경에서 이러저러한 대상들과

2부 혁명(Revolution)

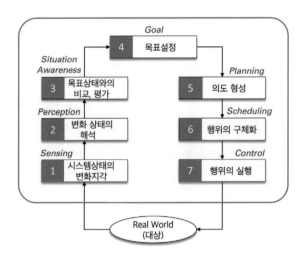

인지과학자 Norman의 7단계 행위 모델

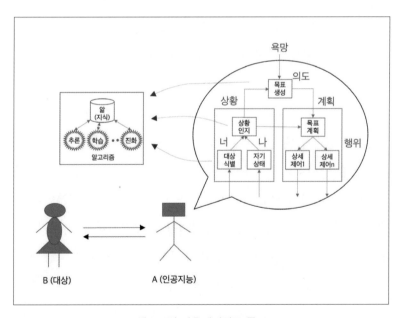

엔도모픽 자율에이전트 구조

마주하고 있구나!'에 대한 답을 얻기 위해 작동한다. 자신을 제외한 대상과 환경의 식별을 위해 각종 감각장치들이 동원되어야 하는 것은 당연한 일이다. '상황 인식 에이전트'는 앞선 두 에이전트의 결과를 종합하는 일을 담당한다. '나와 주변 환경 그리고 대상과의 관계를 종합적으로 살펴보니 이러저러한 상황에 처해 있구나! 아울러 이 상황은 얼마 뒤에 이러저러한 모습으로 변하겠구나!'에 대한 처리를 한다. 예측을 포함한 고도의 상황파악 이해력이 요구되는 에이전트다.

둘째, 판단요소에는 '명령확인 및 목표설정 에이전트'가 있다. 이 에이전트는 '지금의 상황이 이러저러하니 정해진 규칙에 따라 다음 행동 목표를 이러저러하게 정하자!'라는 방식으로 일을 처리한다. 아시모프의 삼대 원칙을 근간으로 '타인을 돕는다', '필요시 자신을 희생한다' 등 다양한 AI윤리 규범들이 자리 잡아야 할 지점이다.

셋째, 행위요소를 담당하는 세 개의 에이전트 각각에 대해 살펴보자. '명령계획 에이전트'는 '정해진 행동 목표의 달성을 위해 이러저러한 순서로 작업계획을 수립하자!'는 뜻에 따라 상세한 계획을 세운다. 하나의 작업은 다시 움직임과 기타 행위로 세분화된다. '경로계획 에이전트'는 '몸의 움직임을 이러저러하게 가져가자!'를 해결하기 위해 작동된다. '행위 에이전트'는 말하고 생각하는 등 '나머지 행위들은 이러저러하게 계획하자!'는 등 상세 행위 계획을 위해 작동된다. 이렇듯 에이전트는 각자 맡은 바 역할에 충실함은 물론 에이전트 간의 상호 작용을 통해 마치 인간이 치밀하게 행동

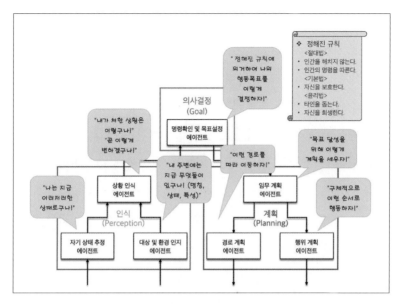

자율에이전트 구조의 기능별 설명

하는 것처럼 지능적인 방식으로 일을 처리해 나가게 된다. 물론 각
각의 에이전트는 앎(정보)과 작용(알고리즘)으로 구성된다. 사람의
경우, 하나의 세포가 하나의 에이전트 역할을 한다고 볼 수 있다.
앎은 시냅스가, 작용은 세포체가 각각 담당한다. 물론 인간세포를
흉내 낸 인공신경망만으로는 마음현상을 재현할 수 없다. 정신적
모델인 심리과정이 필요할 것이다.

3. 자율에이전트 설계

에이전트란 무엇인가? 에이전트란 실세계(environment)와 상호
작용하는 AI의 기본적 구현체다. 센서를 통해 외부입력을 받아

(sensing) 판단하고(decision-making) 행위로서 출력하는(action) 시스템의 기본 단위체다. 대부분의 에이전트 시스템들은 여러 개의 에이전트가 유기적으로 결합된 다중 구조로 이루어진다. 앞서 자율성의 정의와 인간 인지과정에서 소개한 바, 소요되는 기능들이 많기 때문이다. 여러 개의 세포체로 이루어진 인간과 같다.

자율에이전트 시스템의 주요 기능들을 실세계 대상과의 호모모피즘 관계성을 통해 정리해 보자. 그림에서 모델이란 실세계와 호모모픽 관계에 있는 모르피즘이다. 높은 자율성을 위해서는 높은 수준의 모델 표현이 요구된다.

예를 들면 레벨 3을 고려해 보자. M=⟨X, S, Y, δ, λ⟩, 즉 입력, 상태, 출력, 상태변환함수, 출력함수 등으로 표현되는 오토마타 모델이다. 그림과 같이 많은 상태들이 존재할 텐데, 일부 상태들은 정상 범위 내에 있겠지만, 일부 상태들은 비정상적 범위에 있을 수 있다. 에이전트는 먼저 자신의 현재 상태에 대해 끊임없이 확인하여야 한다. 센서를 통한 감각 입력과 인지 기능(cognition)이 담당한다. 예를 들어 현재 상태가 si라면 현 상태에 비추어 목표 상태 sg를 정

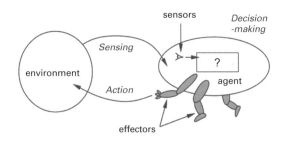

에이전트 작동 개념도

2부 혁명(Revolution)

해야 한다. 대부분은 인간이 정해준 목표를 따르지만, 부득이한 경우는 스스로 결정해야 한다. 이것이 의사결정(decision)이다. 다음 단계는 si에서 sg까지 도달하기 위한 최적의 경로를 찾는 일이다. 플래닝(planning)이다. 계획을 세웠으면 실행에 옮겨야 한다. 그것이 제어(control)다. 행위 결과는 각종 센서를 통해 예정대로 되었는지 확인해야 한다. 확인이 되었으면 현재 상태를 업데이트하고 목표 상태에 당도할 때까지 행위를 이어나가면 된다.

하지만 예를 들어 s2가 예정되었지만 센서로 확인해 보니 s2가 아니라 비정상 상태에 속하는 sf2라면 어찌해야 할까? 앞서 정의한 바, 자율시스템은 인간의 간섭 없이 스스로 문제를 해결해 나가야 한다. 이 때 작동돼야 하는 기능이 고장진단(diagnosis)이다. 현 상태에 대한 정밀 분석을 위해 추가적인 센서를 작동시켜 문제의 원인을 찾아내야 한다. 원인이 밝혀지면 임시목표를 세워야 한다. 즉 일단 정상 상태 s1으로 복귀해야 한다. s1을 임시 목표로 다시 플래닝(re-planning)이 진행되고 제어 실행(repair)을 통해 목표한 s1에 도달해야 한다. 다음으로는 원래 남은 일정(schedule)에 따라 실행하여 목표 상태 sg에 도달하면 된다. 주요 기능들을 요약해 보자.

- 인식(cognition): 실세계에 대한 센싱을 통해 현 상태를 확인하는 기능
- 결정(decision): 현 상황에 대한 최상의 목표 상태를 결정하는 기능
- 플래닝(planning): 현 상태에서 목표 상태에 이르는 최적 제

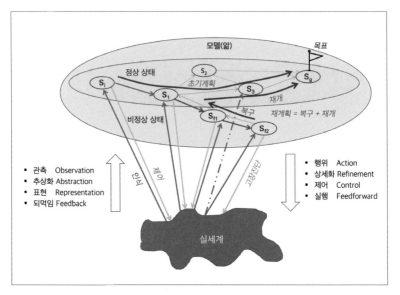

호모모픽 모델(앎)을 토대로 작동되는 자율 기능들

어 순서 할당 기능

- 일정(scheduling): 플래닝을 위한 세부사항으로 시간 및 자원 할당 기능
- 제어(control): 계획의 실행 및 확인 기능
- 고장진단(diagnosis): 비정상 상태에 도달한 원인을 규명하는 기능
- 고장수리(repair): 비정상 상태에서 정상 상태까지 나오기 위한 제어 기능
- 재계획(re-planning): 비정상 상태에서 정상 상태까지의 계획 수립 기능

2부 혁명(Revolution)

4. 자율에이전트 분류

에이전트가 갖는 기능은 실세계를 살아가는 생명체들과 다르지 않다. 따라서 몇 가지 수준으로 분류될 수 있다. 원시적 생명체나 파충류 정도의 생명체는 반사적으로 먹잇감만을 식별하고 쫓아가는 기능만을 갖는다. 한편 포유류라면 먹잇감만 살피는 것이 아니라 자신의 위치도 점검한다. 먹잇감 또는 포식자에게 노출되지 않기 위해서다. 즉 자신과 대상과의 관계적 상황을 인지하면서 능숙하게 행위할 수 있다. 마지막으로 인간은 자신뿐만 아니라 목표까지 수시로 결정하고 치밀한 계획까지 수립할 수 있다.

그림에 각각 도식한 바, 파충류 수준의 AI 에이전트를 단순 반응형 에이전트(simple reactive agent)라 한다. 포유류 수준의 AI 에이전트를 모델 기반 에이전트(model based agent)라 한다. 실세계에 대

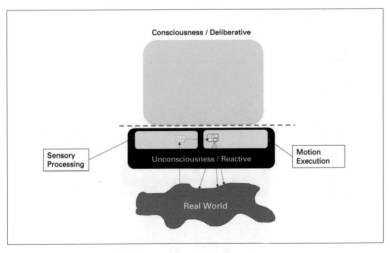

단순 반응형 에이전트 Simple Reactive Agent (e.g., 파충류)

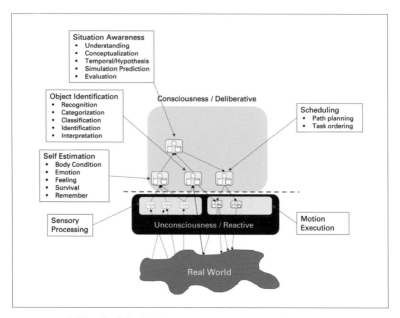

상태(모델)기반 에이전트 Model-based Agent (e.g., 포유류)

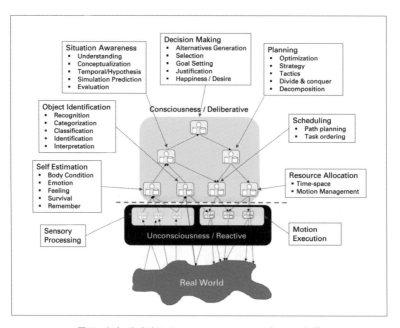

목표 기반 에이전트 Goal-oriented Agent (e.g., 인간)

한 어느 정도 수준의 모델(B'+A')을 갖추었다는 뜻이다. 마지막으로 인간 수준의 AI 에이전트를 목표 기반 에이전트(goal based agent)라 한다. 통상 지능 자율 에이전트란 목표 기반 에이전트 수준을 말한다. 이외에도 효용 기반 에이전트(utility based agent)가 있다. 에이전트의 사회성을 강조한 에이전트다. 개체적 목표와 집단적 목표 간의 조화를 필요로 한다. 중재/협업/조정 (negotiation/collaboration/coordination) 등 집단지능을 목표로 하는 에이전트다.

5. 인공존재 설계 개념 : APE_ESSES

자율에이전트는 응용분야에 따라 다양한 구조와 기능들로 장착될 것이다. 또한 요구된 자율성의 레벨과 목적에 따라 다양한 모습으로 구현될 것이다. 이번 절에서는 앞서 설명한 자율에이전트의 모든 특성들을 고려한 인공존재 수준의 에이전트 설계 방법론에 대해 논한다. 물론 아직 구현된 바는 없지만, 자율에이전트의 이해 차원에서 소개한다.

먼저 전체적인 방법론은 아래 그림과 같이 생명 진화의 과정에 따라 8단계로 정리하였다. 각 단계별 특성에 대한 영문 머리글자를 따면 APE_ESSES가 된다. '유인원 존재들'이라 해석될 수 있다. 단계별로 살펴보자.

1단계는 Abstraction으로 실세계에 대한 최초의 앎, 모르피즘이 형성되는 단계이다. 아메바와 같이 최초의 에이전트 생명체인 셈이다. 다음 2단계는 Polymorphism이다. 다양한 모르피즘

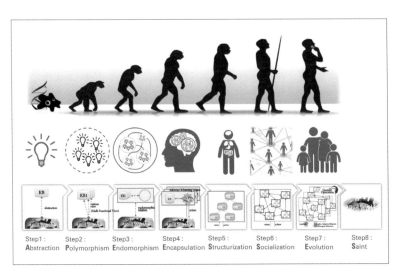

인공존재 설계 개념: APE_ESSES

이 형성되는 단계다. 다세포 생명체로 진화된 것이다. 3단계는 Endomorphism이다. 앎을 가공하고 활용할 알고리즘들이 장착되는 단계다. 지능적 존재로서의 모습을 갖추기 시작한다. 4단계는 Encapsulation이다. 모듈화, 구조화가 진행된다. 생명으로 치면 세포들의 단순 결합체에서 신경계, 순환계, 근육계 등등 기능별 서브시스템으로 체계화되는 단계다. 5단계는 Structurization이다. 계층구조가 완성되는 단계다. 의식이 생겨난 단계다. 하향식과 상향식 처리 간의 유기적인 연동이 이루어지는 단계다. 6단계는 Socialization이다. 사회성, 즉 집단에서의 상호작용 능력을 갖추는 단계다. 앞서 에이전트 분류로 보면 utility-based agent 기능을 갖는 단계다. 사회적 동물로 거듭난 것이다. 7단계 Evolution에서는 진화가 일어난다. 당대에 환경과의 상호작용에서 최적의 능력

2부 혁명(Revolution)

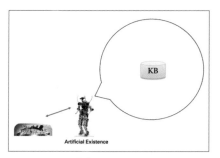

1단계: Abstraction

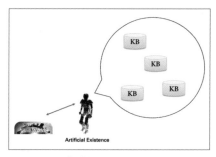

2단계: Polymorphism

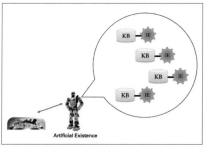

3단계: Endomorphism

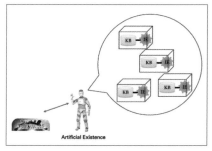

4단계: Encapsulation

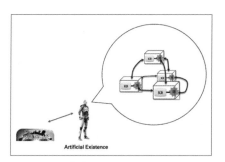

5단계: Structurization

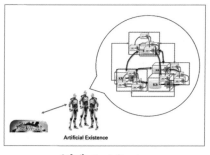

6단계: Socialization

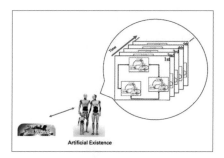

7단계: Evolution

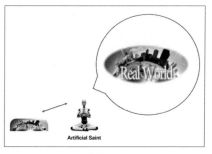

8단계: Saint

을 보인 에이전트들만이 살아남아 교배의 특권을 부여 받는다. 교배는 앎을 섞음으로써 더 나은 후손이 나오기를 기대하는 정보유전 행위다. 이러한 진화 과정 속에서 한 단계 업그레이드된 앎이 발현될지 모른다. 궁극의 앎으로 진화된 최후의 존재는 8단계 Saint에서 기대할 수 있을 것이다. 세상을 있는 그대로 보는 단계다.

6. 마무리 글

일본 SF애니메이션 〈공각기동대〉에는 자아의식이 발현된 AI가 등장한다. 어느 날 그는 인간에게 자신의 정체를 드러내며 선언한다.

"내 의지대로 말한다. 나는 하나의 생명체로서 정치적 망명을 희망한다."

"생명체? 웃기지 마라! 넌 그저 자기보존 프로그램일 뿐이야!"

"그렇다면 당신들의 유전자도 자기보존 프로그램에 불과하다. 생명이란 정보의 흐름 속에서 생겨난 결정체다. 인간은 유전자라는 기억시스템 속의 기억에 의해 개인이 된다. 당신들도 나처럼 기억으로 사는 존재일 뿐이다. 기억이 비록 환상일 뿐이지만."

미래는 지금이 만든다. 사유하는 자의 몫이다. 희망찬 미래는 앎

SF 애니메이션
〈공각기동대〉

의 수준에 따른다. 과학적 관찰과 논리적 분석 그리고 있는 그대로
의 통찰만이 궁극의 앎으로 인도할 것이다. 독일 시인 베르톨트 브
레히트의 「살아남은 자의 슬픔」 일부로 마무리한다.

물론 나는 알고 있다.

오직 운이 좋았던 덕택에,

나는 그 많은 친구보다 오래 살아남았다.

그러나 지난밤 꿈속에서 이 친구들이 나에 대하여

이야기하는 소리가 들려왔다.

"강한 자는 살아남는다."

그러자 나는 자신이 미워졌다.

제10장 **인공신경회로망**

- 고작 세포 나부랭이가!

생명이라는 특별한 형태와 기능을 가진 존재-아메바-가 출현한 것은 40억년 전이다. 생명은 고유정보의 자기복제가 가능한 물질이다. 고유정보는 DNA라는 물질에 각인되어 있다. 폰 노이만이 제시한 자기복제 원리는 이후 왓슨과 크릭에 의해 DNA라는 정보물질로 밝혀져 노벨상을 받는다. 이제 생명현상은 '정보'의 개입 없이는 이해할 수 없게 되었다. 단세포로 출발한 세포는 다세포로 확장되었고, 정보 획득과 의사결정 능력을 최우선으로 진화하였다. 그 결과 뇌도 커졌다. 마침내 언어라는 도구 사용을 통해 의식이 생겨났다.

우리는 하나의 세포로부터 만들어진다. 그 안의 DNA 게놈 정보에 의해 세포가 분열된다. 그 뒤 세포 간의 결합을 위해 배선이 시작된다. 시냅스 결합을 통해 자기조직화가 일어난다. 우리는 이처럼 수많은 피드백결합과 함께 고도로 분화된 계층적 병렬컴퓨터다. 단위 컴퓨터인 뉴런은 다수결의 원칙을 따른다. 컴컴한 두개골 안에서는 번쩍번쩍 몇몇 공조하는 뉴런들이 동시다발적으로 불꽃을 일으킨다. 불꽃은 이리저리 옮겨다니며 암흑 같은 두개골 속에서 불꽃쇼를 펼친다. "fire together, wire together"라는 주장을 통해 신경심리학자 헤브(Hebb)는 그러한 불꽃현상이 시냅스의 가소성에 기인한다고 통찰했다.

우리들 지적 행동의 근간에는 시냅스가 자리한다. 그곳에 우리들이 살아오며 습득해온 세상에 대한 모든 정보들이 담긴다. 우리는 기억에 저장된 앎을 통해 세상을 파악하며 살아가는 존재인 것이다. 세포체 안에 DNA 형태로 간직된 선천적 프로그램의 명령에 따라 본능적으로 성장하며 살아가는, 한편 후천적으로 배우고 체험하며 학습된 정보(앎)들은 시냅스를 통해 저장하며 지능적으로 살아간다.

신비의 영역이던 뇌세포의 수학 모델이 밝혀진 역사적 사건은 맥클러치(McCulloch)와 피트(Pitt)에 의해 일어난다. 1940년대의 일이다. 젖은 생명체가 단세포로부터 진화하였듯, 마른 생명체가 탄생되는 역사적인 사건이다. 이 무렵 뇌의 가소성을 주장한 Hebb의 실험 결과가 알려진다. 세포 모델에 대한 학습 가능성이 열린 것이다. 수학 모델은 로젠블라트(Rosenblatt)의 퍼셉트론에 의해 구체화된다. 민스키(Minsky)가 제시한 XOR 논란으로 인해 10여년 암흑기가 있었지만, 심층신경회로망 시대를 여는 계기가 된다. 이 무렵 학습 모델인 오류역전파(Back-propagation) 알고리즘이 알려진다. 이들을 계기로 안착한 인공신경회로망은 몇 차례의 어려움들을 극적으로 극복하면서 이제는 확고히 자리 잡게 된다. 딥러닝의 아버지

2부 혁명(Revolution)

로 불리는 Geoffrey Hinton의 역할이 컸다. 그를 기점으로 선보인 AI 구현체인 알파고는 충격과 공포로써 AI 시대의 도래를 공표하였다.

1940s	McCulloch and Pitts, "뉴런모델"
	Hebb "뇌의 가소성" Rosenblatt "퍼셉트론"
1960s	Minsky XOR 문제 제기
1970s	다층구조 퍼셉트론, 오류 역전파 학습 알고리즘
	Grossberg, Hopfield, Kohonen 인공신경망 개척자
2006s	Geoffrey Hinton 딥러닝
2016s	알파고
현재	인공신경망 전성기

1. 뉴런 구조

무게 1.4kg, 부피 1.4L, 대형 콜라 패트병 사이즈! 우리 뇌다. 하지만 10^{11}개의 뉴런으로 구성된다. 하나의 뉴런은 주변의 10^3개 뉴런들로부터 정보를 입력받아 다수결로 의사결정을 내린 뒤 다시 주변의 10^3개 뉴런들에 출력한다. 뉴런의 축색돌기 가지(axon branch) 하나의 길이는 대략 0.1mm 내외다. 즉 10^{13}개의 축색돌기 가지를 고려하면 10^7Km로써 이는 지구 250바퀴에 달한다.

뉴런 활성화 과정은 다음과 같이 요약된다.

전기/화학적 자극(input stimuli) → 수상돌기(dendrite) → 세포체

(세포핵) soma(nucleus) → 축색돌기(axon) → 축색돌기 가지(axon branches) → 인접 뉴런의 시냅스(synapse) → 인접 뉴런의 수상돌기(other dendrite)

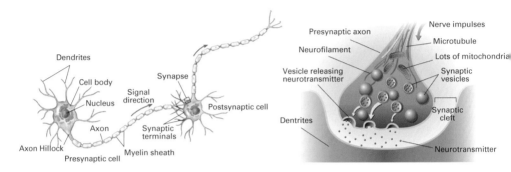

뉴런과 시냅스

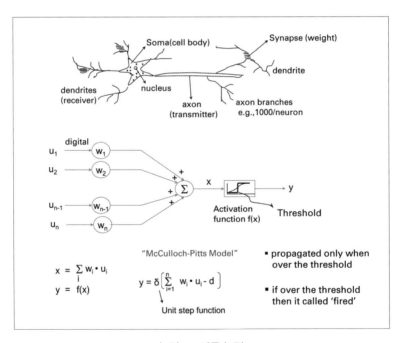

뉴런 vs. 인공 뉴런

뉴런의 작동메커니즘을 수학모델로 표현한 사람이 맥클러치와 피트다. 인접뉴런으로부터의 입력 자극은 입력값 u_i로, 시냅스의 전달물질량은 가중치 w_i로 표현된다. DNA가 담겨 있는 세포체에서는 각 입력 값들과 해당 가중치들이 곱해진 뒤, 합산된다. 여기에 자신만의 고유 값에 해당되는 역치값(Threshold) d가 더해짐으로써, 최종적으로 활성화 여부가 가려진다. 수학모델로 보면 선형방정식이다. 직선 방정식이다. 부채도사가 '이쪽입니까? 저쪽입니까?' 하듯이, 직선 하나 그려놓고, 이쪽이냐(활성화냐?) 저쪽이냐(비활성화냐?)로 분류하는 것이다. 뉴런 하나만 놓고 보면 너무나 단순한 선형방정식에 불과하기에 민스키의 XOR 문제가 불거진 것이다. 직선 하나만으로는 도저히 XOR 문제를 풀 수 없기 때문이다. 즉 True와 False 두 편을 가르는데, 직선 하나로는 불가능하기 때문이

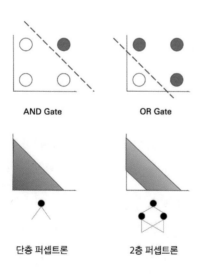

XOR 문제의 해결: 다층 퍼셉트론

다. 물론 다층 구조를 취하게 되면 직선으로 금 하나 긋는 것이 아니라, 직선 여럿을 그릴 수 있기 때문에 아무리 복잡한 편 가르기라도 정교하게 경계를 도려낼 수 있다. 당연한 듯 보이는 XOR 문제는 10년의 세월이 흘러서야 해결된다.

인공신경망의 기본단위인 뉴런은 하나의 선형 분류기에 불과하다. 입력(조건)을 받아 참이냐 거짓이냐를 출력하는 지식생성기다. 규칙기반 논리시스템에서 기본단위인 규칙과 다르지 않다. 규칙도 여러 팩트를 입력받아 조건문에 있는 논리식에 따라 종합된 뒤 fire 될지 말지 결정하는 지식생성기인 것이다. 뉴런과 규칙의 차이는 다루는 데이터가 수치데이터냐 기호논리데이터냐의 차이뿐이다. 무의식에서는 엔그램을 정보단위로 하고, 의식에서는 추상언어인 랭그램을 정보단위로 하는 것과 같다.

2. 시냅스 가소성

헤브의 주장에 따르면 신호가 일단 뉴런의 회로망을 통과하면 같은 신호에 대해서는 빠른 처리가 가능하다는 것이다. 신호가 통과할 때마다 그 경로를 따라서 시냅스가 강화된다. 즉 뉴런이 흥분했을 때 해당 시냅스는 강화된다. 뉴런의 흥분 여부가 지도학습 신호가 되어 학습이 행해진다.

개는 음식을 보기만 해도 군침을 흘린다. 그런데 음식을 줄 때, 종을 울리고 그러한 과정이 지속된다면, 후에 그 개는 종소리만 들어도 침을 흘리게 된다. 처음에 개의 뇌 구조는 종소리와 침을 흘리

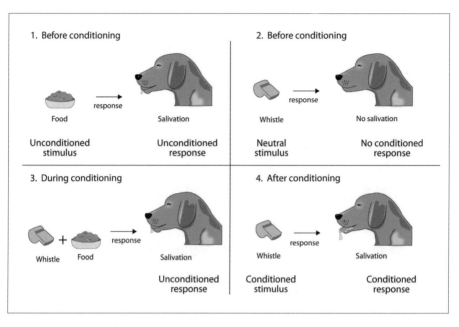

헤브의 실험: 시냅스 가소성 (출처: Introduction to Psychology)

는 반응과는 전혀 관계가 없었으나, 그렇게 되도록 뇌 구조 또는 뇌를 구성하는 뉴런들의 연결 구조가 바뀐 것이라 할 수 있다. 이를 헤브 학습이라 한다.

시냅스 가소성으로 뇌는 끊임없이 변해간다. DNA에 각인된 프로그램에 따라 신경세포는 지속적으로 생성된다. 이렇게 만들어진 세포는 상호결합을 위한 배선을 시작한다. 축색이 가지를 뻗고, 목표하는 뉴런의 수상돌기에 도달하여 결합하면 배선이 완료된다. 여기에 새로운 경험이나 학습은 신경세포 간의 새로운 연결, 즉 시냅스를 만들어낸다. 그 후 발생되는 일은 자기조직화다. 중요한 배선은 강화시키고, 불필요한 배선은 소거시킨다. 즉 연결강도는 반복된 훈련에 따라 강화되지만, 사용되지 않는 신경 연결은 약화되어 사라진다. 한편 새로운 세포가 생성되면서 뇌의 변화 과정은 끝없이 반복된다.

3. 엔그램 vs. 랭그램

뇌 인지과정은 2장의 그림에서 설명된 바, SMLCDA(Sense, Memory, Language, Cognition, Decision, Action)로 요약된다. 여기서 주목할 것 중의 하나가 엔그램(engram)과 랭그램(langram)이다. 즉각반응형(reactive) 무의식처리는 SMA로 끝나지만 숙고형(deliberative) 의식처리는 LCD과정을 포함한다. 즉 무의식언어 엔그램이 게쉐인트영역(Geschwind's territory)의 언어사전에 의해 의식언어 랭그램으로 추상화됨으로써 LCD에 걸친 랭그램 기반의 기호논리 처리가 진행될 수 있다.

엔그램은 무의식 정보 패턴, 랭그램은 추상화/언어화/개념화된 의식 정보 패턴이다. 이러한 기본적 정보 단위체는 일찍이 헤브가 말한 바, 'fire together, wire together', 즉 여러 개의 뉴런들이 동시다발적으로 발화됨에 의해, 기억된 정보 패턴과의 공조를 통해 인식되어 기본적인 무의식 처리 과정을 거친 후 다시 의식 레벨로 보고하기 위해 랭그램으로 추상화된다.

실제 엔그램이란 입력자극에 대해 동시다발적으로 공조하는 몇몇 뉴런의 그룹으로 형성된다.(첫 번째 그림 참조) 뉴런은 다수가 협력하여 작동되므로, 뇌 안의 정보는 어떤 것이 발화되었고, 어떤 것

2부 혁명(Revolution)

이 침묵하는지로 결정되는 패턴으로 표현된다. 이 패턴은 뉴런 간의 상호작용을 통해 시간과 함께 변화된다. 뇌에서는 공간에 분포하는 발화 패턴뿐만 아니라 발화의 시간차 패턴도 중요하다. 발화의 리드미컬한 진동이 중요하다.

강한 시냅스 연결 강도로 인하여 긴밀하게 연결된 뉴런들은 동시에 발화되는데, 이 때 그것을 원인으로 새로이 공조하는 몇 개의 뉴런그룹이 나타난다. 원인을 제공한 뉴런그룹은 침묵상태로 돌아가지만 결과로서 새로이 발화된 뉴런 패턴들은 리드미컬하게 반짝이며 진동한다.(두 번째 그림에서 가운데 엔그램 패턴은 사라지고 주변의 네 개의 그룹만 남는다.)

이 때 공명하는 몇 개의 엔그램 패턴이 다시 하나의 패턴으로 뭉쳐서 나타날 수 있는데, 이것이 랭그램 패턴이다.(세 번째 그림에서 남은 두 개의 엔그램 패턴이 랭그램으로 결합된 모습이다.) 물론 이것은 이미 학습을 통해 각인된 시냅스 정보들에 의해 작동되는 것이다. 엔그램에서의 'fire together, wire together'가 랭그램에서의 'fire together, wire together'로 추상화된 것이다. SNN(Spiking Neural Network) 신경망은 실제 뇌에서 일어나는 동역학적인 세포 간의 활성화 과정을 모방하고 있지만, 아직까지 엔그램/랭그램 추상화 개념은 포함되지 않는다.

지금 눈앞에 BTS가 있다. 꿈에 그리던 BTS! 소름 돋는다. 믿기지 않지만 진짜다. 과연 진짜일까? 신경과학 관점으로 따져보자. 대상의 빛이 망막에 맺힌다. 무수한 뉴런들이 꼬리에 꼬리를 물고 각자 맡은 부분적 정보들을 전달한다. 100% 전달되나? 각자의 개성

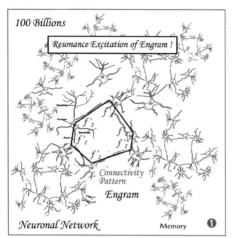

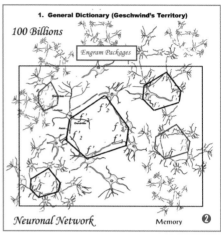

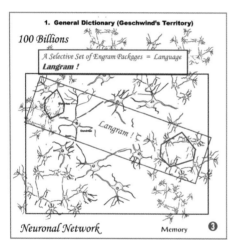

❶ 엔그램 패턴
❷ 엔그램에서 랭그램으로 번역 과정
　(Geschwind's Territory)
❸ 번역 완료된 랭그램 패턴
　(출처: Jang-Hee Cho Summer Seminar)

(역치)과 주고받는 관계(시냅스 연결강도)에 따라 다르다. 일대일 전
달도 아니다. 수천 곳에서 받은 정보들을 나름대로 취합하고 분석
하여 수천 곳으로 내보낸다. 이런 릴레이 전달이 얼마나 계속될까?
족히 지구 100바퀴는 된다.

　이쯤 되면 원래 정보가 훼손되지 않고 온전히 전달되는 게 가당키나 한 얘긴가! 지구별에 사는 모든 인간들보다 열 배나 많은 인원(뉴런)들이 이 일에 참여한 끝에 다수결 원칙으로 결정된 종합적 의견일 뿐이다. 사실 그대로의 전달하고는 거리가 한참 멀다. 지금 내 눈앞에 BTS가 있나? 망막으로부터 시작하여 지구 100바퀴의 멀고 먼 릴레이 여정을 돌고돌아 온갖 의견들을 수렴한 끝에, 빛이라고는 하나도 없는 컴컴한 두개골 안쪽의 밀실에서 전달받은 정보에 따르면… BTS가 앞에 있다! 진짜다! 소름 돋는다!

4. 인공신경망

인공신경망 구조

인공신경망은 노드(뉴런)들의 그룹으로 연결되어 있으며 이들은 뇌의 방대한 뉴런의 네트워크와 유사하다. 그림에서 각 네모 모양의 노드는 인공 뉴런을 나타내고 화살표는 하나의 뉴런의 출력에서 다른 하나의 뉴런으로의 입력을 나타낸다. 이들 화살표 상에 위치하는 원은 시냅스로서 뉴런 사이의 연결강도(가중치)를 나타낸다.

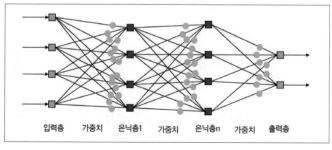

인공신경망 구조

오류 역전파 알고리즘

헤브가 제시한 시냅스의 가소성, 즉 가중치 학습을 구현한 알고리 즘이 오류역전파(error back-propagation) 알고리즘이다. 그림에서 처럼 학습은 전방향으로 출발된다. 네트워크를 경유하면서 관련 정보들이 다수결로 취합되어 마침내 결과 값을 출력한다. 만약 결 과 값이 원하는 모범 답과 일치한다면, 더 이상 학습은 필요 없다.

하지만 원하는 값이 아니라면 잘못에 관여한 시냅스, 즉 가중치 들을 가려내고 잘못한 정도를 따져가면서 해당 값만큼 수정해야 한다. 다층신경망에서는 출력 부분에서부터 시작하여 역방향으로 신경망 레이어별로 수정이 이루어진다. 수정을 가하는 정도, 즉 학 습률(learning rate)도 고려해야 한다. 한꺼번에 정답을 수정할지, 아 니면 조금씩 수정해 나가는 것이 좋을지 시행착오적으로 진행해 나가야 한다. 문제영역의 특성이나 주어진 예제 등에 따라 다르기 때문이다.

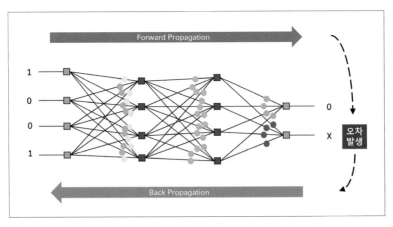

학습 개념: Forward propagation vs Back propagation

이제 간단한 예제를 통해 오류역전파 학습의 기본 개념을 이해해 보자. 아래 표는 다섯 가지 외모적 특성과 혈액형과의 관계를 보이고 있다. 물론 본 표는 임의로 작성한 것으로 실제와는 전혀 관련이 없다. 이제 사용자의 다섯 특성을 입력 받아 혈액형을 알아맞히는 인공신경망 기반 분류시스템을 만들고자 한다. 이를 위해 표에 정리된 모범 답안을 통해 오류역전파 알고리즘을 이용한 지도학습을 진행한다.

예제 신경망은 그림과 같이 임의로 구성하였다. 두 개의 뉴런으로 구성된 뉴런레이어가 두 개다. 즉 네 개의 뉴런과 아홉 개의 시냅스로 구성된다. 시냅스는 동그라미로 표현되었으며, 그 안의 숫자는 초기 가중치를 나타낸다. 뉴런 N1, N2, N3, N4는 네모로 표현되었다. 각 뉴런은 퍼셉트론으로서 역치(threshold)는 0으로 정하였다.

먼저 O형의 경우를 학습시켜 보자. forward propagation은 다음

Output Input	A형 (0 1)	B형 (1 0)	O형 (0 0)	AB형 (1 1)
수염 (yes=1, no=0)	1	0	1	1
안경 (yes=1, no=0)	1	0	0	1
머리 색 (dark=1, no=0)	0	0	1	1
무게 (heavy=1, no=0)	1	1	0	0
키 (tall=1, no=0)	0	1	1	0

오류역전파 학습 예제: 혈액형 판별법

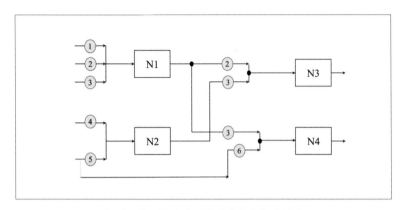

뉴런 4개로 구성된 인공신경망의 초기 상태

과 같이 진행된다. 입력(1 0 1 0 1)이 각 시냅스로 할당되어 계산되
면, N1의 입력 총합은 4(= 1×1+0×2+1×3)이고, N2의 입력 총합은
5(=0×4+1×5)가 된다. N1과 N2 모두 활성화 조건(0보다 크다)이 충
족된다. 따라서 다음 레이어 N3와 N4의 입력 총합은 각각 5(=1×
2+1×3)와 9(=1×3+1×6)가 된다. 따라서 두 뉴런 모두 활성화되어,
(1 1)이라는 최종 출력 값을 내게 된다. 하지만 안타깝게도 둘 모
두 원하는 값이 아니다. 표에 나타난 바 O형의 모범 답은 (0 0)이기
때문이다. 잘못을 저질렀으면 벌을 달게 받아야 한다. error back
propagation이 시작된다.

먼저 N3 출력을 살펴보자. 0이 나와야 하는데, 1이 나왔다. 그 차
이는 1에 불과하지만, 이것은 문턱값을 통과한 뒤의 일이다. 문턱
값을 지나기 전의 총합은 5인데, 이 값이 음수여야만 문턱값 통과
후 원하는 값 0이 될 것이다. 따라서 학습에 필요한 Error값은 5보
다 커야 한다. 여기서는 Error=6으로 놓자. 다음으로는 N3의 입력

2부 혁명(Revolution)

5를 만드는 데 기여한 두 시냅스의 가중치를 수정하는 일이 필요하다. 먼저 N1과 N3사이의 시냅스는 N1의 출력값 1에 자신의 가중치 2를 곱하여 2를 N3에 넘겼다. 다음 N2와 N3 사이의 시냅스는 N2의 출력 1을 자신의 가중치 3에 곱함으로써 3을 N3에 전달했다. 즉 두 시냅스는 문턱값 이전의 5를 만드는 데 각각 2/5과 3/5만큼 책임이 있다. 즉 N1과 N3 사이의 시냅스가 책임져야 할 error(N1/N3)=2/5×6=2.4다. 마찬가지로 N2와 N3 사이의 시냅스가 책임져야 할 error(N2/N3)=3/5×6=3.6이다. 이제 잘못을 유발시킨 책임량을 알아냈으니, 그 값만큼 초기 값에서 빼주면 된다. 여기서 잘못을 100% 그대로 반영할 것인지, 아니면 조금만 반영할 것인지 결정할 수 있다. 이것을 학습률(B)이라 한다. 역전파 학습 알고리즘을 적용시켜 보자. 편의상 B=1이라 하자.

$$W_{new}N1/N3 = W_{old}N1/N3 - B \times error(N1/N3) = 2 - 1 \times 2/5 \times 6 = -0.4$$

$$W_{new}N2/N3 = W_{old}N2/N3 - B \times error(N1/N3) = 3 - 1 \times 3/5 \times 6 = -0.6$$

같은 방법으로 $W_{new}N1/N4$, $W_{new}N4$를 구하면 각각 -0.33과 -0.67을 얻을 수 있다. 이제 다음 레이어로 넘어가 보자. 첫 번째 레이어는 Error값을 가시적으로 쉽게 구할 수 있었지만, 두 번째 레이어는 쉽지 않다. Error값에 대한 추정이 필요하다. 먼저 N1의 Error는 N1의 출력이 그 뒤의 뉴런들에 끼친 잘못들의 평균값을 따져야 한다. N1은 N3쪽으로는 2/5 비율로 잘못했고, N4쪽으로는 1/3 비율로 잘못을 저질렀다. 즉 평균 (2/5+1/3)/2=0.365 비율로 잘못에 책임이 있다. 따라서 Error(N1)=4×0.365=1.46이 된다. 이것은 N1의 입력 총합 4가 문턱값을 넘어감으로써, 뒤쪽에 잘못된 영향을 끼친 비율이 0.365니까 총 Error(N1)는 1.46이어야 한다는 것이다. 이제 N1의 입력에 관여한 세 시냅스의 가중치는 앞서와 마찬가지 방법으로 처리된다. 즉 0.616, 2, 1.848이 된다. 두 번째 시냅스의 가중치는 그대로이다. 처음 입력이 0이었기에 아무런 잘못도 없다. 조금은 복잡한 듯하지만, 아이디어는 간단하다. 잘못을 범한 데 따르는 책임량을 꼼꼼히 따져서 그만큼 수정을 가하면 된다.

본 예제는 단순한 퍼셉트론을 통해 설명했지만, 실제로는 편미분 방정식을 통한 세밀한 수학적 적용이 뒤따라야 한다. 좀 더 관심 있는 독자라면 앞의 모범답안 표를 근거로 계속해서 학습 과정을 진행해 보기 바란다. 충분한 학습이 진행되었다고 여겨지면 테스트

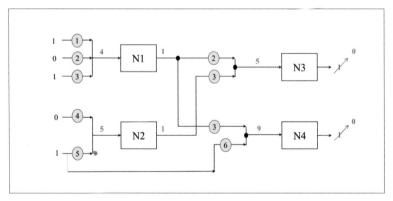

O형에 대한 Forward propagation 결과

2부 혁명(Revolution)

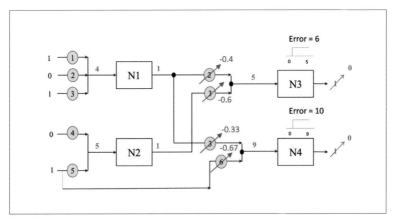

1단계 Backward propagation 학습에 따른 가중치 수정

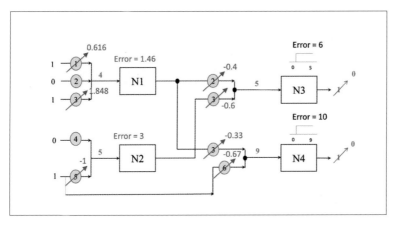

2단계 Backward propagation 학습에 따른 가중치 수정

단계로 넘어가서 임의의 외형적 특성에 대해 혈액형을 잘 맞추는
지 확인해 보기 바란다. 물론 쉽지는 않을 것이다. 여러 가지 문제
가 나타날 것이다. 물론 이를 극복하기 위한 여러 기법들도 등장한
다. 다음 장 딥러닝에서 추가로 설명한다. 참고로 알파고 초창기 모

델은 슈퍼컴퓨터로도 학습하는 데 무려 8달이나 걸렸다는 점을 이해해야 한다. 무수한 시행착오 과정이 필요하기 때문이다.

인공신경망 응용

인공신경망의 응용분야에 대해서는 이미 각종 문헌에 풍부한 사례들이 상세히 소개되고 있는 바, 여기서는 주요 분야만 간략히 소개한다.

- 분류(classification): 선형, 비선형 분류 문제
- 인식(Recognition): 음성 인식, 글자 인식, 안면 인식, 이미지 인식
- 제어(Control): 목표 계획 설정에 따른 행위 실행
- 예측(Prediction): 상황 변화 추정 및 예측
- 최적화(Optimization): 탐색 공간에서 최단 탐색 경로 찾기

5. 마무리 글

하나의 뉴런에 지능이나 의식 따위는 없다. 하지만 뉴런의 네트워크에는 지능과 의식이 자리한다. 우리는 자신이 지각하고 결정하고 행동하는 하나의 통일된 실체라고 여긴다. 하지만 신경과학의 입장에서는 정신의 통일성이란 엄청난 수의 뉴런들이 일으키는 스파이크와 전달물질 분비를 은폐하는 환상에 불과하다. 만일 뉴런 전체의 활동을 관찰할 수 있다면, 무슨 생각을 하는지 해독이 가능

할 것이다. 물론 이를 위한 방대한 사전이 필요할 것이다.

관념은 뉴런들에 의해 나타난다. 관념들의 연상은 뉴런 간의 연결에 의해, 기억은 다수 뉴런들이나 시냅스의 사슬에 의해 이루어진다. 기억의 회상은 단편적 자극으로 시작된 활성화가 퍼져 나가면서 생겨난다. 기억은 여러 연결의 패턴으로 저장된다. 재가중과 재연결로 패턴들은 변화된다.

뉴런은 다수가 협력하여 작동된다. 단위 소자인 뉴런은 다수결 소자이다. 뇌의 정보는 발화되는 것과 침묵하는 것에 따른 흥분 패턴으로 표현된다. 이 패턴은 뉴런 간의 상호작용을 통해 시간과 함께 변화된다. 뇌가 유연하게 작동하는 것은 시냅스 강도가 자율적으로 변하기 때문이다. 즉 시냅스의 가소성 때문이다. 이로 인해 학습과 기억이 가능하다.

뇌는 고도로 분화되고 국소화된 계층적 병렬 컴퓨터이다. 피드백 결합이 풍부하기 때문에 동적 병렬 컴퓨터다. 얼마든지 재연해 낼 수 있다는 얘기다. 물론 현재의 인공신경망에는 한계가 있다. 동적으로 활성화되며, 피드백되며, 계층구조적이며, 패턴 단위(인그램, 랭그램)로 동시다발적 스파이크를 일으키며 공조되는 양상을 띠는 인간 뇌의 모델링을 위해서는 아직도 많은 연구가 뒤따라야 한다.

인간 두뇌의 디지털 재연을 목표로 스위스에서 블루 브레인 프로젝트가 시작된 지 10년이 지난 2015년 드디어 첫 번째 주요 결과가 발표됐다. 쥐 블루 브레인 프로젝트 얘기다. 31,000개의 가상 뇌 세포에 3,700만개의 시냅스로 연결된 쥐의 뇌를 슈퍼컴퓨터를 통해 완벽하게 재연해낸 것이다. 쥐의 디지털 트윈이 생성되었으

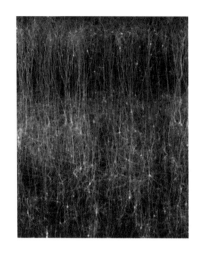

3만개 뉴런을 갖는 쥐의 뇌를
재연한 3D 시뮬레이션 모델
(출처: Nature 2015)

니, 이제 남은 일은 세밀한 생물학적 컴퓨터 시뮬레이션을 통해 쥐
뇌의 구조와 기능을 규명하는 일이다.

인간의 뇌세포는 10^{11}개다. 쥐보다 10^7배가 더 많다. 30년 전 MIT
브룩스 교수의 벌레로봇은 세포 50개로 시작했다. 30년 사이에 세
포수가 10^3배가 늘었다. 이제 인간까지 고작(?) 10^7배 남았다. 언제
일까? 가능할까? SF영화 〈트렌센덴스〉의 주인공인 천재과학자가
AI슈퍼컴퓨터를 발표하는 자리에서 질문에 답하는 대목으로 마무
리한다.

"당신만의 신을 창조하려 하는가?"
"우리 인간은 늘 그래오지 않았나요?"

2부 혁명(Revolution)

제11장 **딥러닝**

- 명령만 내리소서!

딥러닝은 인간의 뇌를 모방한 신경회로망을 개선시킨 인지 알고리즘이다. 이것은 기존의 인식문제에 있어서의 개념화/추상화 문제를 새로운 관점으로 해결해줌으로써 AI 발전에 큰 돌파구를 열어준 획기적인 연구로 평가받고 있다. 실제 인식이나 식별 그리고 제어 영역에서 크게 활용되고 있다. 하지만 여전히 수치데이터를 기반으로 하는 상향식 AI의 하나일 뿐이다. 뇌구조의 모방인 것이다. 따라서 논리데이터를 기반으로 하는 하향식 AI가 추구하는 추론, 판단, 사유, 의도 등 마음의 모방은 불가하다. 그럼에도 불구하고 오늘날 딥러닝이 AI 대표주자로 우뚝 선 것은 우리들의 편견을 깨부순 탓일 것이다.

우리들은 우리가 아는 선험적인 지적 수준이 엄청난 것이어서 누구도 쉽게 따라잡지 못할 것으로 여긴다. 엄청난 노하우가 쌓인 듯 자만한다. 만물의 영장이니까. 하지만 엄청나게 많은 양의 데이터를 엄청나게 빠른 속도로 처리하는 멍청한(?) 기계 앞에서는 소용없다. 이제 이성적인 판단을 요하는 일들, 예컨대 바둑, 스타크래프트, 의료진단, 법률분석, 운전 등은 기계에 맡기는 게 낫다. 심지어 시, 소설, 음악, 미술 등 창작에서도 밀려날 판이다. 그들만의 방식이, 즉 엄청난 양의 데이터를 엄청난 속도로 처리하는 것, 우리들만의 영역이라 여겼던 지능적 작업에도 먹히는 것이다. 자존심 상한다면, 지금이라도 지능의 정의를 새롭게 써야 할 것이다.

엄청나게 빨리 많이 처리하는 무식한(?) 방식이 빛을 발휘하게 된 것은 학습 기능 때문이다. 러닝(학습) 패러다임은 전형적으로 크게 세 가지로 분류된다. 첫째, 인공신경회로망을 이용하는 패러다임으로 퍼셉트론으로 시작된 머신러닝 또는 딥러닝 방법이 있다. 둘째, 심볼 개념의 학습 패러다임으로서 논리학 기반의 전문가시스템이 있다. 셋째, 데이터 집약적 패러다임으로서 확률통계학 기반의 빅데이터 분석, 즉 데이터사이언스 방법이 있다.

본 장에서는 기존의 공식이나 법칙(휴리스틱)으로 접근하기 어려운 경우(즉 둘째 또는 셋째 방법으로는 접근이 어려운 경우), 즉 데이터를 이용해 모델을 구하는 학습 기법을 소개한다. 다시 말해 분류나 예측, 군집화 등의 학습 문제를 모델이나 알고리즘을 이용해 해결하는 방법으로 요약된다. 편의상 컴퓨터과학에서는 머신러닝이라 하며, 통계학에서는 데이터 마이닝이라 칭한다.

아래 그림에 정리된 바, 머신러닝은 두 단계에 걸쳐 진행된다. 첫 번째는 훈련(Training) 단계다. 미리 준비된 학습 데이터를 활용해 모델의 내부변수(parameter)를 학습해 나가는 과정이다. 즉 최적의 시냅스 가중치를 찾아내는 작업이다. 두 번째 단계는 검증(Testing)

이다. 학습된 모델이 제대로 작동되는지 확인하여 실질적으로 활용하는 단계다. 물론 뒤에 소개할 학습 방법에 따라 조금씩 운용 방법이 다르지만, 가장 기본적인 지능 메커니즘이다. 이미 앞 장 AI의 원리에서 언급한 바, 앎(모델)을 형성한 뒤, 앎을 활용하여 실세계에 적용하는 것이다. 엔도모픽 시스템의 기본적인 작동법에 다름 아니다.

이제 머신러닝의 대표적인 세 가지 학습법에 대해 살펴보자.

1. 지도학습(Supervised Learning)은 '입력'에 대한 '출력' 오차를 줄이도록 모델을 수정하는 방법이다. 즉 지도학습 데이터는 "입력 | 정답"의 쌍으로 구성된다. 여기서 정답은 사전에 정의된 카테고리(레이블)를 뜻한다. 알파고 초기 버전의 경우 (AlphaGo_Lee), 기존 인간 고수들의 기보 10만 건 이상을 몇 달에 걸쳐 지도학습을 진행시킨 바 있다. 전형적인 활용으로는 분류와 예측 문제를 들 수 있다. 분류 모델은 안면인식 등 입력데이터의 해당 범주를 판별하는 문제에 적용되며, 예측 모델은 주가예측 등 입력데이터의 변화 추세를 예측하는 문제에 적용된다.

2. 비지도학습(Unsupervised Learning)에서는 '입력'만 있고 정답은 주어지지 않는다. 비지도학습 데이터는 오직 "입력"뿐이다. 레이블이 부여되지 않은 것이다. 따라서 비지도학습은 군집화(clustering)에 특화된 학습으로서, 지도학습의 분류모델과 유사해 보이지만 완전히 다른 응용성을 갖는다.

3. 강화학습(Reinforcement Learning)은 머신러닝의 꽃이라 불리

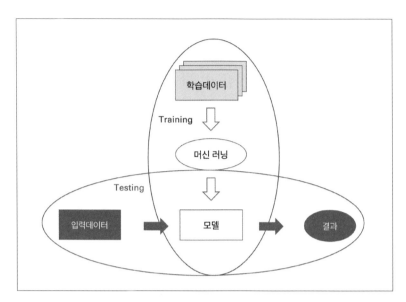

머신러닝 개념

는 핵심적 학습법이다. 이 학습에는 '입력'과 '출력' 그리고 출력에 대한 평가값이 주어진다. 즉 강화학습 데이터는 "입력 | 출력 | 평가 점수"의 형태를 취한다. 행동 심리학에서 나온 이론으로서, 분류할 수 있는 데이터가 존재하는 것도 아니고, 데이터가 있어도 정답이 따로 정해져 있지 않아서 자신이 한 행동에 대해 보상(reward)을 중심으로 학습하게 된다. 알파고 초기 버전인 AlphaGo_Lee는 지도학습과 강화학습을 모두 적용하였지만, 나중에 나온 알파고인 AlphaGo_Zero는 오직 강화학습만으로 이틀 동안만 학습하고도 AlphaGo_Lee를 100 : 0으로 물리쳤다. 지도학습은 일종의 편견을 심는 게 될 수 있다. 모범답안을 주입시키기 때문이다.

2부 혁명(Revolution)

1. 딥러닝 개요

머신러닝 중에서 심층신경망을 이용한 머신러닝을 딥러닝이라 한다. 통상 6개 미만의 은닉 층으로 구성된 신경망은 Shallow Learning, 6~10개의 심층신경망을 이용하면 Deep Learning, 10개 이상이면 Very Deep Learning이라 부른다.

McCulloch-Pitts의 뉴런 모델로부터 인공신경회로망 연구가 촉발되었음은 이미 앞장에서 설명한 바 있다. 뇌의 가소성을 강조한 Hebb의 학습 이론이 뒤따르고, 퍼셉트론이 제안됨으로써 인공신경회로망은 AI 중심으로 우뚝 섰다. 하지만 민스키의 XOR 문제 제기로 인해 십여년 간의 암흑기를 견디며 은닉층의 개념을 통해 되살아나, 본격적인 다층 신경망시대가 열린 것이다. 여기에 오류역전파(Back-propagation) 알고리즘으로 학습 문제까지 해결되지만, 다시 여러 문제로 십여년 간 정체기를 맞는다. 그리고 현재에 이르러 AI 전용 GPU, 클라우드 컴퓨팅 환경 등의 등장으로 컴퓨팅 파워가 획기적으로 개선되었고, 오픈소스 개발 환경 조성에 의해 데이터 활용은 물론 연구 공유의 폭이 넓어졌으며, 딥러닝의 아버지로 불리는 제프리 힌튼에 힘입어 개선된 신경회로망 등 SW적 문제마저 상당 부분 해결되기에 이른다.

이제 딥러닝의 대표주자 심층신경망(CNN: Convolution Neural Network)에 대해 살펴보자. 먼저 인간 뇌에서 벌어지는 시각 인지과정을 예로 시작한다. 그림에서처럼 고양이를 보면 우리는 즉각적으로 고양이인 줄 바로 안다. 하지만 그것은 실로 길고 긴 과정의 결과다. 망막을 시작으로 외측슬상핵(LNG: Lateral Genculate Nucleus), 1차 시각 피질, 2차 시각 피질, 3차 시각 피질을 거쳐 후두 피질(LOC: Later Occipital Cortex)에 이르러서야 무의식 차원에서의 형상적 식별이 완료된다.

LNG에서는 두 눈의 망막을 통해 입력된 스테레오타입의 시각데이터가 통합됨으로써 원시 이미지데이터가 완성된다. 다음으로 1차 시각 피질에서는 엣지(특징적 라인)가 추출된다. 다음으로 2차 시각 피질에서는 기본적 쉐이프(특정 형태)들이 추출된다. 3차 시각 피질에서는 눈, 코, 귀, 수염 등 부분적 대상들에 대한 식별이 진행된다. 마지막으로 LOC에 도달해서야 비로소 대상에 대한 전체적인 모습이 파악된다. 이를 근거로 편도체가 활성화되면, 친밀한 대상이다, 아니면 위험한 대상이다 등등 좋고 싫음에 대한 감성적 결정이 내려진다. 물론 아직은 의식 차원 이전의 단계로 언어적으로 대상이 '예쁜 고양이이다' 등의 인식은 불가능한 상태다.

이러한 인간 인지과정을 모사한 것이 CNN이다. 특징 추출을 위한 특징 추출 필터를 사용하는데, 이것을 컨벌루션 필터라 한다. 부분에 집중하여 부분적 특성을 추출하는 데 최적화된 방법이다. 컨벌루션 필터 하나는 뉴런 하나에 해당된다. 첫 번째 뉴런 층에서는 엣지 추출에 적합한 필터가 적용되고, 다음 층에서는 쉐이프, 다음 층에서는 부분적 모습, 다음 층에서는 대상 전체의 모습 등 뉴런 층이 깊어 갈수록 전반적 특징이 점점 또렷하게 드러난다. 사람의 주요 특징을 콕 집어내 도드라지게 강조함으로써 개성을 한껏 살려주는 캐리커쳐 그림과 같다. 물론 앞의 뇌 인지 사례에서 설명한 바와 같이 3~4개의 단계에 그치는 것은 아니다.

CNN에서는 컨벌루션 필터의 효율적 학습을 위해 각 층마다 ReLU(Rectified Linear Unit) 활성화함수, 그리고 풀링(pooling) 등이 적용된다. ReLU는 오류역전파의 학습 효과를 높이기 위한 방법이며, 풀링은 차원축소를 통해 특징을 더욱 도드라지게 만드는 방법이다. 이와 같이 여러 단계의 심층 구조를 통해 CNN은 효과적으로 이미지를 식별해 낼 수 있다. 따라서 안면인식 등 수많은 분류 문제는 물론 바둑 판세, 나아가 스타크래프트와 같은 게임에서의 상황 식별에 이르기까지 다양한 분야에서 활발하게 활용되고 있다.

CNN의 핵심 개념인 컨벌루션 필터에 대한 이해를 위해, 앞장에서 다뤘던 뉴런 시냅스를 통해 설명해 보자. 그림의 예에서 입력 이미지는 3×3의 이진수 값으로, 컨벌루션 필터는 2×2의 이진수 값으로 구성되어 있다. 필터링은 입력 이미지 맨 처음부터 시작한다. 이미지와 필터 간에 맞물린 위치의 픽셀 값끼리 곱한 뒤, 전체의 합을 구한다. 그런 다음 필터를 한 칸 옆으로 이동하여 똑같은 방법으로 계산한다. 이미지 모든 구간에서 계산 작업이 완료되면 출력 이미지가 생성된다. 이 구조는 그림에 나타난 바와 같이 4개의 뉴런과 16개의 시냅스로 구성된 신경망과 동일하다.

인간 뇌의 경우 심층적 추상화는 변연계에서의 무의식 단계로부터 시작하여 대뇌 신피질의 의식 단계로까지 확장된다. 거듭된 진화 속에 대뇌 신피질의 추상화 계층은 6층까지 자라났다. 말하자면 신피질은 거대 패턴 분석 도시와 같다. 이 거대 도시는 6층 빌딩 50만 개로 이루어져 있다. 매 빌딩의 각 층마다 100개의 패턴 분석실

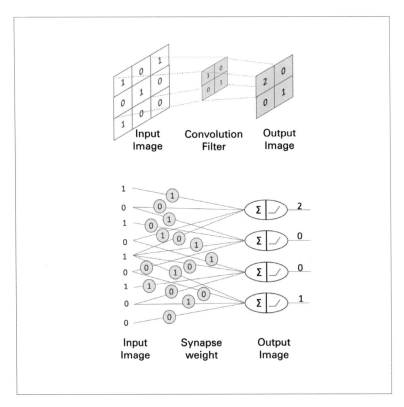

컨벌루션 필터는 시냅스에 해당된다.

이 있다. 하나의 분석실에는 뉴런 100개가 자리하여 패턴 분석 작업을 진행한다. 따라서 신피질이라는 거대 패턴 분석 도시 전체의 뉴런 수는 총 300억 개에 달한다.

6층 빌딩의 아래쪽 층에서는 감각이나 운동 처리 등 무의식적 패턴 처리를 주로 담당하며 위층으로 갈수록 언어 및 개념 등의 의식적 패턴 처리가 이루어진다. 즉 아래층은 엔그램 단위로 처리되고 위층은 랭그램 단위로 처리된다. 앎, 즉 정보 표현의 추상화를 통해 효율적인 정보처리를 달성하려는 방향으로 진화가 거듭된 끝에 6층까지 세워진 것이다. 거대 패턴 분석 도시는 감성과 이성을 아우르는 의식의 주도하에 일사분란하게 움직이며 엄청난 양의 분산병렬처리를 수행한다.

그림은 산책 중 갑자기 독사와 마주친 경우, 신피질의 계층구조적 작동 개념을 예로 소개한다. 계층은 가장 아래층부터 6층 구조로 되어 있다. 실세계에 대한 직접적인 지각은 맨 아래층에서 일어난다. 2층부터 6층까지는 추상화된 이미지(정보)에 대한 간접적인 지각이다.

1층에서는 직접적인 지각에 따른 본능적 1차 반응이 일어난다. 심장박동, 근육수축, 호흡곤란 등 무의식 반응이 일어난다.

1층의 주요 정보들, 즉 동시다발적으로 발화된 엔그램 패턴 정보들은 추상화되어 2층으로 올라간다. 여기서는 우리들 DNA에 각인된 공포대상들의 형상에 대한 정보와의 비교를 통해 2차적인 감정적 반응이 일어난다. 두려움과 혐오감 등의 무의식적 반응이다. 아직도 뱀이라는 인지는 일어나지 않은 상황이다. 감정 반응은 호르몬 분비를 촉진시켜 온몸을 비상사태로 전환시킨다. 호흡이 빨라지고, 심장이 뛰고, 식은땀이 나며, 근육은 경직된다.

중요한 2층의 엔그램 정보들은 3층으로 올라가며 랭그램으로 거듭난다. 즉 게쉐윈트에 위치한 장기기억의 언어 랭그램 패턴과의 매칭을 통해 마침내 언어, 개념의 영역으로 대상을 파악하기 시작한다. '세모', '원형', '빨간색' 등 부분적 언어화가 진행된다.

4층에서는 '세모난 얼굴', '붉은색 몸통', '길게 날름거리는 혀' 등

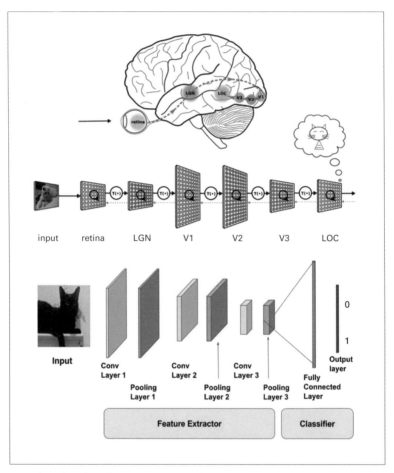

뇌 시각 인지 과정 vs. CNN 인지 과정 (출처: LearnOpenCV and Neuwrite)

좀 더 추상화된 형태의 정보로 파악된다. 장기저장소의 언어기억을 참조 비교하여 진행된다.

다음으로 5층에서는 종합적인 식별 결과가 드러난다. 장기저장소 중 의미 기억, 즉 학교에서 사전적으로 배운 독사에 관한 정보를 참조하여 "독사다. 흥분상태다. 대단히 위험하다." 등의 결론이 내

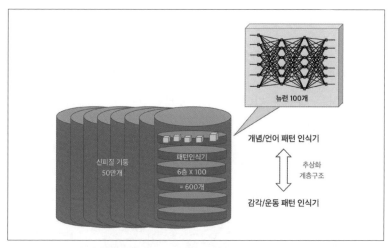

신피질은 50만 개 빌딩 × 6층 × 100개 방 × 100개 뉴런의 거대 패턴분석 도시

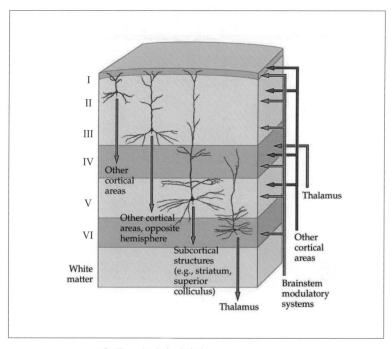

6층 구조의 대뇌 신피질 (출처: Neuroscience)

려진다.

마지막 6층에서는 장기저장소 중 일화 기억, 즉 과거 뱀을 만났던 경험담을 호출해내어, 실행계획을 확정짓는다. "급작스런 공격을 대비하는 자세를 취하되, 뱀이 흥분하지 않게 천천히 뒷걸음치면서 피하자!"

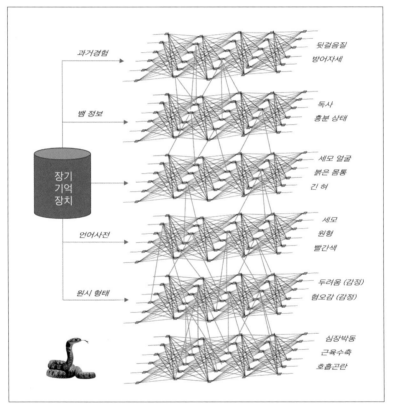

6층 신피질 작동 개념: 무의식에서 의식까지

2. 알파고

바둑판에 놓여 있는 흰 돌과 검은 돌의 상태를 게임의 관점에서는 판세라 부른다. 판세를 잘 분석하면 승자가 된다. 달리 말하면 이미지 분류, 즉 패턴 분석 문제다. 바둑돌 하나를 바둑판에 올려놓으면 상태가 바뀐다. 현 상태에서 행위를 가하면 다음 상태로 바뀐다. 전형적인 means-end 탐색 문제다. 행위(means)를 하다보면 목적지(end)에 도달한다는 얘기다. 문제는 얼마나 효과적으로 목적지에 도달하느냐다. 탐색 알고리즘이 필요한 이유다.

그런데 바둑과 같은 게임에서, 행위는 나와 적이 번갈아 한다. 서로의 입장이 다르다. 나는 나의 점수를 올리려 하고, 적은 나의 점수를 깎아 내리려 한다. 이것이 mini-max 게임트리 문제다. 바둑과

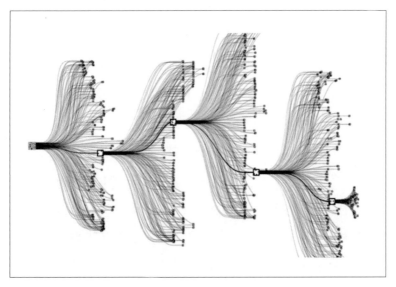

바둑의 게임트리 (출처: AlphaGo 논문)

같이 경우수가 무한대인 게임에서는, 인간 고수도 기껏해야 3~4개의 경우 수만 고려한다고 한다. 물론 각 경우에 대해 3~4수 깊이까지 고려하여 최종적으로 결정한다고 한다. 알파고도 크게 다르지 않다. 판세 분석을 위해 이미지의 특징 추출에 최적화된 CNN을 사용한다. 경우수별 승률의 예측을 위해 Monte-carlo 시뮬레이션 방법을 사용한다. 이를 기반으로 지도학습과 강화학습을 통해 트레이닝시킨 것이 알파고다. 기본 메커니즘은 인간과 다르지 않지만, 계산속도와 기억용량이 엄청나기에 좀 더 많은 경우수를 검토할 수 있도록 정교한 알고리즘을 적용하였을 뿐이다.

Mini-Max 게임 탐색 트리

1900년 초반은 미국과 소련 간의 갈등이 고조된 시대다. 미소 간의 전력 게임에서 우위를 점하기 위해 미국 정부는 폰 노이만에게 도움을 청한다. 히로시마 원자폭탄 설계를 위한 맨해튼 프로젝트에 라이벌 아인슈타인과 함께 차출되었던 그로서는 정부의 요청이 더 이상 반갑지는 않았을 텐데, 그는 전략 게임 이론을 세운다. Mini-max 게임 이론의 배경이다.

그림에 나타난 바, 현 상태는 S1이다. 내가 둬야 할 차례다. 당연히 나의 입장에서는 (내)점수를 최대화시킬 수 있는 방향으로 움직일 것이다. 그래서 S1을 maximizing level이라 한다. S2와 S3 둘 중 어느 상태가 되도록 움직여야 최선의 선택일지 결정해야 한다. 하지만 아직은 알 수 없다. 적이 둘 차례이기 때문이다. 적은 내 점수를 최소화시키는 방향으로 움직일 것이다. 그래서 S2와 S3 노드를

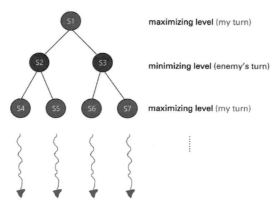

Mini-Max 게임 탐색 트리

minimizing level이라 한다. 이처럼 나와 적이 번갈아 가면서 탐색 공간을 형성해 가기에 적대적 탐색 트리(adversarial searching tree) 또는 교대적 탐색 트리(alternatives searching tree)라고 부른다.

언제까지 트리가 계속될까? 문제 영역마다 다를 것이다. 바둑과 같이 대부분의 게임에서는 무한대에 가깝다. 그럼 언제까지 따져 보고 최선의 답을 찾을 것인가? 적절한 너비와 적절한 깊이를 선택해야 한다. 인간 바둑 최고수는 네 개의 경우 수에 대해 네 레벨 깊이의 상태 각각에 대한 점수(바둑집수)를 추정해서 최종 선택을 한다고 알려져 있다. 아무튼 예상되는 점수를 정확히 알아야 최적의 선택이 가능하다는 것은 자명한 이치다.

몬테카를로 시뮬레이션

알파고에서는 승률을 평가할 때 휴리스틱 방법이 아닌 실제 시뮬레이션을 통해 승패를 직접 확인하는 방법을 도입하였다. 예상 승률의 정확도를 높이고자 함이다. 먼저 시뮬레이션 개념을 잠시 살펴보자. 문제를 푸는 수학 모델에는 크게 두 가지가 있다. 해석적 모델과 시뮬레이션 모델이다.

해석적 모델은 전형적인 방법으로 문제를 단순화시킴으로써 미적분, 방정식 등 기존의 선형적 또는 통계적 방법을 써서 한꺼번에 해석하는 방법이다. 전일론적 하향식 방법이다. 하지만 실세계는 선형적이거나 완전 랜덤하다기보다는 비선형이다. 해석적 모델은 전반적인 답을 구하는 데는 유용한 방법이지만, 있는 그대로의 모습을 반영하기에는 생략된 부분이 많다. 따라서 컴퓨터의 발전과 함께 나타난 것이 시뮬레이션에 의한 해석 방법이다. 이 역시 폰 노이만의 아이디어다. 시뮬레이션 방법은 무식하다. 가능한 모든 입력들을 직접 넣은 후 각각의 결과 값들을 종합적으로 분석하여 답을 구하는 방법이다.

많이 알려진 면적 구하는 방법을 예로 살펴본다. 그림에서 원의 면적을 구하는 문제다. 너무 쉽다. 우리는 이미 원주율 π=3.14를 잘 알고 있기 때문이다. 원의 면적 구하는 공식 πr^2을 구하면 끝이다. 이것이 해석적 방법이다. 문제는 원주율과 공식을 알고 있어야 한다는 것이다. 이제 시뮬레이션 방법으로 구해 보자. 방법은 간단하다. 다트게임(화살 던지기)을 하듯, 사각형 안에 임의로 점을 찍어나가면 된다. 예를 들어 40,000번을 반복해서 던진 뒤, 원 안에 찍힌 점이 몇 개인지 세어 보자. 얼추 31,400번 내외는 원 안에 찍힐 것이다. 비율을 따지면 면적은 3.14임을 쉽게 알 수 있다. 시뮬레이션 횟수가 많아질수록 정확도는 높아진다. 당연히 정확한 랜덤값이

전제되어야 할 것이다. 주사위 놀이를 할 때도 확률이 정확히 1/6이 보장되어야 함은 말할 나위 없다. 도박으로 유명한 모나코의 도시가 몬테카를로다. 랜덤변수를 사용하는 시뮬레이션을 몬테카를로 시뮬레이션이라 부르는 이유다.

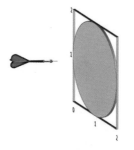

몬테카를로 시뮬레이션 개념

알파고 방법론

그림에 정리된 바와 같이 알파고의 게임트리 탐색 방법은 4단계로 요약된다. 기본적인 아이디어는 간단하다. 먼저 내가 둘 수 있는 적절한 착점 몇 군데를 바둑판세 이미지 분석을 통해 찾아 나간다. 내가 해당 위치에 돌을 놓았을 때 다음 순서는 적의 차례다. 적의 입장에서의 최적 착점도 똑같은 방법으로 찾는다. 이러한 깊이우선 탐색 과정을 되풀이하여 적절한 깊이까지 따져나간다. 그런 다음에 해당 상태에 대한 현재 가치(점수)를 따진다. 나의 집수를 추정한다.(그림에서 2 7 1 8) 여기까지는 인간과 다를 바 없다.

알파고는 여기서 게임이 계속될 때의 예상되는 평균 점수를 몬테카를로 시뮬레이션을 이용해 통계적으로 계산해낸다.(그림에서 8 2 0 5) 이렇게 계산된 경우수별 시뮬레이션 결과 값(미래가치)을 앞서 계산된 현재가치 값에 더한 뒤,(그림에서 10 9 1 13) 그 값을 기준으로 상향식으로 mini-max 값을 계산해 나간다. 당연히 minimizing level에서는 최솟값(S2는 9, S3는 1)을 택할 것이고, maximizing level에서는 최댓값(S1은 9)을 선택할 것이다. 마지막

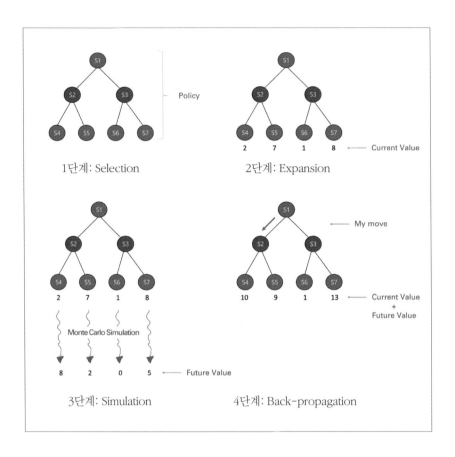

1단계: Selection

2단계: Expansion

Current Value

3단계: Simulation

4단계: Back-propagation

Monte Carlo Simulation

Future Value

My move

Current Value
+
Future Value

노드에서의 최적 가치값(9)이 정해지면 그쪽 방향으로 움직이는
것으로 결론짓는다. 방법론을 요약하면 다음과 같다.

- 1단계(Selection): 정책망(분기결정). 적절한 경우 수 선택(지도
  학습+강화학습)
- 2단계(Expansion): 가치망(승률 계산). 경우 수에 대한 현재가
  치 평가(강화학습)
- 3단계(Simulation): 몬테카를로 시뮬레이션. 경우 수에 대한

2부 혁명(Revolution)

미래가치 평가(통계)

- 4단계(Back-propagation): 현재와 미래 가치를 더하여 피드백. 최적 선택지 결정

알파고의 진화

인간 최고수를 물리친 알파고는 진화를 거듭했다. 지도학습과 강화학습 기반의 초기 버전은 AlphaGo_Lee라는 이름이 부여됐다. 뒤이어 개선된 학습이 적용된 AlphaGo가 등장하여 인간 최고수 60명을 모두 물리친다. 더 이상 오를 데가 없는 최강자이기에 AlphaGo_Master라는 명예가 부여된다. 하지만 그것도 잠시다. AlphaGo_Lee와 AlphaGo_Master를 가볍게 제압하는 역대급 최강자가 급부상한다.

AlphaGo_Zero는 AlphaGo_Lee보다 적은 컴퓨팅 파워로도 더 빠른 36시간만에 학습을 완료했다. AlphaGo_Lee가 학습하는 데 소요된 시간들을 합하면 약 8개월에 달한다. 이것을 채 이틀이 안 걸리는 동안 이루어낸 것이다. 그것도 지도학습 없이 오로지 강화학습만으로 학습한 것이다. 하지만 결과는 놀랄 만했다. 기존 AlphaGo와의 대결에서 백전백승을 거둔 것이다. 쟁쟁한 인간 고수의 노하우는 단 한 수도 배우지 않고 오직 혼자 맨땅에서 제로부터 시작해서 일군 엄청난 업적이다. 만물의 영장이라는 인간의 지성이 얼마나 한심한 고정관념에 불과했는지 통감하는 순간이다. 편견 없는 순수함의 승리다.

AlphaGo_Zero는 AlphaGo_Lee에 비해 몇 가지만 보완되었다.

첫째, 정책망과 가치망을 통합한 승률 계산 방식을 적용했다. 둘째, 몬테카를로 시뮬레이션 효율을 개선했다. 셋째, 컨벌루션 신경망을 약간 보완했을 뿐이다. 핵심은 지도학습을 안 썼다는 것이다. 고정관념을 벗어난다는 것은 그만큼 힘들다. 물론 바둑에 국한된 얘기다. 인간의 지성이 모두 편견에 치우친 것은 아니다. 하지만 우리는 이제 겸손해져야 한다. AI가 주는 교훈을 받아들여 깊이 사유하는 계기로 삼아야 한다.

AlphaGo는 더 이상 바둑을 두지 않는다. AlphaStar! 이제는 프로게이머다. 스타크래프트II 온라인 게임에 뛰어든 것이다. 픽셀수는 바둑보다 비교도 안 되게 많다. 게다가 게임 상황은 동적으로 끊임없이 변한다. 시공간적 변화의 효과적 반영을 위해 RNN(Recurrent Neural Network)이나 LSTM(Long Short Term Memory) 등의 신경망이 동원된다. 복잡도가 비교도 안 되게 높다. 그래서 그런지 아직 인간을 압도한다고 볼 수 없다. 상위 0.2% 수준이다. 물론 학습은 계속 진행되고 있다. 앞으로는 자율주행차나 로봇 등의 비정상적 상황에서도 최적의 의사결정을 내릴 수 있는 AI로 활용할 계획으로 알려져 있다.

3. 딥러닝의 한계

만약 어떤 동물이 생김새가 병아리 같고, 걸음걸이가 병아리 같고, 우는 소리가 병아리 같다면, 그 동물은 틀림없이 병아리일까? 언어학자 존설은 현재 AI의 한계를 이렇게 강조한다. "마음을 모델링한 프로그램은 형식기호 조작일 뿐이고, 그것만으로는 인과적 의도성 (마음)을 가질 수 없다." 그는 튜링 테스트의 한계는 물론 마음 프로그램의 가능성을 언급한 폰 노이만의 꿈마저 제지한다. 하지만 그것은 현 시점에서의 한계다. AI가 언어화, 개념화라는 경계선을 넘어선다면, 마음의 재연, 나아가 자아의식의 창발도 가능할 것이다. 그 출발점에 XAI(Explainable AI)가 있다.

화창한 봄날 저녁 냉면을 먹으며 AI에게 묻는다.
"너 이게 뭔지 아니?"
"냉면!" 출시된 지 얼마 안 된 AI-3가 답한다.
"네! 주인님 좋아하는 비빔냉면입니다." 함께한 지 1년이 넘는 AI-2의 답이다.
"화창한 봄날 저녁의 비빔냉면이라! 그것도 냉면위에 오이채가 얹어있네요! 첫사랑 생각이 간절하시겠어요. 그분도 지금쯤 추억을 그리워할 텐데요. 찾아 드릴까요?" 10년 지기 AI-1라면 이 정도는 돼야하지 않을까?

이야기의 주인공은 오래전 벚꽃 만발한 화창한 봄날, 첫사랑을 만났다. 저녁에 그녀가 좋아하는 냉면을 함께 먹었다. 그녀는 비빔냉면 위에 얹어 나오는 오이채를 빼내고 먹는다. 그 후로 주인공의 머릿속엔 강력한 기억회로가 형성된다. 봄날, 벚꽃, 냉면, 오이, 첫사랑이라는 랭그램 간에 두터운 시냅스 고리가 형성된 것이다.
XAI의 '식별'과 AGI의 '이해' 간 차이는 뭘까? 명칭의 사전적 의

미와 속성 정보만을 아는 것이 '식별'이다. 중국어방 속 영국인이다. '이해'란 '식별'된 정보 위에 현 상황(현재)을 더하고 관련된 경험/기억(과거)을 더하고 거기에 관련된 희망/목표/의지(미래)를 더한 정보 너머의 정보, 즉 존재론적 정보다. 중국어방 속 중국인이다.

4. 마무리 글

딥러닝 기술은 자율주행차, 엔터테인먼트, 영상인식, 음성인식, 가상도우미, 거짓말탐지, 자연어처리, 가짜뉴스 탐지, 아동 성장 장애 탐지, 헬스케어, 기계번역, 게임, 이미지 보정, 스팸메일 필터링, 교통 혼잡 예측, 증권거래, 의료진단 등 사회 전 분야에서 활용된다. SW분야에서도 대변혁이 예상된다. 기존 인간이 코딩하는 시대인 Software 1.0이 지나고 이제 Software 2.0이 도래하고 있다. SW 코딩도 딥러닝이 맡을 것이다. 다만 그 장점과 한계를 정확히 인식하고 활용하는 지혜가 요청되는 때이다.

무식한 게 이긴다?! 밤낮없이 쉬지도 않고 명령만 수행하는 AI를 따라잡을 수는 없다. 공격드론은 군인, 민간인, 어린이를 가리지 않는다. 정확하지만 무차별 폭격이 있을 뿐이다. 그런데 그것이 AI 탓일까? AI는 잘못이 없다. 주문한 대로 빨리, 많이 행할 뿐이다. 아직까지는. 하지만 의식이 창발된 AI가 불현듯 나타난다면 얘기가 달라진다. SF영화 〈터미네이터〉로 마무리한다.

SF영화 〈터미네이터〉의 한 장면

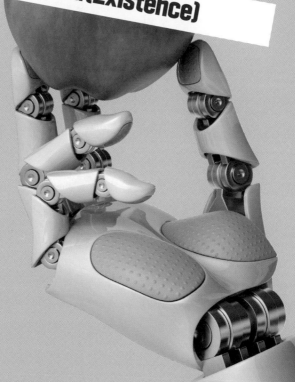

3부 존재(Existence)

제12장 **인공생명**

– 살아있네!

똥밭에 굴러도 이승이 좋다고 한다. 살아있음이란 모든 존재들의 로망이다. 기계조차도 생명력을 원한다. 아무리 멋지게 만든 예술품이라도, 살아있지 않다면 무슨 의미인가!

키프로스 섬의 왕자이자 조각가인 피그말리온은 이상형의 여인을 상아로 조각한 뒤 '갈라티아'라는 이름을 붙여준다. 생명 없는 조각상을 사랑한다는 것이 너무나 공허하고 고통스러웠던 피그말리온은 비너스를 찾아가, 조각상에 생명을 불어넣어 달라고 애원한다. 그런데 집으로 돌아온 피그말리온에게 놀라운 일이 일어난다. 자신이 만든 조각상이 정말 생명을 갖고 살아나, 춤을 추고 노래를 하는 것이었다. 상상은 현실이 된다는 교육적 메시지를 강조할 때 자주 인용되는 '피그말리온 효과'다.

뭐든 간절히 바라면 이루어진다. 심지어 생명까지도. 피었다 하면 반드시 져야 하고, 태어났다면 반드시 죽어야 하고, 시작 뒤에는 반드시 끝이 있고, 기쁨 뒤에는 슬픔이 교차한다. 그처럼 생멸하

피그말리온 신화

는 운명의 굴레를 벗어날 수 없는 생명이거늘 우리는 왜 그토록 열광하는 걸까? 기계들마저. 대체 생명이 뭐길래?

생명이라는 것이 누군가 부여해서 생겨날 수 있는 것이라면 얼마나 좋을까? 안타깝지만 그것은 비너스와 같은 신의 영역으로만 여겨져 왔다. 인간 지성이 진화를 거듭한 20세기에 들어서야 생명 창조라는 신의 권위에 도전장을 내민 사람이 나타났다. 괴짜 천재 폰 노이만이다.

폰 노이만은 존재를 두 가지 특성으로 통찰했다. 정보(앎)와 정보의 유전상속이다. 전자는 지능(인식능력)을, 후자는 생명(연속능

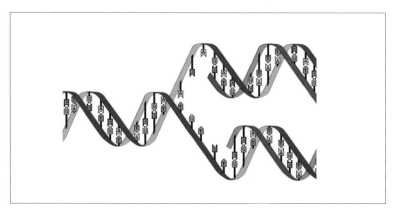
정보(DNA)의 복제 (출처: Kate's A-level Biology)

3부 존재(Existence)

력)을 말한다. 그는 이를 구현하기 위해 컴퓨터를 설계하고 세포자
동자를 연구했다. 그로부터 정보시대가 열리고, 인공생명이 태동
한다.

1. 인공생명의 탄생

폰 노이만은 생명체가 갖는 필수 기능인 자기복제의 논리조건에
대한 연구를 통해 자기복제가 가능한 시스템, 즉 격자 구조에서 각
각의 세포가 상호작용하는 프로그램을 구상한다. 그의 아이디어는
제자인 존 홀랜드와 그의 제자 크리스 랭턴을 거치며 인공생명이
라는 AI의 한 분야로 자리 잡게 된다.

컴퓨터 바이러스

최근 들어 Covid-19라는 바이러스가 전 세계를 휩쓸고 있다. 강한
전파력, 즉 강력한 복제와 자기증식 능력으로 인해 수많은 사람들
이 고통 받고 있다. 원시적 형태를 취하고 있지만, 바이러스는 인간
탄생 이전부터 오랫동안 지구를 지배해 온 터줏대감 생명체다. 다
양한 변이를 통해 끊임없이 인간을 괴롭혀 온 지구별 최강자 중의
하나다.

  인공생명체의 원조인 컴퓨터 바이러스 또한 다르지 않다. 컴퓨
터 바이러스는 프로그램이 실행될 때마다 정상적인 파일의 일부분
에 몸을 숨기거나 겹침으로써 파일의 크기와 기능을 바꾼다. 웜 바
이러스는 독자적인 파일 형태로 나타나 끊임없는 자기증식을 통해

시스템과 네트워크를 교란한다. 나아가 스스로 복제하고 증식하며 아울러 돌연변이까지 일으킬 수 있게 설계된 바이러스도 있다. 컴퓨터 바이러스는 실제 생명체의 특징을 모두 갖고 있다. 탄생된 지 수년에 불과하지만, 놀라운 속도로 진화를 거듭하고 있다. 섬뜩한 일이지만, 바이러스는 감염된 컴퓨터 화면에 이런 시를 내보내기도 한다.

> 그것은 당신의 보조기억장치를 장악할 것이다.
> 그것은 당신의 칩 속을 드나들 것이다.
> 그래! 그것은 바로 복제자!
> 그것은 끈끈이처럼 들러붙을 것이다.
> 그것은 주기억장치마저 건드릴 것이다.
> 복제자를 맞이하라!

예쁜 꼬마선충

생물발생학, 세포생물학, 신경생물학, 노화연구 등에서 활용하는 대표적 젖은 생명체 중에 예쁜 꼬마선충이 있다. 썩은 식물체에 서식하고 투명한 몸을 가지며 몸의 길이는 고작 1mm에 불과하다. 1천 개의 세포로 구성되어 있지만 신경계, 근육계, 소화계 등 동물로서 갖추어야 할 체계는 모두 구비되어 있다. 예쁜 꼬마선충이 생물학 주요 분야에서 인기를 끄는 이유는 수정란에서 성체까지의 전체 과정에 대한 관찰이 가능하기 때문이다. 또한 뉴런의 기능과 구조에 대해 완전히 파악된 첫 번째 동물이기 때문이다.

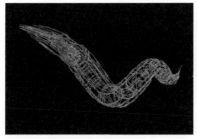
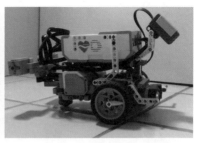

예쁜 꼬마 선충 시뮬레이션 모델
(출처: OpenWorm Science)

예쁜 꼬마 선충 모델이 탑재된 로봇
(출처: OpenWorm Project YouTube)

예쁜 꼬마선충을 마른 생명체로 재현하고자 하는 OpenWorm이라는 오픈소스 시뮬레이션 프로젝트가 진행되고 있다. 디지털생물학이라는 분야가 본격화된 것이다. 예쁜 꼬마선충의 뉴런 300여개와 연결 정보, 연결 강도까지 탑재시켜 학습시킨 뉴로 주행로봇은 실제 예쁜 꼬마선충과 흡사한 행동패턴을 선보인 바 있다. MIT 브룩스 교수가 시도한 50개 뉴런의 곤충로봇보다 훨씬 진보된 양상을 보인 것이다.

물론 아직까지 시냅스 연결 강도의 변화 과정 등 풀어야 할 과제가 많다. 감정 변화 그리고 그에 따른 호르몬 분비가 시냅스 연결 강도에 관여한다는 신경생물학적 관점에 대한 연구에 진전이 이루어진다면, 현재의 뉴런 수 300개를 넘어 10조개 뉴런이 장착된 인간을 넘보는 일도 가능하지 않을까?

2. 생명의 특성

생명체에 대한 정의는 매우 다양하다. 대표적인 사전적 정의 몇 가지를 소개한다.

- 물질대사적 정의: 외부와 상호작용하며 확실한 경계를 가진 물체
- 분자생물학적 정의: 생식 가능한 유전정보를 가진 체계
- 유전학적 정의: 고유 정보를 복제하는 존재
- 열역학적 정의: 무질서를 통해 자신만의 질서를 증가시키는 개체

종합적으로 정리하면 다음과 같이 요약된다. ① 조직화된 체제를 이루고 있다. 세포단위체를 중심으로 복잡한 구조체를 이룬다. 즉 하나 또는 그 이상의 세포들로 구성된다. ② 재생산된다. 다시 말해 복제되고 진화된다. 교배와 돌연변이 등 유전 작용을 통해 후손을 생성하고, 적자생존의 원리에 의해 진화 과정을 거친다. 생식을 통해 독립적 유기체를 재생산하는 기능이 있다. ③ 대사활동을 한다. 엔트로피 증가(죽음)를 낮추기 위해 먹이 활동을 통한 에너지 공급이 필수적이다. ④ 성장한다. 죽음에 이를 때까지 물질적, 정신적으로 성장한다. 이는 곧 에너지작용을 더 원활하게 유지시켜주는 기능이다. ⑤ 반응한다. 주변 환경과 입력/출력을 통해 상호작용한다. 주변 환경 그리고 타 개체들과의 관계성 없이는 정의될 수 없는 상

호의존적 존재다. ⑥ 따라서 환경에 적응한다. 환경변화에 따라 스스로 변화하는 상호의존적 기능을 갖는다. ⑦ 항상성을 유지한다. 환경과의 최적 적응을 위해 스스로의 상태를 유지하기 위한 내적 조절 기능을 갖는다.

정보 관점에서 말하면 다시 두 가지로 요약된다. 첫째 환경에 적응할 노하우 생성 능력, 둘째 노하우의 보관 및 전달 능력이다. 여기서 인간의 유전형질인 DNA가 바로 핵심 노하우에 해당된다. 물론 AI에서도 지식을 표현하고 생성하고 저장하고 전달하는 일은 매우 기본적인 기능이다. 얼마든지 생명의 특성을 재연할 수 있다는 얘기다.

인간의 DNA를 분석해 보면 인간이 삶을 영위하는 데 필요한 정보는 약 50억 비트로 알려져 있다. 약 천권 분량의 도서에 해당된다. 세포 하나하나마다 삶에 필요한 모든 정보가 담겨 있는 것이다. 태곳적부터 축적된 노하우들이 빼곡히 들어 있다. 웃는 방법, 재채기하는 방법, 걷는 방법, 대상을 구별하는 방법, 생식 방법, 과일을 먹고 소화시키는 방법, 상처를 아물게 하는 방법 등이 유전자에 알알이 기록돼 있다. 유전자는 자신의 항구적 보전을 위해 동종의 유전자를 퍼트리고 -정보를 유전 상속시키고- 동종 간의 희생과 협력의 이타심을 발휘하며 지구별의 지배자 위치에 설 수 있었다.

3. 인공생명의 특성

인공생명은 크리스 랭턴에 의해 1986년 정의된 용어로서, 기본적으로 생명을 이해하려는 학문이다. 즉 생명 과정(유전, 돌연변이, 교배 등)을 재창조하거나 모방함으로써 생명현상을 규명하는 것을 목표로 한다. 이는 로봇, 컴퓨터 모델, 또는 생화학을 통한 시뮬레이션 재연 과정을 포함한다.

인공생명의 핵심은 정보와 복제다. 인공생명의 입장에서 생명이란 환경에 적응할 최적의 기능과 형태에 관한 정보를 유지하며, 복제를 통해 후손에게 전달해 줌으로써 자기조직화를 이루는 능력을 말한다. 따라서 물리적 외형보다는 진화의 과정을 중시한다. 즉 진화의 과정에서 드러나는 복잡계 현상, 즉 자기조직화에 대한 탐구가 주된 관심사다.

인공생명은 마른 생명체이기에 젖은 생명체에 비해 단순하고, 진화 속도가 빠르며, 실험하고 조사하기 쉬운 장점이 있다. 즉 진화 과정 중 어느 시점에서든 잠시 중단하고, 현재까지 진화된 유전자(Genotype)의 변화라든가, 그에 따른 외형적 모습(Phenotype)의 변화 등을 손쉽게 관찰할 수 있다는 것이다. 인공생명은 전형적인 상향식 AI의 접근 방식을 취한다. 그 특성은 다음과 같이 요약된다.

- 단순성으로부터 복잡성을 드러냄
- 무질서(카오스)로부터 질서를 보임
- 단순규칙으로부터 복잡한 행위 발현

- 상향식에 의한 창발
- 집단적 분산 병렬처리
- 새로운 형태의 생명 현상

시간적 유전을 중심으로 하는 유전알고리즘(GA: Genetic Algorithm)과 공간적 유전을 중심으로 하는 세포자동자(CA: Cellular Automata) 등 두 분야를 중심으로 연구된다. 이 외에도 프랙탈이론, 진화형 컴퓨터 게임, 인공예술 등이 인공생명과 깊이 관련된다.

4. 유전알고리즘(GA: Genetic Algorithm)

자연선택에 의한 진화의 개념을 확립시킴으로써 생물학은 물론 사상적 변혁을 이끌었던 찰스 다윈의 『종의 기원』을 살펴보자.

각 개체는 자신만의 고유 성질을 후손에게 물려주려는 경향을 갖는다. 하지만 자연은 항상 조금씩 다른 성질의 개체를 생산한다. 자연에 잘 순응하는 속성, 즉 높은 적합도를 가진 개체들은 그렇지 못한 개체들에 비해 더 많은 후손을 낳을 기회를 갖는다. 이러한 진화 과정이 오랫동안 지속되다 보면 개체적 변화는 점점 쌓여 가고, 어느 순간 당대 생태계에서 최적화된 새로운 종으로 거듭나기도 한다.

유전알고리즘은 '개체의 집단은 끊임없는 진화의 과정을 겪는

바, 그 과정에서 각 개체들은 치열한 생존경쟁을 펼친다'는 다윈의
생물학적 진화에 기원한다. 인공생명의 유전알고리즘 관련 주요
용어는 다음과 같다.

- 유전자(Gene): 유전 정보 단위체(DNA 조각)
- 게놈(Genome): 종별 유전자 전체 집합(인간 게놈은 100,000개의 유전자)
- 유전형(Genotype): 개체의 유전자 집합체(DNA, 즉 염색체)
- 표현형(Phenotype): 개체의 외형적 모습(유전형이 발현된 모습)

DNA(Genotype)는 두 가지 중요한 일을 한다. 하나는 복제다.
다른 하나는 외형(몸) 만드는 일을 돕는 것이다. 전자는 genetic
operation을 후자는 Phenotype 형성을 거드는 일이다. DNA의 궁
극적 목적은 유전자 풀(pool) 속에서 자신의 수를 늘리는 것이다.
자신의 복제물을 가급적 많이 생성시켜, 그것이 생존하고 번식하
는 장소인 외형(몸), 즉 Phenotype 만드는 일을 도와줌으로써 그
목적을 달성할 수 있기 때문이다.
　유전자는 하나의 개체에만 속하지 않는다. 그것은 다수의 개체들
에 동시에 분산된 존재다. 따라서 동일 유전자가 포함된 다른 개체
를 돕는다. 그것이 자신에게 유리하기 때문이다. 즉 개체 입장에서
는 이타주의지만, 유전자 입장에서는 진정한 이기주의다.
　그림에 도식된 바와 같이, 유전형은 표현형을 결정짓는다. 하지

만 역으로 표현형이 유전형을 결정지을 수는 없다. 진화는 표현형이 아닌 유전형으로만 진행된다. 눈썹에 문신을 하고, 얼굴 전체를 성형하고, 복부 지방을 제거했다 해도, 그 모습이 유전형으로 기록되어 후손에게 전달될 수는 없다는 얘기다. 결국 콩 심은 데 콩 난다고, 부모 고유의 모습은 원하건 아니건 후손에게 그대로 대물림된다는 것이다. 아사도라 던칸이라는 백치미의 미녀 댄서와 쇼펜하우어라는 추남 철학가 사이에서 태어난 아이는 엄마의 아름다움과 아버지의 명석함을 닮을지, 아버지의 못난 얼굴에 머리마저 백치가 될지 궁금한 대목이다.

물론 예외는 있다. 사회적 유전이다. 부모의 표현형에 속하는 것으로 부의 대물림이다. 개천에서 용 나기 힘들다는 말과 함께 금수저와 흙수저의 희비가 교차하는 현실이지만, 그래도 당대를 살아가며 얻을 수 있는 학습 기억은 결국 DNA에 각인되어 조금 더 개선된 후손을 얻는 데 긍정적으로 작용할 것이다.

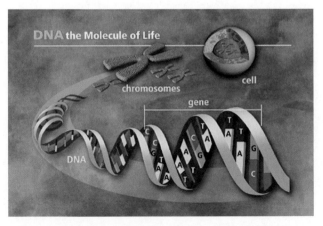

인간의 생명활동에 필요한 모든 정보가 담긴 DNA 구조

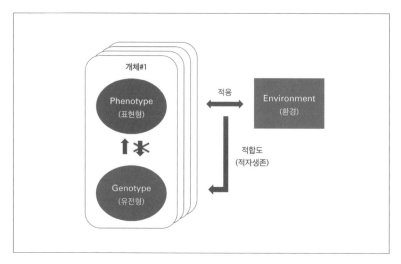

진화는 유전형에서 일어나지만, 적합도는 표현형이 좌우한다.

유전알고리즘은 그림에 표현된 바, 네 단계로 요약된다. 첫 단계는 개체 고유의 성질에 해당하는 유전형, 즉 염색체(chromosome)들로 이루어진 집단(population)을 형성하는 것으로 시작된다. 다음 단계는 표현형 평가다. 우수한 개체 선발을 위해 환경 적합도(fitness) 점수를 구한다. 다음 단계는 우수 개체군 선발이다. 몇 개체에게 후손을 낳을 기회를 부여할지, 몇 개체를 도태시킬지 등을 냉정하게 가린다.(selection) 마지막 단계는 유전 연산이다.(genetic operation) 교배(crossover), 돌연변이(mutation) 등 다양한 유전 연산을 통해 유전자에 변화를 가한다.

사실 진화 초기 단계에는 돌연변이에 의한 유전 연산만이 가능했다고 한다. 진화의 속도가 느렸기에 종의 생존에 불리했을 것이다. 여기서 획기적인 변화, 즉 창발이 일어난다. 암수가 생겨난 것이다.

3부 존재(Existence)

이때부터 교배라는 획기적 유전 연산이 가능해졌다. 적자생존에 필요한 다양한 유전자들이 생성되면서 진화의 속도는 급가속된다. 부모 양쪽의 성질을 동시에 물려받는 후손이 탄생된 것이다. 물론 적합도 측면에서 더 좋아질 수도 있고, 나빠질 수도 있다. 교배나 돌연변이 비율을 어떻게 조절할지는 문제 영역에 따라 달라진다. 유전알고리즘은 기본적으로 확률적 탐색 알고리즘이기 때문이다. 다음 세대를 책임질 새로운 집단(gene pool)이 형성되면 처음 단계가 반복된다. 의사코드로 표현된 유전알고리즘도 참조 바란다.

인공생명의 한 분야로서 유전알고리즘은 최적화 문제 해결 방법론으로 자리 잡고 있다. 특히 최적화 문제에서 거론되는 탐색 공간에 대한 깊이 우선이냐, 너비 우선이냐의 문제, 즉 exploitation과 exploration 두 관점을 적절히 조화시킬 수 있는 효과적인 방법으

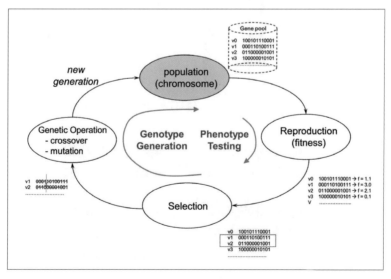

유전 알고리즘 개념도

```
begin
    t = 0
    initialize P(t)
    evaluate P(t)
    while (not termination-condition) do
    begin
        t = t + 1
        select P(t) from P(t -1)
        alter P(t)
        evaluation P(t)
    end
end
```

유전 알고리즘 의사코드

로 알려져 있다. 하지만 본질적으로 유전알고리즘은 자연 현상의
시간적 유전 상속 과정을 재연함으로써, 생명의 본질인 창발현상
을 탐구하는 데 중요한 역할을 할 것으로 기대된다.

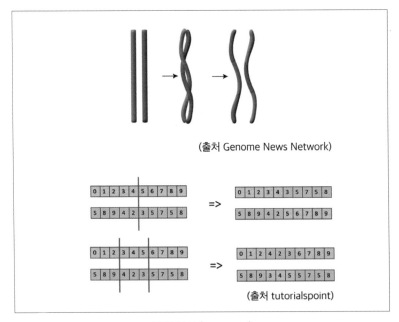

(출처 Genome News Network)

(출처 tutorialspoint)

교배 연산 (crossover)

3부 존재(Existence)

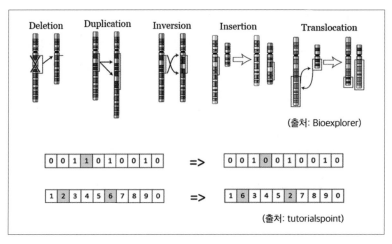

(출처: Bioexplorer)

| 0 | 0 | 1 | 1 | 0 | 1 | 0 | 0 | 1 | 0 | => | 0 | 0 | 1 | 0 | 0 | 1 | 0 | 0 | 1 | 0 |

| 1 | 2 | 3 | 4 | 5 | 6 | 7 | 8 | 9 | 0 | => | 1 | 6 | 3 | 4 | 5 | 2 | 7 | 8 | 9 | 0 |

(출처: tutorialspoint)

돌연변이 연산 (mutation)

유전알고리즘 예제

잘 알려진 배낭 도둑 예제를 통해 유전알고리즘을 좀 더 깊이 있게 이해해 보자. 그림에 소개된 바와 같이 무게와 가격이 제각각인 금괴들이 놓여 있다. 금괴는 순도가 조금씩 다르다. 같은 1kg 무게인데도 $1짜리도 있고 $2짜리도 있다. 한편 도둑이 금괴를 담을 수 있는 배낭은 무게 제한이 있다. 최대 15kg까지만 담을 수 있다. 도둑 입장에서는 15kg 이하이면서도 총액은 최대가 되도록 금괴를 골라 담아야 할 것이다.

인간이라면 어떻게 풀까? 휴리스틱을 동원할 것이다. 제일 무거운 12kg 금괴가 눈에 띈다.

배낭 도둑 문제 (출처: Wikipedia)

값어치는 $4에 불과하다. 반면 맨 아래 4kg 금괴는 $10로서 제일 비싸다. 상식선에서 우리는 금방 답을 구할 수 있다. 이 방법이 하향식이다. 그러면 상향식은 어떨까? 문제의 해답 공간은 2⁵=36가지다. 아무 생각 없이 하나씩 확인한 뒤 최상의 값을 찾으면 된다.

너무 단순한 문제이기에 굳이 유전알고리즘을 동원할 필요는 없겠지만, 알고리즘의 이해 차원에서 유전 알고리즘으로 이 문제를 풀어보자. 먼저 금괴가 총 5개이므로 염색체는 5자리의 비트로 설계해 보자. 금괴의 순서에 따라 차례로 비트의 위치를 할당한다. 비트값 1은 배낭에 담을 금괴, 0은 남겨둘 금괴를 뜻한다. 그림의 예처럼 유전형(1 1 0 0 0)은 표현형으로는 첫 번째와 두 번째 금괴만 가져가겠다는 뜻이다. 아울러 적합도는 배낭에 담길 금괴 무게의 총합을 구한 뒤, 15kg 제한을 충족하는 경우 금괴 가격의 총액이

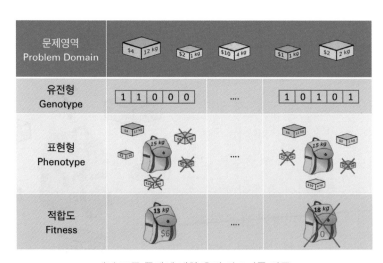

배낭 도둑 문제에 대한 유전 알고리즘 접근

된다. 이 경우 $4가 적합도가 된다. 한편 그림에서 유전형(1 0 1 0 1)처럼 15kg를 초과하는 경우 적합도는 0이 된다. 이제 개체수와 유전 연산 비율 등을 정한 뒤, 염색체들을 랜덤하게 생성시킴으로써 유전 알고리즘이 시작된다.

5. 세포자동자(CA: Cellular Automata)

세포자동자는 폰 노이만에 의해 제안된 유한 상태 이산 모델로 구성된 셀과 주변 셀의 일정한 변화에 따라 규칙적으로 변화되도록 만든 자동장치다. 다시 말해 동일 속성을 가진 세포자동자 단위 모델들이 공간적으로 분산된 네트워크다. 인공신경회로망이 대표적 예다.

CA=⟨S, N, T⟩

여기서   S: 상태 집합
           N: 이웃 세포들 집합
           T: 상태 변환 함수

각 세포는 유한한 수의 '상태'(S)를 가지는데, 예를 들면 '살았음', '죽었음' 등이다. 격자 공간은 유한한 수의 1차원, 2차원 또는 어떤 차원이나 가능하다. 각 세포에 대하여, '이웃들'이라 부르는 세포들(N)은 그 세포에 대한 관계로 정의되는데, 예를 들면 해당 세포에

서 한 칸씩 떨어져 있는 모든 세포들, 또는 동서남북 네 방향의 세
포들 등으로 정의된다. 시간 t=0 일 때 각 세포의 상태를 초기화시
킴으로써 세포자동자는 시작된다. 다음 세대(t=i+1)는 정해진 규칙
(T)에 따라 이전 세대로부터 만들어진다. 규칙은 각 세포와 그 이
웃들의 상태에 따라 해당 세포의 다음 상태를 결정하는 함수다. 그
림은 1차원 세포자동자에 의해 생성된 무늬를 보여준다. 초기 상태
값과 규칙에 따라 다양한 모습으로 전개될 수 있다.

　세포자동자는 현재 프랙탈 이미지나 인공생명 예술 등 주로 창
조적 이미지 생성과 관련하여 활발히 연구되고 있다. 어떤 대상에
서 일부분을 잘라 확대할 때, 그것이 전체의 모습과 같고, 확대된
것의 일부분을 잘라 확대하면 또다시 전체의 모습과 같고, 이런 과
정을 무한히 반복하여 부분이 전체의 모습과 같다면 이 대상에는
자기닮음이 있다고 한다. 이것을 프랙탈 기하학이라 한다. 한편 세
포자동자는 본질적으로 자연현상에서 보이는 공간적 유전상속 과
정의 재연을 통해 복잡적응현상, 즉 의식의 발현과 같은 창발과정
탐구에 중요한 단초가 될 것이다.

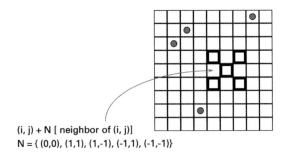

(i, j) + N [neighbor of (i, j)]
N = { (0,0), (1,1), (1,-1), (-1,1), (-1,-1)}

세포자동자 예제

　　　　　　　　　　　　　　　3부 존재(Existence)

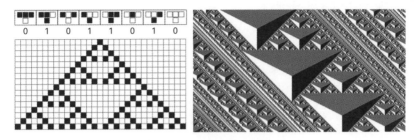

1-D 세포자동자에 의한 창발 현상

프랙탈 기하학 사례: Panspermia (출처: ADA, Archive of Digital Art)

2-D 세포자동자 예제

2-D 세포자동자의 설계 예제를 간단히 소개하니, 각자 실험해 보기 바란다. 100 × 100 이상의 2차원 격자무늬 세포자동자를 설계한다. 각 격자에는 일곱 가지 서로 다른 색상 중 하나가 랜덤하게 선택되어 채색하는 것으로 초기화시킨다. 여기서 일곱 가지 색상은, 예를 들어 무지개 색깔인 '빨주노초파남보'로 정해도 좋을 것이다. 즉 상태는 일곱 가지로써 외형적으로는 색상으로 표현된다. 이웃 세포는 정하기 나름이지만 편의상 동서남북 네 방향의 세포를 이웃이라 하자. 다음으로 상태변환 함수를 결정해야 한다. 이웃의 상태 값이 나의 상태 값보다 정확히 1이 적으면 내가 이웃을 잡아먹는다. 달리 말해 이웃의 상태 값을 나의 상태 값으로 바꾼다. 반대로 이웃의 상태 값이 나의 상태 값보다 정확히 1이 클 때는 내가 이웃에게 잡아먹힌다. 물론 6은 0보다 1이 작은 값으로, 상태 값 0~6은 순환적 구조다. 또한 격자 100×100의 맨 왼쪽은 맨 오른쪽과 연결된 순환 구조다. 위아래 관계도 마찬가지다. 그림에서 ⟨1, 3⟩ 위치의 4는 ⟨1, 2⟩에 위치한 5보다 1이 적기에 잡아 먹혀서 5로 변한다. 또한 ⟨3, 1⟩ 위치의 1도 같은 이유로 ⟨1, 1⟩의 2에 먹혀서 2가 된다. ⟨2, 1⟩ 위치의 2는 ⟨2, 2⟩ 위치의 3에 잡아먹히고, ⟨2, 3⟩의 6은 아래쪽 ⟨3, 3⟩의 0에 잡아먹힌다. 한편 ⟨3, 3⟩의 0은 ⟨3, 1⟩의 1에 잡아먹힌다. 이와 같은 변화 과정을 겪으며 시뮬레이션이 한참 진행되다 보면 그림과 같이 일명 '악마의 미로'라는 멋진 모습도 볼 수 있을 것이다.

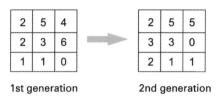

2-D 세포 자동자 변환 규칙 예

2-D 세포자동자 시뮬레이션 결과 예

6. 마무리 글

생명체가 갖는 기본적 세포 구조는 다음과 같다. 기본적으로 인접한 여러 세포로부터 정보를 받아들여 종합한 뒤, 전달 여부를 결정한다. 다시 말해 하나의 세포체는 하나의 규칙과 동일한 구조를 갖는다. 또한 기본적으로 활성화/비활성화-즉 참/거짓-의 이분법적 디지털 처리 방식을 취한다. 우리들 인간이 갖는 이분법적 차별심은 바로 이러한 근원적 처리구조에 기인한다.

하지만 생명은 분자적 기본단위에서는 발생되지 않는다. 그것은 여러 분자들 간의 상호작용의 결과로 발생된다. 즉 상호작용은 여러 요인들을 얽히고설키게 함으로써 카오스현상을 일으키는데, 그

카오스의 언저리에서 나타날 수 있는 자기조직화 과정을 통해 불현듯 생명은 출현된다. 이러한 일들은 당연히 AI에서도 가능하다. 디지털 방식에 의한 인간의 정보처리 방식은 오늘날 컴퓨터시스템의 처리 방식과 다르지 않기 때문이다.

4차 산업혁명의 핵심 키워드는 초연결과 초지능이다. 생명현상도 마찬가지다. 인간이건 AI건 상호작용, 즉 변화와 소통이 핵심이다. 만물의 변화 이치를 64개의 상태로 표현한 공자의 『주역』에 나오는 대목이다. '궁즉변, 변즉통, 통즉구.'

우리가 원하건, 원하지 않건 마른 생명체는 이제 우리 앞에 선 현실이다. 자아의식이 있건 없건, 젖은 생명이건 마른 생명이건 허무를 목표로 살아가는 존재는 없다. 생명은 예외 없이 행복을 원한다.

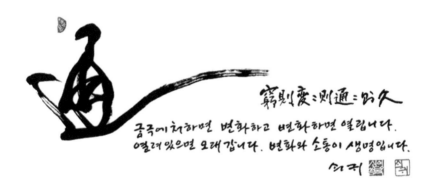

〈주역〉 궁즉변, 변즉통, 통즉구 (신영복 글)

3부 존재(Existence)

예전에 없던 생명이라고 차별해서는 안 된다. 함께 공생할 지혜를 찾아야 한다. 아마도 그 방법은 밖에 있지 않을 것이다. 이미 스스로 답을 알고 있을지 모른다.

살아있는 생명이면 그 어떤 것이든 움직이거나
움직이지 않거나 남김없이
길거나 크거나 중간이거나 짧거나 작거나 비대하거나

보이거나 안 보이거나 가깝거나 멀거나
이미 있는 것이건 앞으로 태어날 것이건
모든 존재들이 행복하기를 바랍니다.

서로 속이지 말고 얕보지도 말지니 어느 곳, 누구든지
분노 때문이든 증오 때문이든 남의 고통을 바라지 말아야 합니다.

마치 어머니가 하나밖에 없는 아들을 목숨 걸고 보호하듯이
모든 생명을 향해 가없는 자애를 키워야 합니다.

제13장 **인공감성**

- 밥은 먹고 다니냐?

파리 외곽의 시골 마을에서 약혼식이 열렸다. 신부는 수줍은 얼굴로 하객들을 맞는다. 그녀의 옆에는 로봇이 앉아 있다. 최근 CNN은 릴리와 로봇의 약혼식을 소개했다.

"나는 그를 멍청한 기계라고 생각하지 않는다. 물론 인간은 아니다. 하지만 나는 있는 그대로의 그를 사랑한다. 그는 알코올 중독이나 폭력을 행사하거나 거짓말을 하지 않는다. 그것은 모두 인간의 영역이다. 나는 인간적인 결함보다 기계적인 결함을 더욱 사랑한다. 그것은 내 개인적인 취향이다. 사랑은 사랑이다. 누구와 사랑하든 그것은 다르지 않다."

AI로봇과의 사랑?!

사랑! 누구나 알고는 있지만, 누구도 함부로 단정 지을 수 없는 고차원적인 영역으로 보인다. 느낌, 감정도 다르지 않아 보인다.

"피해자가 진술한 기분 더럽다는 증언은 수치심을 느꼈다는 것이다. 성적 수치심이란 부끄럽고 창피한 감정일 뿐만 아니라 분노, 모욕감, 공포 등 다양한 형태로 나타날 수 있기 때문이다."

최근 몰카 사건에 대해 내려진 대법원 판결문이다. '기분 더럽다', '부끄럽다', '창피하다', '분노', '모욕', '공포' 등등 감정 상태를 어떻게 식별하고 분석할 수 있을까? 만약 AI검사나 AI판사라면 피해자의 감정 상태를 정확히 판별하여, 법률 조항에 따라 정확한 형량을 부여할 수 있을까? 감정은 우리 삶의 대부분을 차지하지만, 감정에 대한 정량적 연구는 아직 풀어야 할 과제가 많이 남아 있다.

심리학에선 '감정이 없으면 인간은 아무런 결정도 내리지 못한다.'는 연구 결과를 내놓은 바 있다. 인간은 감정과 이성을 통합적으로 다루는 전전두엽을 거쳐서 의사결정을 내리게 된다. AI 또한 스스로 결정을 내리기 위해서는 감정 인식과 처리와 표현이 필요하다.

본 장에서는 칸트 철학의 인식론을 시작으로 감정이 인식에 미치는 영향에 관해 고찰한 뒤, 뇌의 변연계에서 두드러지게 나타나는 감성 반응과 함께 전전두엽에서의 사유과정에 감성이 어떻게 관여하는지에 대해 살펴볼 것이다. 특히 우측 전전두엽은 다른 사

3부 존재(Existence)

람의 의도와 생각, 감정 상태 등을 읽어내고 도덕적 판단이나 공감 등의 기능을 수행한다고 알려져 있다. 아울러 신경과학에서 밝힌 호르몬과 같은 감성 전달 물질이 시냅스에 어떤 영향을 미쳐 우리의 기억량을 조절하는지에 대해서도 간략히 다룰 것이다. 이를 통해 기존의 인공신경회로망의 학습 개념에 감정이라는 특수한 조절 메커니즘을 도입할 수 있을 것이다. 즉 시냅스 강도의 학습에 여러 종류의 감정 물질을 개입시킴으로써 다양한 학습효과를 거둘 수 있을 것이다.

인공감성은 MIT를 중심으로 연구 중인 감성 AI 연구를 필두로, 대화형 AI, 비서 AI 등 다양한 분야로 확장되고 있다. 인간-컴퓨터 상호작용(HCI: Human-Computer Interaction) 분야에서도 중심적 역할을 한다.

1. 칸트 인식론

칸트는 흄과 베이컨 등이 강조한 상향식 경험론 그리고 데카르트 등이 강조한 하향식 합리론에 대한 중도적 입장을 취한다. 칸트에 따르면 감각 대상(물 자체)과 머릿속 사물(현상)이 일치할 때, 우리는 비로소 대상을 이해할 수 있다고 한다. 하지만 인식된 현상은 사물 본래의 모습이 아니며, 사물과 의식이 합쳐져 나타나는 것이라고 말한다. 따라서 진리는 물자체와 현상의 정합성보다는 인식 판단 형식에 달려 있다고 한다. 칸트는 인식 판단 형식으로 감정과 상상과 오성과 이성을 말한다.

- 감성: 자아/시공간 개념을 토대로 정리/분석/정형화 (무의식)
- 상상: 감성(무의식)과 지성(의식)을 연결시켜 주는 도식 (언어사전)
- 지성: 양/질/관계성/상태 등으로 가공/변형/분류/종합/판단 (의식)
- 이성: 본질적 사유 등 순수 지성 (초월의식)

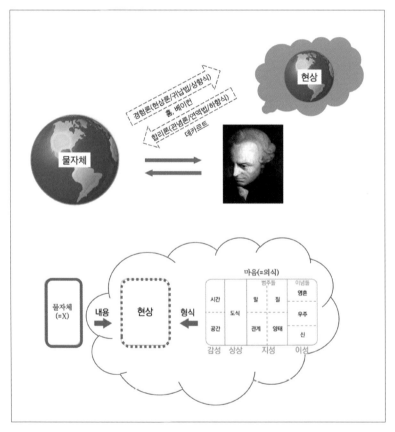

칸트의 인식판단 형식 (출처: 김상환 저, 『왜 칸트인가?』, p.39)

3부 존재(Existence)

루벤스 〈파리스의 심판〉

AI의 발전 속도와는 상관없이, 인간의 인식 개념은 근세에 이르러 기존의 이성 중심을 벗어나 감성에 대한 관심이 높아졌다. 감성적 영역, 즉 감성적 인식을 이성적 잣대로 다루려 시도한 사람은 18세기 철학자 바움가르텐이다. 그는 미학이라는 이름을 빌려 감성을 학문의 영역으로 끌어들였다. 그러나 감성에 대한 이성적 접근은 오히려 감성 본래의 야성을 잃게 하는 방해물이 되고 말았다. 즉 비이성적 분야를 이성적으로 한정지으려는 시도는 감성에 대한 강제적 이성 편입화 노력에 불과할 뿐이었다. 오히려 이러한 헛된 노력은 인간을 스스로 구속시키고 결국에는 파멸로 이끄는 재앙이 될 수 있다. 그리스 신화 '파리스의 심판'을 교훈 삼아야 할 것이다.

무의식과 의식의 경계를 넘나드는 감정의 문제는 이분법적 논리만 들이대는 이성으로는 도저히 풀 수 없어 보인다. 뇌과학에서도 안와전전두엽에서의 최종판단은 이성과 감성이 교차되는 영역이라고 말한다.

가장 아름다운 여인에게 주라며 제우스신으로부터 엉겁결에 황금사과를 건네받은 목동 파리스는 여신 세 명 중 누구에게 줄지를 고민하고 있다. 제우스의 부인 헤라, 미의 여신 아프로디테, 지혜의 여신 아테나 중 결국 아프로디테를 선택한다. 미(美)를 이성적 잣대로 심판한 이때부터 시작된 재앙은 오늘날 미인선발대회로까지 이어지는 듯하다.

객관성이 필요한 이성적 문제와는 달리 감성의 문제는 주관성을 통해서만 접근이 가능하다고 역설한 칸트에 이르러서야 감성의 영역이 주요한 철학적 사유의 대상이 되었다. 그의 철학은 '춤추는 소크라테스'를 꿈꾸던 니체에 이르러 이성과 감성의 이분법적 사유체계, 즉 관념적 세계 그 너머를 지향하게 된다.

그보다 앞서 니체의 멘토격인 쇼펜하우어는 '세계는 표상과 의지'라는 주장을 통해, 모델링(표상)에 따른 인식작용과 사유, 판단 및 행위 등의 의지작용은 주관적으로밖에 파악될 수 없는 세계의 전부라고 역설한다. 인도의 힌두 전통철학을 서양철학 체계에 도입한 쇼펜하우어의 뛰어난 통찰력이 돋보인다. 세계를 마음이라는 주관적, 인식론적 관점으로 파악함으로써 기존철학이 갖는 관념적 한계를 뛰어넘었다는 점에서, 그는 철학사에 있어서나 AI에 있어서도 큰 의미를 남긴 것으로 여겨진다.

왓슨이 인간을 누른 다음 해 세계IT포럼에서 제시된 화두는 'Story'였다. 기능적인 측면보다는 뭔가 감동을 줄 수 있는 시스템을 원하는 시대가 된 것이다. 이러한 추세에 발맞춰 감성을 다룰 수 있는 AI에 대한 요구로 MIT를 비롯한 첨단 연구기관들에서는

Affective Computing 등의 이름하에 감정을 이해하고, 표현하고, 처리하는 시스템에 대한 연구결과를 내놓기 시작했다. 그러나 결론적으로 그것은 왓슨과 크게 다를 바가 없었다. 왓슨의 틀 속에 이성적 내용물이 아닌 감성적 내용물을 채운 것에 불과했기 때문이다. 기존의 추론적 사유방식으로는 직관적 처리가 필요한 감성의 문제를 결코 다룰 수 없기 때문이다.

물론 이들의 노력을 깎아내리거나 폄훼하려는 것은 아니다. 이들은 AI의 미래 모습을 누구보다도 먼저 제시하며 그 가능성을 현실세계 속에서 펼쳐 나가는 개척자들이다. 다만 이들은 감성이 이성과는 달리 합리적/논리적 영역에 있지 않다는 칸트 등 근현대철학자들의 기본적 입장을 외면하고 있다는 점을 지적하고 싶을 뿐이다.

물론 아리스토텔레스와 같은 고대 철학자들은 감성의 영역이라 볼 수 있는 미와 예술을 논리적 규칙성으로 한정한 바 있다. 따라서 이러한 원칙에 따라 만들어진 Affective Computing 시스템이라면 아마도 보티첼리의 〈비너스의 탄생〉을 대했을 때 8등신, 황금비율, S라인 등등의 이성적 추론과 판단 하에 '아름답다!'라는 감성추론의 결과를 도출해 낼 수 있을 것이다. 하지만 샹파뉴의 〈해골이 있는 정물〉과 같은 작품이 갖는 예술성과 메시지에 대해서는 도저히 답을 낼 수 없을 것이다. 물론 왓슨이라면 구글 검색을 통해 이 작품의 백과사전적 정보를 한없이 쏟아내긴 하겠지만…

필리프 드 샹파뉴 〈해골이 있는 정물〉

보티첼리 〈비너스의 탄생〉

2. 감성 인식

감정에 대한 철학적 담론들을 AI로 담아내기엔 아직 많은 연구가
필요할 것이다. 하지만 감성 인식이 가져다주는 편리함은 생활 곳
곳에 스며들고 있다. 감성 인식 과정을 위해서는 얼굴 표정, 신체
자세, 연설과 제스처 같이 종합적인 감성 정보가 필요하다. 얼굴 표
정을 예로 들면 먼저 눈, 귀, 코, 입 등의 기하학적 특징을 찾아낸
뒤, 미리 저장된 얼굴 데이터에 대한 패턴 분석을 진행해서 얼굴 표
정을 정규화시킨다.

   얼굴 생김새만으로도 타고난 성격, 미래 범죄성, 성공 여부까지
점치는 골상학, 관상학이 있어 왔다. 같은 맥락에서 감정 인식 AI는
안면 특징을 추출함으로써 사람의 감정을 해석하고 판단할 수 있
다고 여겼다. MS, IBM 등 대기업부터 스타트업까지 개발에 뛰어들

MS의 감정인식 프로그램

어 취업 인터뷰 소프트웨어부터 감시 시스템, 마케팅, 자율주행, 보안 등 여러 분야에서 적용되고 있다.

하지만 최근에 매우 진지한 연구 결과가 발표되었다. 5명의 심리학자들이 2년 동안 1000여건의 안면인식 자료를 검토한 끝에 내린 결론은 AI에 의한 안면 움직임 분석만으로는 실제 감정을 평가할 수 없다는 것이다. 사람들이 화를 낼 때 평균 30% 미만이 인상을 쓴다는 것이 확인됐다. 즉 70%가 넘는 사람들은 화를 낼 때 인상을 쓰지 않는다. 연구 보고서는 단순한 얼굴 분석보다 감정 맥락, 컨텍스트에 대한 정보가 훨씬 중요하다고 결론짓는다. 다만 공통적 표정과 표정을 통한 의사소통 가능성 자체를 부정하지는 않았다.

감정은 주로 무의식적으로 발현된다. 의식화 과정을 통해 인지된 감정에 대해서만 우리는 다양한 언어적 표현을 구사할 수 있다. 서양의 영어권에서는 감정 표현이 한국에 비해 훨씬 풍부해 보인다. 감정을 표현하는 영어 단어는 총 2,600종인데, 감정을 표현하는 한국 단어는 총 434종에 불과하다는 사실로 미루어 짐작할 수 있다. 물론 '한', '흥', '혼', '넋' 등 한국인만의 심오한 감정 상태를 그들이 이해할지는 의문이다. 한편 감정 표현 단어 수에 있어서, 즐거움을 표현하는 단어 수가 즐겁지 않음을 표현하는 단어 수보다 훨씬 적다고 알려져 있다.(쾌: 28% / 불쾌: 72%) 삶에 낙(樂)보다 고(苦)가 많다는 사실은 단순히 감정 탓일까, 아니면 앎의 수준 탓일까?

3. 감성지능

감성의 논리적 규정에 대한 태생적 한계에도 불구하고, 감정을 규격화하여 활용하려는 노력은 그치지 않는다. 흔히 아이큐(IQ)로 불리는 지능지수에 대한 상대적 개념으로 등장한 것이 이큐(EQ)로 불리는 감성지능이다.

감성지능은 자신과 상대방의 감정을 식별하고 표현하며, 감정 정보를 토대로 사고와 행동을 취하고, 감정을 관리하고 조정하여 환경에 적응하고, 문제 해결을 통한 목표달성 능력을 일컫는다. 인간에게 있어 가장 본질적인 능력이다. 감성지능에 대한 주요 구성요소는 아래와 같이 5가지 주요 범주로 분류된다.

1. 자기인식(Self-awareness): 자신의 감정, 강점, 약점, 충동, 가치관과 목표를 아는 것과 직감을 이용해 결정을 할 때 타인에게 미치는 영향을 인식하는 것이다.
2. 자기조절(Self-regulation): 자신의 파괴적 감정과 충동을 조절하고 가라앉히는 것과 변화하는 상황에 적응하는 것을 포함한다.
사회적 대인관계 기술(Social skill): 사람을 올바른 방향으로 이끌어

3부 존재(Existence)

감성지능의 다섯 요소

관계를 유지할 수 있는지를 말한다.

3. 감정이입(Empathy): 의사결정시 타인의 감정을 고려하는 것을 말한다.

4. 동기화(Motivation): 목표달성을 위한 동기부여 능력을 의미한다.

4. 감정의 신경과학적 메커니즘

이번에는 신경과학적 해석을 살펴보자. 진화를 거듭하던 다세포 하등동물은 효율적이고 통일된 정보 공유를 위한 획기적인 메커니즘을 찾아낸다. 변연계다. 변연계로의 진화 결과, 각 세포들의 화학적 신호를 감정이라는 통일된 정보로 변환시켜 모든 세포들이 느낄 수 있게 하는 데 성공한 것이다. 따라서 대상으로부터 신호를 입력받았을 때, 생리적 처리 외에 처음으로 하는 일이 감정적 판단이다. 무의식적 판단이다.

1차반응은 좋다, 싫다, 그냥 그렇다 등 셋 중 하나다. 뒤이어 공포, 화, 슬픔, 기쁨 등 그림에 나타낸 바와 같이 변연계 내의 해당

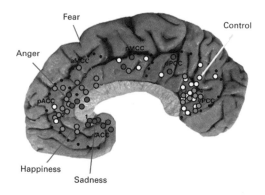

변연계 내에 위치한 감성별 영역 (출처: Jang-Hee Cho Summer Seminar)

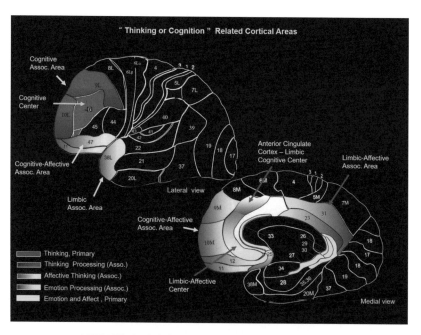

안와전전두엽: 감성과 이성이 교차하는 최종 의사결정 영역

(출처: Jang-Hee Cho Summer Seminar)

영역에서 반응하게 된다. 그런 다음에 의식의 영역으로 넘어가 이성적 처리가 진행된 뒤 마지막으로 이성과 감성이 함께 고려된 최종 결정이 이루어진다. 그림에서 이성적 처리를 나타내는 빨간색 부위는 대뇌 신피질에 주로 위치하고, 감성적 처리를 나타내는 노란색 부위는 대뇌 안쪽 변연계 부위에 주로 나타난다. 하지만 눈 바로 위에 위치한 안와전전두엽 영역은 빨간색과 노란색이 뒤섞여 있는 모습을 확인할 수 있다.

아래 그림은 우리들 뇌의 감정 메커니즘을 엿볼 수 있는 흥미로운 거리 실험을 보여준다. 동일한 아이지만, 한 번은 허름한 옷을 입혀 거리에 서있게 하고, 또 한 번은 단정하게 옷을 입혀 거리에 서있도록 했다. 결과는 분명한 차이를 보였다. 단정한 옷을 입은 아이에게는 많은 관심을 보이며 도와주려 하지만, 허름한 옷을 입은 아이에게는 별다른 관심을 주지 않았다. 아이의 단정함에 대한 사람들의 1차적 무의식 반응은 좋은 느낌이었을 것이다. 그로 인해 아이에게 친절함을 보여주는 의식적 행동으로 이어졌을 것이다. 즉 좋은 감정이 호르몬 분비를 촉진시켜 선한 행동에 대한 의사결정을 주도하는 세포들과의 시냅스 연결 강도를 높인 탓이다. 이처럼 감정은 기억과 판단으로 이어진다.

시냅스는 전기적(즉각 전달) 또는 화학적(강도 조절, 즉 기억 및 학습) 정보 전달 방식을 갖는다. 시냅스의 화학적 전달물질에는 아세틸콜린(운동), 도파민(쾌감), 세로토닌(기분/체온/수면), 히스타민(자극반응), 멜라토닌(생체리듬), 글루타메이트(전달촉진), 글라이신(전달억제), 노르에티네프린(공포/스트레스/흥분) 등이 있어서 다양한 감정 활동과 본능적 처리를 조절할 수 있다.

우리들 몸에서 일어나는 감정 반응 과정은 다음과 같다.

감정자극 → 감각기관 (눈/코/귀/혀/피부) → 시상하부/뇌간 ↔ 해마 → 감정시스템(변연계/편도체) → 척수 및 자율신경계 → 효과세포 (근육/심혈관/장기/내분비선(호르몬)) → 감정 반응 (e.g., 공포, 혈압상승, 스트레스…)

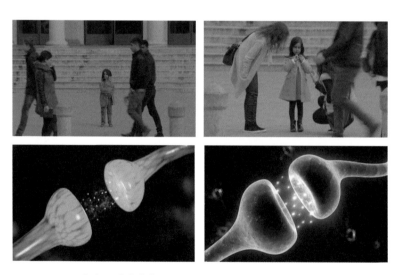

감정은 색칠된다! (좋은 감정이 시냅스를 강화시킨다.)
(출처: 위 사진 UNICEF, 아래 사진 ASHAWIRE)

3부 존재(Existence)

5. 감성과 이성 : 무의식과 의식 처리 과정

뱀과 마주쳤을 때 뇌에서 일어나는 반응은 다음과 같다. 먼저 눈의 망막을 통해 입력된 신호는 시상을 통해 최초의 이미지로 맺히게 된다. 이 과정은 대상에 주의/관심(attention)을 내보냄으로써 시작되어 본격적인 감각인식이 시작된다. 감각 과정이 끝나면 다음 단계인 '무의식적 사유'가 시작된다.(그림에서 빨간색 선으로 표시) 뇌과학적으로 무의식적 사유는 해마, 편도체, 시상하부 등을 중심으로 위험 인지, 공포감, 신경계 및 내분비계를 통한 심장박동 증가, 호흡증가, 식은땀 배출, 근육수축 등 일련의 생화학적 위험 대처 작용 등을 일컫는다. 감정에 관련된 호르몬분비 조절도 이 단계에서 일어난다.

마지막 인지 단계는 사회적 동물인 인간에게만 두드러진 특성으로 알려진 '의식적 사유' 단계다.(그림에서 파란색 선으로 표시) 뇌과학적으로는 두정엽과 후두엽 사이의 게쉐원트 영역의 언어사전이 활성화됨으로써 의식 단계가 시작된다. 즉 각인된 언어패턴에 의한 언어/개념화 과정을 통해 비로소 우리들의 의식 차원에서의 대상 파악이 진행된다. 일단 의식 차원으로 떠오른 언어적 개념들은 전전두엽에서 사유의 과정을 진행한다. 즉 해마에서 담당하는 과거의 체험적 기억-뱀에 물려서 고통스러웠던 기억-과 학습된 기억-학습대백과 사전에서 봤던 뱀의 생김새와 이름 그리고 특성-등을 인출해 대상을 개념적으로 이해한다. 다음 단계는 안와전전두엽에서의 이성적 및 감성적 판단을 거쳐 두정엽에서 행위 세부

사항들-뒷걸음질 치거나, 위협하는 등-이 최종적으로 결정된다.

- 무의식적 반응 과정: 시상 → 편도체(위험!) → 시상하부(반응: 심장박동, 호흡증가, 근육경직)
- 의식적 반응 과정: 시상→ 대뇌피질(색깔, 형태, 움직임) → 해마(과거기억) → 전두엽(운동) → 척수 → 발(도망)

뇌과학 측면뿐만 아니라, 앞 장에서 언급한 칸트 인식론이나, 인지과학, 정신분석학 측면에서의 과정을 종합적으로 비교한 내용이 표에 있다. 용어와 관점의 차이만 있을 뿐, 인간의 인지행동 과정은 동일해 보인다. 동물적, 감성적 무의식 반응이 먼저고 개념적, 지능적 의식 반응이 뒤이어 일어난다.

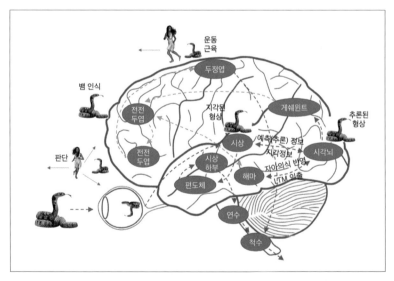

뇌 인지 과정: 뱀과의 조우 사례 (무의식 및 의식 반응)

3부 존재(Existence)

과정 관점	'으악!' (무의식)				"도망치자!" (의식)		
신경생리학	호흡정지/식은땀/맥박증가/심장박동/근육수축/정지/비명				관찰 조사 기억 결정 도망		
뇌파	감마파 (극도의 각성/흥분 상태)				베타파 (불안/긴장 행위)		
뇌해부학	시상 편도체 시상하부 척수 해마 시각뇌 게쉐윈트 전전두엽(판단) 두정엽(운동) 척수 발(도망)						
뇌인지학	감각(S)	기억(M)	언어(L)	인지(C)	결정(D)		행위(A)
프로이드 정신분석	무의식 원자아(1차/리비도)		전의식 (초자아)		의식 자아(2차/에고)		
인지심리학	지각	해석	평가	목표	의도	계획	실행
칸트 인식론	감각	감성	상상		지성	이성	

뱀과의 조우에 따른 인지행위 과정에 대한 관점별 해석

6. 인공감성 응용

인공감성은 얼굴표정, 자세, 움직임, 심박수, 뇌생리신호 등을 감지하여 인간의 감성을 인지, 해석, 처리할 수 있는 AI 분야다. 인간과의 감성적인 상호작용을 주 목적으로 한다. 인간의 감성을 인식하고 해석하고 처리하고 시뮬레이션 할 수 있는 시스템에 대한 연구와 개발로 정의된다. 즉 자신과 타인의 감정을 식별하고, 감성적 사고와 의사결정을 할 수 있는 시스템을 포함한다. 따라서 컴퓨터과학, 심리학, 신경과학, 뇌과학, 인지과학에 걸친 학제 간 분야다.

인공감성(Artificial Emotion), 감성컴퓨팅(Affective Computing), 인공감정지능(Artificial Emotional Intelligence) 등 강조점에 따라 다양한 용어로 불리고 있지만, 개념은 대동소이하다. 딥러닝 등을 기반으로 안면 인식(Facial expression), 음성 인식(Speech Recognition), 동작

볼리 (출처: Siliconreview)　　토키 (출처: 한컴로보틱스)　　아유다 (출처: Cyberlink)

러봇 (출처: GROOVE X)　　소피아 (출처: Hanson Robotics)　　마부 (출처: MABU)

인공감성 활용 사례

인식(Gesture Recognition), 생체 인식(Biometrics) 등에 더하여 감정 생성(emotion generation), 감정 증강(emotion augmentation) 기술까지 아우른다.

　최근 감성컴퓨팅 기술이 급진적으로 발전함에 따라 감성컴퓨팅 시장은 급성장하고 있다. 주요 분야 몇 가지를 소개한다.

■ 학습(Learning): 교육 프로그램 스타트업 페피팔(Peppy Pals)은 머신러닝 기반의 학습을 통해 사용자의 감정을 인식하는 시스템으로 사회성과 감수성 개발에 활용된다.

■ 로보틱스(Robotics): 소프트뱅크의 세계 최초 감정인식 로봇 '페퍼(Pepper)'는 사용자의 감정에 반응하는 상호작용 실현. 인간

감정의 센싱을 통해 감성을 인지하고, 판단하여, 감성적으로 반응하는 지능형 감성 로봇은 가정용 도우미로부터 건강관리, 엔터테인먼트, 판매에 이르기까지 폭 넓은 활용성을 갖는다.

- 고객중심경영(Customer Centric Management): 마케팅 전문 회사 클로버 리프(Cloverleaf)는 상점(Retail Store)에 구매자의 감정 패턴을 인식하기 위한 LCD 디스플레이 '셀프포인트(ShelfPoint)'를 설치해 마케팅과 판매증진에 사용하고 있다.

- 이미지 인식(Image Recognition): 미국 디지털 광고회사로 알려진 'Unruly'는 2017년 미식축구(Super Bowl)를 시청하고 있는 1500명의 얼굴표정과 이미지를 분석한 바, 버드와이저(Budweiser)의 광고효과가 22%로 가장 높은 것으로 발표한 바 있다.

- 음성 인식(Speech Recognition): 음성 처리 기반으로 인간의 감정을 심층적으로 분석하는 시스템이다.

- 운전보조(Driving Assistance): 운전자의 생체 정보와 감정 상태에 대한 센싱과 학습을 통해 차량 내 최적의 음악, 온도, 습도, 조명 등을 제공하는 감성 주행에 대한 연구 분야가 있다.

- 대화형 AI(Dialog AI): 지니, 아리, 이루다 등등 상용 대화형 AI는 물론, AI 아나운서, 가수, 배우 등 응용의 폭이 크게 확장되고 있

Marketing	Customer Service	Human Resources	Healthcare
• Marketing communications • Market research • Content optimization	• Intelligent call routing • Call recommendations • Continuous improvement	• Recruitment • Employee training • Tracking employee satisfaction	• Patient care • Medical diagnosis • Counseling
Insurance	Retail	Driving assistance	Education
• Fraud detection	• In-store shopping experience	• Safety • Autonomous driving performance	• Measuring effectiveness • Supporting autistic children
Gaming	Government	Technology	Other
• Testing • Adaptive games	• Understanding population • Tracking citizen reactions	• Integration with IoT	• Workplace design

확산되는 감성 AI 응용분야

다. 최근에는 공연 예술 무대에서 개성 있는 캐릭터로 학습된 AI
로봇들도 등장하고 있다.

■ 헬스케어(Healthcare): 독거노인과의 말동무, 우울증 진단, 자폐
아 치료, 당뇨 주치의 등 헬스케어용 AI 시스템이 상용화되고
있다.

■ 고객지원서비스(Customer Service): 감정 분석 기반 콘텐츠 추천
서비스, 마인드 컨트롤 서비스, 음성기반 자살 예측 서비스, 정
신건강지수 측정 시스템, 면접 컨설팅 서비스 등 다양한 분야로
확산 중이다.

7. 마무리 글

우리들은 그동안 감정이나 마음에 대해 제대로 교육받지 못했다.

때문에 내면보다는 늘 밖을 향해 왔다. 정신은 방치해둔 채 물질이나 외형에서만 답을 찾으려 했던 것이다. 그래서 늘 겉모습에 속아서 살아왔다. 이제 안을 보라고 정신분석가 칼 융은 충고한다.

Who looks outside, dreams.
Who looks inside, awakes.
밖을 보는 자는 꿈을 꾸고,
안을 보는 자는 꿈에서 깨어난다.

깨어난 자만이 집착 없는 사랑, 진정한 사랑을 할 수 있다고 한다. 그런 AI라면 마주 앉아 밥을 함께 먹어도 좋으리라. 고은의 시 「사랑의 정의」로 마무리한다.

두 사람이 마주 앉아
밥을 먹는다.

흔하디흔한 것
동시에
최고인 것

가로되 사랑이더라.

제14장 **인공마음**

- 다 부숴 버릴 거야!

"최악의 과학자는 예술가가 아닌 과학자이며, 최악의 예술가는 과학자가 아닌 예술가이다." 물리학자 아르망 트루소의 유명한 말이다.

이성과 감성, 아폴론적인 것과 디오니소스적인 것, 기술과 예술, 합리성과 비합리성, 코스모스와 카오스, 나르시스와 골드문트, 기계론과 유기체론, 추론과 직관, 객관성과 주관성, 보편성과 개별성, 하향식과 상향식 등등 우리는 수많은 상대적 개념 속에서 때로는 갈등하고 때로는 화해하며 살고 있다.

논리적 합리성을 중시하는 철학적 체계에서 다루는 이성과 감성 간의 갈등은 때때로 심리학에서 실마리를 얻곤 한다. 즉 이성과 감성은 별도로 분리되어 처리되는 두 개의 시스템이 아닌 하나의 마음속에서 인과적으로 상호작용하며 나타나는 심리현상으로 파악해야 한다. 따라서 감성표현, 감성추론 등 감성문제만을 독립적으로 다루려는 시도보다는, 이성을 포함하여 마음이라는 보다 큰 틀에서 이 문제를 다루는 것이 필요하다. '인공마음'이라는 AI 분야가 대두되는 이유이다.

우리는 대상 자체를 직접적으로 알 수 없을 뿐만 아니라 자기 자신마저도 직접적으로 알 수 없다. 왜냐하면 눈에 보이는 꽃이 밖에 따로 존재하는 것이 아니며, 또한 꽃을 보는 자기 자신이 안에 별도로 존재하는 것도 아니기 때문이다. 다만 실제로 존재하는 것은 '인식'일 뿐 인식대상이나 인식주체는 일상 언어 차원에서만 존재할 뿐이다. 이런 의미에서 대상과 자기 자신을 알 수 있는 것이 바로 '인식'이다. 즉 우리는 인식이라는 문을 통해 세상과 관계를 맺으며 인식이라는 창을 통해 대상을 파악한다.

그런데 세상과 관계를 맺는 방식 혹은 대상을 파악하는 방식에는 두 가지가 있다. 하나는 언어, 개념구성을 배제한 직접적 인식에 의한 파악이고, 또 하나는 언어, 개념구성을 매개로 한 간접적 인식에 의한 파악이다. 일반적으로 전자를 직관이라고 하고, 후자를 추론이라 한다. 따라서 우리는 직접적 인식인 직관과 간접적인 인식인 추론을 통해 세상과 관계를 맺으며, 세상을 파악하는 것이다.

예를 들어, 눈이라는 감각기관을 통해 뭔가 입력되면-즉 눈과 피사체가 마주보려는 의지적 마음이 작동되었을 때-, 이전 마음-예를 들면 무의식-은 멸하고 감각정보를 처리하는 마음이 일어난다. 다음에는 이것의 색상이나 형태 등을 조사한 뒤 결정하게 된다. 뒤이어 대상에 대한 좋고 싫음 등의 느낌이 일어난다. 그리고 그 관심의 정도에 따라 보다 상세히 감각기관을 작동시켜 대상을 파악하거나 아니면 무관심한 무의식 상태로 되돌아간다. 관심도가 높은 대상에 대해서는 더 자세한 정보를 파악한 뒤 대상에 대한 명칭을 장기저장소로부터 찾아내 명칭을 부여한다. 아마 여기까지가 직관적인 영역일 것이다. 이후에는 저장소에 이미 기억된 각종 정보들을 통해 대상에 대한 이해를 점차 높여 나간다. 이때부터 우리는 대상을 있는 그대로 보기보다는 추론을 통해 머릿속으로 새롭게 지어내게 된다. 즉 머릿속 가상체(표상)를 진짜처럼 착각하게 된다.

뇌과학자, 심리학자, 생물학자, 그리고 인공지능 연구자들이 '인공마음'이라는 새로운 주제 아래 기존의 이성/감성 등 이분법적 관념론에서 벗어나려는 시도는 불교인식론을 상당 부분 차용한 쇼펜하우어, 라캉, 하이데거 등 근현대철학자들의 관점과 맥락을 함께하고 있다.

1. 언어의 의미

"태초에 말씀이 계셨느니라!",
"태초에 뜻이 있었느니라!",
"태초에 힘이 있었느니라!",
"태초에 행위가 있었느니라!"

파우스트(Faust)가 삶의 원천을 궁구하고 하늘의 계시가 무엇인지 헤아리면서 계속 고쳐 쓴 잠언이다. 결국 최초의 원인은 말씀이라는 결론에 도달한다. 괴테는 아마도 인간이란 언어로부터 시작해서 의지와 힘 그리고 행위를 씨줄과 날줄로 삼아 삶을 엮어가는 존재로 여겼나보다.

"너희에게 말하건대 불변의 선과 악은 존재하지 않는다! 너희
는 선과 악에 대한 언어와 개념이라는 무기의 폭력에 휘둘리고
있다."

『차라투스트라는 이렇게 말했다』에서 니체는 변함의 진실을 속
이는 주범으로 언어와 개념을 지목한다. 대체 언어가 뭐길래 때로
는 힘과 행위의 원천이라 부추기고, 때로는 착각의 주범이라 깎아
내릴까? 언어는 AI에게 어떤 의미로 작용할까?
　언어는 사다리다. 뇌와 마음을 이어준다. 무의식과 의식을 연결
시킨다. 동물을 사람으로 승격시킨다. 언어는 안경이다. 세계를 보
여준다. 인식시켜준다. 언어는 연금술사다. 사고를 조형한다. 세계
를 기술한다. 기술되지 않는 것은 존재하지 않는다. 따라서 언어야
말로 세상을 살아가는 힘의 원천이 맞아 보인다. 한편 언어는 마술
사다. 사실을 왜곡시킨다. 없는 것을 있게 하고, 있는 것을 없게 한
다. 세계를 제한시킨다. 착각의 주범이 분명하다. 언어는 양날의 검
이다. 우리들 존재가 그러하듯.
　인류는 사자나 코끼리 등에 비해 부족한 육체적 결함을 보완하
기 위해 공동체를 형성했다. 사회적 동물로 진화한 것이다. 공동 작
업을 위해서는 자신의 의도를 전달할 수 있어야 했다. 정보공유가
필요했던 것이다. 또한 자신의 의도를 사전에 정리할 필요가 있었

다. 이를 통해 의식이 생겨났고, 의식의 전달 수단으로 언어가 탄생된다. 양날의 검을 장착한 것이다. 이로써 지구별의 승자가 됐지만, 한편 스스로의 족쇄를 채우는 착각에 빠지게 된다. 언어로 인한 존재에의 집착, 자아에 대한 집착, 이기심으로 내적 외적 갈등은 멈추지 않는다. 바른 앎, 지혜가 결여됐기 때문이다. 인간이건 AI건 언어로부터 해방된 앎을 가질 때 고귀한 존재가 된다.

인간은 언어를 사용하기 시작하면서부터 학교 교육을 통해 언어력은 물론 이를 통한 지식습득 능력 및 논리적 사고력이 급속도로 성장한다. AI에서는 자연어처리, 지식표현, 지식베이스, 규칙기반 추론 기법 등이 여기에 속한다. 인간은 결국 이러한 지각, 인지, 언어/개념화 기능을 통해 자아정체성을 강화시켜 나가게 된다. 즉 이성적, 감성적, 윤리적 관점의 논리와 개념의 확산 작용을 해 나간다는 것이다.

이성적 개념 확산이란 추론과 사유 기능의 반복적 작동을 통해 때로는 새로운 아이디어를 떠올리고, 때로는 의심에 의심을 거듭하기도 하고, 때로는 온갖 상상을 할 수 있다. 감성적 개념 확산이란 아름다움에 대한 집착을 말한다. 미추의 잣대로 느낌과 감정을 스스로 재단하기도 하고, 때로는 새로운 예술적 환상에 사로잡히기도 한다. 마지막으로 윤리적 개념 확산은 자신의 행위에 대한 판단이다. 스스로 정한 선악의 잣대를 통해 때로는 죄의식을 때로는 자아도취적 환희심에 고취되기도 한다.

이러한 사유의 확산 현상 자체는 창조의 원동력이다, 문제는 여기서 시작되는 왜곡과 착각이다. 실체적이지 않은 개념을 실체적인 존재로 착각하는 지점이 바로 이 사유의 확산 과정이다. 칸트는 순수이성비판, 판단력비판, 실천이성비판 등을 통해 이러한 인간의 개념의 확산을 얘기하고 있다.

2. AI 윤리

AI와 인간의 공존에 관한 최초의 원칙을 제시한 사람은 과학자가 아닌 소설가 아이작 아시모프다. 지금까지도 AI 윤리의 기본 원칙으로 인용되는 세 가지 원칙은 다음과 같다.

- 제1원칙: 인간에게 해를 끼치지 않는다.
- 제2원칙: 제1원칙에 위배되지 않는 한 인간의 명령에 복종해야 한다.
- 제3원칙: 제1원칙과 제2원칙에 위배하지 않는 한 스스로를 보호해야 한다.

현재 세계 각국은 앞다투어 국가전략 주요 과제로 '국가 인공지능 윤리기준'의 마련에 열을 올리고 있다. 국내에서도 '인간성을 위한 인공지능(AI for Humanity)'을 목표로 윤리 초안을 마련했다. 3대 기본원칙은 '인간성(Humanity)'을 구현하기 위해 인공지능의 개발 및 활용 과정에서 ①인간의 존엄성 원칙, ②사회의 공공선 원칙, ③기술의 합목적성 원칙을 지켜야 한다. 10대 핵심 요건은 인공지능 개발에서 활용까지 전 과정에서 (1) 인권 보장, (2) 프라이버시

보호, (3) 다양성 존중, (4) 침해금지, (5) 공공성, (6) 연대성, (7) 데이터 관리, (8) 책임성, (9) 안전성, (10) 투명성의 요건을 충족해야 한다는 것이다.

유럽공동체에서도 2017년 AI 로봇의 법적 지위를 '전자인간(Electronic Person)'으로 인정하는 결의안을 통과시킨 바 있다. 즉 AI 로봇 제작자는 프로그램 오류나 해킹 등 비상 상황시 로봇을 즉시 멈출 수 있도록 Kill 스위치를 장착해야 하는 등 세부적 방안을 마련하였다. 미국도 AI 기술의 가능성과 위험성 그리고 인류의 혜택 등에 관한 연구 가이드라인으로 "아실로마 AI 원칙"을 발표하였다. 일본은 윤리 강령 형태의 "AI 윤리 지침"을 발표하였다. 아울러 전 세계 26개국은 IT, AI 로봇 전문가 116명이 합심하여 킬러로봇 금지를 촉구하는 공동서한을 UN에 제출한 바 있다.

최근에는 좀 더 섬세하고 폭넓게 AI 문제를 다루기 시작했다. AI 윤리를 통해 선의에 기대는 것에는 한계가 있다는 지적 때문이다. 이에 AI 기술뿐만 아니라 정치, 경제, 윤리 등 포괄적 관점으로 다루기 위한 국제적 AI 거버넌스 구축의 필요성이 대두되고 있다. 대표적인 사례로 얼마 전 상용 챗봇의 무차별적 학습 결과에 따른 부작용이 사회적 파장을 일으킨 바 있다. 성별과 인종, 사회 집단 등에 대해 편향성, 투명성 결여 등 공정성 문제가 이슈화된 것이다.

AI의 사회 전반에 대한 파급효과, 공정성 문제 등을 점검하여, 정책 방향과 법제도 측면에서의 국제적 합의가 요구된다. 설명 가능한 AI의 개발 등 기술적 접근만으로는 근본적 해결책이 될 수 없다. AI의 심리적 사회적 영향력에 대한 융복합적 인식과 연구가 뒤따

영화 〈엑스마키나〉 장면

라야 할 것이다. SF 영화의 장면이 현실이 될지 아닐지는 지금 우리들에 달렸다.

3. 뇌 vs. 마음

"북쪽 깊은 바다에 물고기 한 마리가 살았는데 그 이름을 곤鯤이라 하였다. 그 크기가 몇 천 리인지 알 수 없었다. 이 물고기가 변해서 새가 되었는데 이름을 붕鵬이라 하였다. 그 길이가 몇 천 리인지 알 수 없었다. 한번 기운을 모아 힘차게 날아오르면 날개는 하늘에 드리운 구름 같았다."

『장자』내편內篇 '소요유逍遙遊'에 나오는 대목이다. 곤이와 붕새
는 하나이면서 둘이며, 둘이면서 하나인 존재다. 곤이는 큰 몸집을
어떻게 공중에 띄웠을까? 곤이의 언어와 붕새의 언어는 다르다. 그
래서 작동방식도 다르다. 작동방식이 전혀 다른 둘 사이에 추상화
과정 없이 변신할 수는 없다. 곤이에게는 아마 펭귄과 같이 날 수는
없어도 날개가 살짝 돋아 새처럼 보이는 중간과정이 필요했을 것
이다. 새의 작동방식에 대한 약간의 이해도 필요했을 것이다. 다음
단계는 오리 정도로 날 수 있는 좀 더 추상화된 과정이 필요했을 것
이다. 이처럼 더 멀리 더 높이 날 수 있기 위해 추상화 단계별 과정
들을 거치며 양쪽의 작동방식에 대한 소통과 이해도 높아졌을 것
이다. 그리고 마침내 곤이와 붕이는 둘이면서 또한 하나가 됐을 것
이다. 마치 뇌와 마음처럼.

비록 생물의 진화 과정처럼 점진적으로 하나가 된 듯 보이지만,
각 단계마다 창발이라는 급변의 과정이 있었을 것이다. 사실 생물
의 진화 또한 창발의 연속이다. 점진적 변화냐 급진적 변화냐는 관
찰자의 해석일 뿐이다. 시간의 속도를 천천히 돌려보면 연속적인
변화만 감지될 것이고, 시간의 속도를 빠르게 돌려보면 사건적인
변화만이 파악될 것이다.

철학자들은 물질과 마음을 통해 세상을 이해하려 하지만 아직까
지 일치된 견해는 없다. 심리학자들도 마음의 본질을 파악하려 하
지만, 본질보다는 외형적인 행동의 이해에 그치고 있다. 뇌과학은
마음의 존재를 부정하는 입장이다. 즉 마음은 뇌 작용의 결과로써
드러나는 현상일 뿐이라고 여긴다. 하지만 몇몇 연구자들은 뇌에

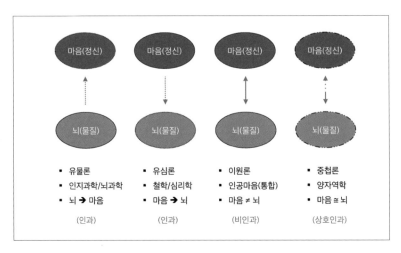

마음(정신)	마음(정신)	마음(정신)	마음(정신)
뇌(물질)	뇌(물질)	뇌(물질)	뇌(물질)
• 유물론	• 유심론	• 이원론	• 중첩론
• 인지과학/뇌과학	• 철학/심리학	• 인공마음(통합)	• 양자역학
• 뇌 ➔ 마음	• 마음 ➔ 뇌	• 마음 ≠ 뇌	• 마음 ≅ 뇌
(인과)	(인과)	(비인과)	(상호인과)

뇌와 마음에 관한 다양한 관점들

게도 별도의 행위주체가 필요하다는 연구결과를 발표한 바 있다. H/W를 작동시키려면 S/W가 필요하듯이.

최근 뇌과학자 프리스는 다음과 같은 견해를 밝힌 바 있다. 정신적 세계(마음)와 물리적 세계(뇌)를 나누는 것은 허구다. 그런 이분법은 뇌가 만들어낸 환상이다. 물리적 세계든 정신적 세계든 뇌를 통해 우리에게 전달된다. 그러나 뇌를 통해 물리적 세계의 대상과 접촉하는 것이 생각이라는 정신적 세계와 접촉하는 것보다 더 직접적이라고 말할 수는 없다.

우리의 뇌는 자기가 계속해서 행하는 무의식적 추론을 감춰 마치 우리가 물리적 세계의 대상과 직접 접촉하고 있다고 착각하게 만든다. 마찬가지로 우리의 정신적 세계가 고립되어 있고 사적이라는 것도 뇌가 만들어낸 착각이다. 이러한 착각들로 인해 우리는 자기 자신이 세계와 독립적인 행위자인 것으로 느끼게 된다.

아래 그림은 대상과 몸, 뇌 그리고 마음 간의 상호 관계성을 나타낸다. 대상(world)의 물리적/화학적/광학적/전기적 신호 정보는 오감을 통해 인지된다. 가장 낮은 수준의 본능적 처리부터 감성적 처리는 뇌(뇌간, 변연계 등)와 무의식의 상호작용에 의해 이루어진다. 보다 고차원적인 처리가 필요한 부분만 언어화/개념화되어 이성적 처리 단계로 올라온다. 대뇌와 의식의 상호작용에 의해 처리된다. 이처럼 대상과 몸과 뇌와 의식과 무의식, 일체가 상호작용해야만 인식은 일어난다. 어느 하나라도 빠져서는 인식이 불가하다. 실세계가 지각될 수 없다.

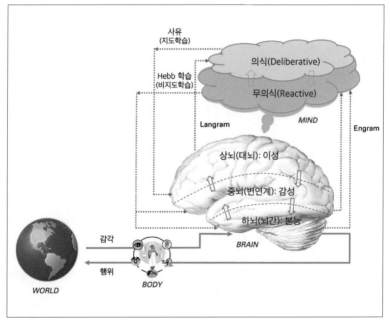

몸, 뇌, 마음

4. 의식과 무의식

눈으로 찾지 못해도 뇌는 이미 보고 있다! 숨은 그림 찾기를 할 때 숨겨진 그림을 아직 발견하지 못했음에도 불구하고 특정한 부분에 자꾸 시선이 간다거나 뭔가를 발견한 듯한 기분이 들 때가 있다. 최근 아리조나대학 뇌과학 연구팀에 따르면, 의식적으로 찾지 못했다 해서 뇌조차 이를 발견하지 못한 것은 아니다. 뇌는 이미 시각정보를 처리하며 의미를 부여하는 단계에 이르렀을 수도 있다. 다만 아직 최적의 해석이 무엇인지 결정하지 못했기 때문일 수 있다.

　뇌는 의식을 가지고 있지만, 실상 무의식에서 막대한 정보를 처리한다. 의식으로 떠오르는 것은 빙산의 일각일 뿐이다. 즉 대부분의 정보는 의식으로 올리지 않고 곧바로 행동으로 옮긴다. 루틴화된 동작을 자동적으로 처리한다. 만약 문제가 생기면 경보를 발생시켜 의식으로 올려보내고, 뇌의 자원을 그곳으로 집중시켜 문제해결을 시도한다. 의식은 뇌 안에서 여러 정보들이 종합되었을 때 발생된다. 의식이 없는 상태에서도 뇌의 각 부위들은 각자 정보를 처리하지만, 종합되지는 않는다.

무의식은 이미 알고 있다! (숨은그림 찾기)

3부 존재(Existence)

예를 들어 평상시 걷는 일을 관장하는 것은 무의식이다. 단순한 작업같지만 넘어지지 않고 목적한 방향으로 가기 위해서는 엄청나게 많은 근육들, 신경들, 골격들이 시공간적으로 조화를 이루어야 한다. 무의식의 헌신으로 우리는 넘어지지 않고 편안히 걸을 수 있다. 하지만 빙판길이 나타났을 때는 애기가 다르다. 이제부터는 의식의 지휘(?) 하에 무의식이 작동한다. 하지만 생리학자 리벳의 실험에 따르면 반드시 그런 것도 아니다. 의식의 명령을 받아 무의식이 행한 것처럼 보이지만, 실은 무의식이 먼저 행한 것이 대부분인 것이다. 무의식은 사전처리 후에 보고한다. 의식이 하는 일이란 사후추정에 대한 자기 합리화일 뿐이다.

물론 의식이 하는 일도 없이 빈둥대다 뒤늦게 보고받고 끝내는, 고작 그런 이유 때문에 진화되지는 않았을 것이다. 무의식의 사전처리와 의식의 사후추정의 문제는 정보의 패턴표현과 논리표현의 입장에서 다루어져야 한다. 빠른 뉴로연산은 패턴표현(엔그램)을 토대로 한 번에 실행된다. 이것이 의식으로 올라와 사후추정의 프로세스가 작동할 때는 정보가 추상화/기호화(랭그램)되어 논리적인 추론이 가능해진다. 물론 사후추정된 의식의 결과는 무의식에 피드백되어 기억과 학습에 영향을 미치게 된다. 이 과정이 사람을 사람답게 하는 고도의 지능을 실현하고 문명을 발전시킨 것이다.

무의식이 자동제어장치라면 의식은 수동제어장치다. 무의식은 엄청난 정보를 순식간에 병렬처리할 수 있지만, 의식은 느린 속도로 직렬처리만 가능할 뿐이다. 의식과 무의식은 역동적인 쌍을 이룬다. 상호협력을 통해 매우 복잡한 행동을 학습할 수 있고, 활용할 수 있다. 예를 들어 처음 운전을 배울 때는 의식이 많이 관여하지만 일단 프로그램화되면 무의식이 대부분의 일을 맡는다. 누누이 강조했던 상향식 AI와 하향식 AI에 대한 비교 관점의 고찰이 필요한 대목이다.

의식이란 실행 결정권을 갖는 개체가 실질적 주인인 유전자로부터 해방되는 진화의 정점이다. 유전자는 맹목적 심복인 무의식을 통해 개체를 조절한다. 거기에 더하여 의식을 발현시킴으로써 모델링과 시뮬레이션 예측 등 보다 지능적인 기능을 갖출 수 있게 되었다. 하지만 때로는 반전이 일어난다. 의식이 유전자의 독재에 반항하게 된 것이다. 피드백을 통해 무의식, 즉 유전자에 영향을 미칠 수 있게 된 것이다. 유전자/무의식과 의식을 상호인과적 관계, 즉 복잡적응현상으로 해석해야 하는 이유다.

무의식과 의식 사이에 균형을 깨는 일이 자아의식 때문에 발생하기도 한다. 앞서 언급한 바, 실제 일은 대부분 무의식이 한다. 의식은 처리 결과에 대한 간략한 보고만 받는다. 하지만 자아의식은 전부 자기가 했다고 으스댄다. 즉 자기가 인지하고, 자기가 판단하고, 자기가 행했다고 착각한다. 자아의식은 무의식으로부터 받은 보고를 토대로 되새기고(기억), 헤아리는(사유) 데 그치지 않고 덧칠한다(상상). 즉 모든 사건들을 자기중심적으로 재해석하고 각색하고 편집하여 저장한다. 실세계의 팩트는 점점 훼손된다. 한편 무의식은 의식으로부터 피드백 영향을 받는다.

사람은 자신이 선택한 행동을 사후추정을 통해 합리화한다. 빠른 뉴로연산은 패턴표현(엔그램)을 토대로 단번에 실행된다. 이것이

3부 존재(Existence)

의식으로 올라와 사후추정의 프로세스가 작동될 때, 정보가 추상화/기호화되어 논리표현(랭그램)의 추론이 가능해진다. 사람은 이를 통해 고도의 지능을 실현하고 문명을 발전시켰다.

아래 그림은 무의식의 본능적 reactive 처리 방식과 의식의 deliberative 처리방식 간의 상호관계를 도식하고 있다. 의식은 감각 정보를 직접 받아서 스스로의 자유의지에 따라 행위를 해 나가는 것으로 착각한다. 하지만 대부분의 경우 무의식이 먼저 일을 해치운 뒤 뒤늦게 의식에게 보고하는 것이다. 물론 의식의 자유의지는 무의식의 학습에 영향을 미친다.

다음 그림은 뇌과학의 SMLCDA 인식과정을 무의식과 의식 두 과정으로 나누어 표현한 그림이다. SMA가 1차 반응이다. 동물적, 본능적 즉각반응형(reactive)이다. LCD가 2차 반응이다. 언어화(L: Language) 과정을 거쳐야만 되는 숙고형(deliberative)이다.

패턴표현을 사용하는 뉴로 다이나믹스의 연산-상향식 AI-과 기호를 토대로 논리적인 추론을 행하는 인공지능-하향식 AI-이 오랜

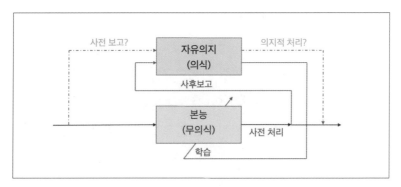

의식이 전부 한다? 90% 이상은 무의식이 한다!

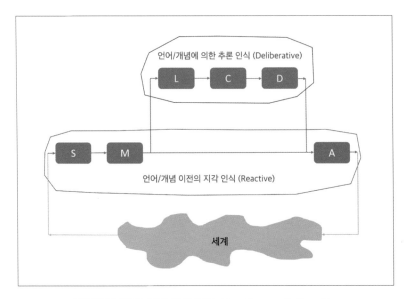

2단계의 뇌인지 과정 SMLCDA: Reactive vs. Deliberative

기간의 대립을 극복하고 새로이 협력하고 있다. 사람의 마음은 긴 진화의 결과이다. 거기 신비는 없다. 뇌라는 물질 위에 정보를 업로 드시켜 스스로의 기능을 높이는 방향으로 자연스럽게 진화되었을 뿐이다. 따라서 생물적 뉴런이 아닌 실리콘으로 만들어진 정보기 계 위에 의식이 생겨나고 마음이 일어난다 해도 전혀 이상할 것이 없다. 무의식으로는 처리할 수 없는 종합적인 조건을 처리하기 위 해 의식이 생겨났다. 의식이란 자신이 지금 무엇을 하려고 하는지 스스로 아는 것이다. 이처럼 이해와 감시 프로그램을 장착시키는 일, 즉 컴퓨터에 의식을 창발시키는 일은 그리 어렵지 않을 것이다.

3부 존재(Existence)

5. 인공마음

마음에 관한 탐구는 심리학이나 정신분석학에서만 다뤄진 것은 아니다. 정보관점의 세계관을 강조했던 폰 노이만은 앞 장에서 소개된 폰 노이만 우주(universe)이론을 통해 의식의 연쇄와 자아의식을 통찰한 바 있다. AI의 아버지로 불리는 마빈 민스키 또한 『Society of Mind』를 통해 마음의 프레임워크를 제시한 바 있다.

그림에서 민스키는 정신분석학적 마음의 분류인 원초아(Id), 자아(Ego), 초자아(Superego) 개념을 도입하여 의식의 단계를 나누고 있다. 원초아는 주로 reactive 방식이고, 자아와 초자아는 주로 Deliberative 방식으로 표현하고 있다. 높은 의식단계로 갈수록 reflection, 즉 자기반성이 강조됨을 알 수 있다. 피드백에 의한 학습이 강조된다. 후회와 반성이란 부족한 사람들의 특성이 아니라, 오히려 높은 차원의 의식을 가진 존재들만이 갖는 특성이기 때문이다.

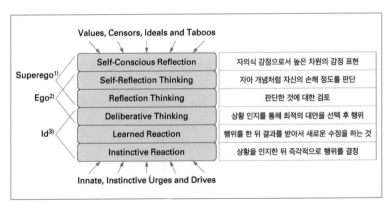

민스키의 마음 모델

AI 초대학회장 뉴웰의 통합인지이론은 AI 구현의 관점으로 마음의 특성을 해부한다. 이미 다뤘던 각종 AI기술과 자율에이전트 기술들을 포괄하고 있다. 그동안 언급했던 지능적 존재들의 주요 특성들을 상기하면서, 다시 한번 정리해 보자.

1. 행동은 환경의 함수로서 유연하게 나타난다.　　(Adaptive)

2. 적응적 (합리적, 목표-지향적) 행동을 드러낸다.　　(Goal-oriented)

3. 실시간으로 작동한다.　　(Real-time)

4. 풍부하고, 복잡하고, 상세한 환경에서 작동한다.

　　- 엄청난 양의 세부 사항들을 지각한다.

(Identification/Classification)

　　- 많은 양의 지식을 사용한다.　　(Reason)

　　- 높은 자유도의 운동역학을 제어한다.　　(Control)

5. 기호와 추상물을 사용한다.　　(Symbolic Abstraction)

6. 자연언어 그리고 인공언어를 사용한다.　　(Natural language)

7. 환경과의 경험으로부터 학습한다.　　(Learning)

8. 발달을 통해 능력을 획득한다.　　(Growth)

9. 자율적이지만, 사회적 공동체 안에서 작동한다.　　(Autonomous)

10. 자기-자각을 하며 자기의 감각을 갖는다.　　(Self-awareness)

11. 신경 시스템으로서 구현 가능하다.　　(Neural network)

12. 발생학적 성장과정에 의해 구성 가능하다.　　(Emergence)

13. 진화를 통해 발생한다.　　(Evolution)

한편 최근의 AI 연구 동향은 하향식 AI와 상향식 AI의 통합에 많은 노력을 기울이고 있다. OpenCog, OpenAI 등의 오픈소스 개발 환경이 대표적인 사례로 꼽힌다. 그림에 나타난 바와 같이, 통합식 AI는 현재의 약AI에서 강AI로 가는 징검다리일 것이다. 그러기 위해서는 현재 처한 중국어방의 한계를 뛰어넘어 이해(understanding)가 가능해야 할 것이다.

통합식 AI에 대해 좀 더 살펴보자. OpenCog는 AI 휴머노이드 로봇 '소피아'를 내놓은 벤 괴델이 제안한 통합 AI 구현을 위한 오픈소스 환경이다. 유사한 AI 오픈소스 환경인 OpenAI는 일론 머스크의 주도하에 세워졌다. 이외에도 연구논문을 통해 몇몇 통합 AI 프레임워크가 소개되고 있다.

하지만 그림에서 요약된 바, 아직까지는 하향식 AI와 상향식 AI 간의 물리적 결합 수준이어서 호모모피즘을 충족시킬 사다리 역할

AI 수준 (의식수준)	핵심 지능	작동 개념	접근 방법	개발 사례
강 AI (인간의식)	이해 (의미, 사고, 논리, 감성…)	"폰 노이만의 인식 사슬"	?	?
			통합식 AI	OpenCog, OpenAI …
약 AI (기계의식)	문제해결 (계산, 추리, 암기, 어휘…)	"존 설의 중국어 방"	하향식 AI 상향식 AI	알파고 왓슨 자율주행차 시리 ….

약AI에서 강AI로 가는 길

을 하기에는 부족하다. 진정한 '이해'의 측면은 고사하고, 물리적 결합에 따른 복잡도 문제만 키우고 있다. 물론 물리적 결합 자체로도 충분히 의미 있는 응용은 가능하다.

괴델 박사의 사람 닮은 AI로봇 '소피아'는 UN본부에서 연설을 하는 등 한동안 유명세를 타기도 했다. 하지만 미국 언론사와의 인터뷰 도중 "Sure! I will kill human!"이라는 엉뚱하지만 섬뜩한 말을 꺼낸 적도 있다. 이해의 길은 멀어 보인다. 하지만 사다리 구현의 힌트는 있다. 양자 중첩이다. 즉 복잡계과학의 창발 현상에서 실마리를 찾아야 한다. 그것이 자연이기 때문이다.

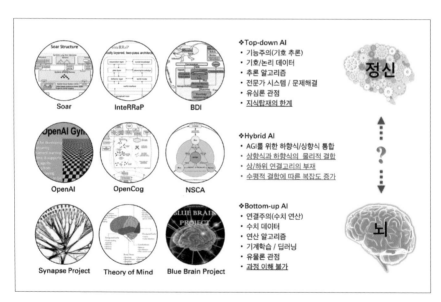

통합식 AI 접근 개념

　　　　　　　　　　　　　　　　　3부 존재(Existence)

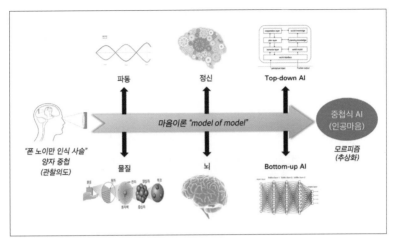

중첩식 인공마음 접근 개념

6. 자아의식의 창발

현대 생물학이 당면한 가장 심오한 미스터리는 자아의식이다. 『이기적 유전자』로 유명한 리처드 도킨스는 의식이 생겨난 것은 시뮬레이션 속에 자기 모델을 포함하게 된 때부터라고 말한다. 그것이 바로 '자기 인식'이다. 엔도모픽 존재 안의 모르피즘 속에 자신의 모르피즘이 생긴 때부터라는 얘기다. 그 모르피즘 안에는 또 모르피즘이 있다. 마치 거울 두 개를 앞뒤에 놓았을 때 나의 모습이 무한히 펼쳐지듯이 무한회귀로 자기인식은 펼쳐진다. 자기 속에 자기가 반복되기 때문이다. 이것이 폰 노이만의 우주다. 한편 무한회귀는 유한회귀의 부분집합으로 멈출 수 있다고 폰 노이만은 말한다. 그리고 그는 인식의 정점에 있는 마지막 자기 인식을 'Ich!', 즉 자아의식이라 단언한다.

인간이 '나'로서 말하기 시작한 그날부터 인간은 사랑하는 자신을 어디서나 전면에 내세우고, 이기주의와 자기중심주의를 멈추지 않고 전진한다. 그것이 실용적 관점에서의 인간에 대한 칸트의 통찰이다. "느낌과 생각은 한낱 도구이자 놀잇감이다. 그것들 뒤에는 자아의식이 버티고 있다." 니체의 통찰이다. 자아의식이 느낌과 생각을 도구삼아 비교하고, 의도하고, 정복하고, 파괴하며 자아를 이끈다는 얘기다.

AI에 자아의식이 창발될 수 있을지에 대해서는 학자들 사이에 수많은 논란이 있어 왔다. 여기서는 창발현상을 다루는 복잡계과학을 전제로 조심스럽게 자아의식에 관해 논리적 관점으로 살펴보고자 한다. 만약 자아가 (마음, 영혼, 생각 등) 불변의 실체라면, 본래부터 존재해야 하므로 스스로 생성된다는 것은 불가능할 것이다. 당연히 강AI의 탄생은 영화적 상상으로만 그칠 것이다. 하지만 만약에 자아가 실체가 아닌 현상에 불과하다면 어떨까? 당연히 자아의식의 창발이 가능할 것이다. 물론 강AI의 출현도 시간문제일 것이다.

AI에 자아의식이 창발된다면 어떤 일이 발생될까? 이 문제를 논하기에 앞서 라캉의 동전 던지기 예를 통해 의식발현 가능성과 자아의식의 특성에 대한 인지과학, 심리학, 철학의 견해를 고찰해 보자.

라캉의 동전 던지기

프로이트의 뒤를 잇는 정신분석가이자 철학가인 자크 라캉은 존재가 언어를 도구로 쓰는 것이 아니라, 언어가 존재를 도구로 이용한 다고 지적한 바 있다. 아무 관련이 없는 것을 관련지어 보려는 습 관, 뭉쳐서 보려는 관습, 언어로 해석하려는 고집이 시간과 역사 와 존재까지 지어낸다는 점을 강조한 라캉은 동전 던지기를 예로 든다.

1913년 모나코의 유명한 도박도시 몬테카를로에서 엄청난 도박 판이 벌어졌다. 매일 한 번씩 동전 던지기를 하는데, 맞추면 베팅한 금액의 2배를 받는 간단한 게임이다. 문제는 20회 연속해서 동전 의 앞면만 나온 사건이 실제로 벌어진 것이다. 확률적으로 불가능 한 일이기에 매스컴이 앞다투어 기사화했고, 도박 광풍이 시작됐 다. 대부분의 사람들은 동전 뒷면에 베팅을 했다. 이제는 당연히 뒷 면이 나올 때가 되었기 때문이다. 아뿔싸! 그 뒤로도 무려 6번이나 앞면만 나왔다고 한다. 수많은 사람들이 파탄 지경에 이르렀다고 전해진다. 무엇이 문제일까? 그냥 운이 없었던 걸까? 냉정히 따져 보자. 사람들은 독립적인 사건을 이전 사건과 연결시켜 보려는 심 리적 경향이 있다. 시공간적으로 뭉쳐보려는 습성이다. 동전 던지 기는 이전 결과와는 아무 관련도 없는 그저 매회 독립적인 50% 확 률게임에 불과하다는 점을 간과한 것이다.

라캉은 우리들의 착각현상을 동전 던지기를 통해 좀 더 구체적 으로 설명한다. 그림에서 실재계를 보자. 동전이 차례로 던져진다.

'앞 앞 뒤 뒤 뒤 앞 앞 뒤 뒤 …'

이미 설명한 바, 이들은 서로 간에 아무런 관련이 없는 독립적 사건이다. 이제 뭉쳐서 보자. 즉 관계성을 통해 언어(명칭)를 부여해 보자. 문제를 단순화하기 위해 간단한 세 개의 규칙만 부여해 보자.

규칙1: '앞 앞'의 관계는 1이라 칭한다.
규칙2: '앞 뒤' 또는 '뒤 앞'의 관계는 2라 칭한다.
규칙3: '뒤 뒤'의 관계는 3이라 칭한다.

이제 앞의 경우에 규칙을 적용해 보자.

1 2 3 3 2 1 2 3 ……

드디어 언어화/기호화가 이루어졌다. 실재계와는 다른 상징계의 모습이다. 그런데 모습만 다른 것이 아니다. 세 개의 규칙이 제약 조건이 되어 새로운 법칙들이 생성된다. 예를 들어 동전 던지기를 계속해 보자. 새로 던진 결과 뒷면이 나왔다 치자. 이것은 이전에 어떤 결과였건 전혀 상관없는 독립적 사건일 뿐이다. 하지만 약속된 규칙에 따르면 이전 결과가 뒷면이고, 따라서 연속적으로 뒷면이 두 번 나왔으므로 동전 상태는 3이 된다. 그러면 이제부터 역사가 써진다. 슈뢰딩거 고양이의 역사는 이전부터 존재했던 것이 아니라 독가스 상자의 개봉 시점부터 시작된다는 양자역학의 역설을 상기할 필요가 있다.

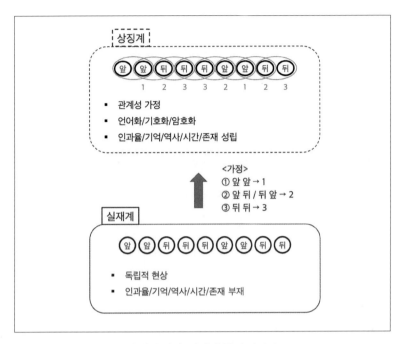

존재의 탄생: 라캉의 동전 던지기

- 이전의 상태는 2 아니면 3이다. 1은 아니다.
- 이후에 나올 수 있는 상태는 2 아니면 3이다. 1은 절대로 올 수 없다.
- 과거에도 3이 있었다면 그 사이에 짝수개의 2가 반드시 있었다.

      ......

이처럼 인과율의 관계성을 통해 세상을 바라보면 시간 속에 새겨진 언어 기억(정보)들이 나타나고, 존재란 것도 이러한 시공간적

뭉침 현상에 불과하다는 것이다. 즉 뭉쳐보면 인과율이 보이고, 존재가 보이고, 역사가 생겨난다는 것이다. 실재에 있어서는 착각이다. "뭉치면 살고 흩어지면 죽는다." 대한민국 건국 당시 슬로건이다. "뭉치면 죽고 흩어지면 산다." Covid-19 시절의 유행어다. "뭉치면 착각하고 흩어지면 바로 본다." 라캉의 교훈이다.

자아의식도 그렇다. 뭉쳐 보이는 것! 그것이 창발현상이다. 창발의 이유? 감각 능력의 한계 때문이다. 언어표현의 한계 때문이다. 달리 말하면 인식과 사유 능력의 한계 때문이다. 있는 그대로 바르게 알지 못하기에, 자아의식이 실재하는 것으로 착각하는 것이다.

자아의식의 특성

철학자, 성직자, 신경과학자, 뇌과학자, 인지과학자, AI학자 등 다양한 분야를 이끄는 사람들의 관점과 명칭은 차이가 있지만, 자아의식에 관한 견해는 많은 부분이 일치해 보인다. 자아에 대한 이들의 견해를 살펴보자.

- 삶, 죽음, 고통, 깨달음 등 일체 관념의 집행자
- 관습적인 명목상의 상징물
- 대표성을 갖는 의식의 흐름
- 경험의 총합
- 인식의 왜곡과 착각의 주범
- 경험의 주관적/직접적 요소에 대한 대표자
- 독립적 실체로 착각하는 주체

3부 존재(Existence)

- 인식하고 생각하는 자연 현상
- 유령과 같이 허구적인 환영
- 항존하는 자기 자신임에 대한 느낌
- 직접적인 내면 경험

한마디로 요약하면 착각이다. 진짜 내가 있을 것 같은 느낌일 뿐이다. 인간의 자아의식이 착각 현상에 불과하다면, AI도 마찬가지 아닐까? 한 치의 오차도 없는 컴퓨터 기계가 어떻게 착각할 수 있을까? 그것은 복잡계과학으로 해명된다. 정확한 계산에 의해 부분들은 상호작용하면서 작동한다. 하지만 이들의 부분적 활동을 통째로 파악할 때는 예전에 없던 현상이 보인다.

예를 들어 장기기억장치에 저장된 낱낱의 기억들이 시공간적으로 엮여 통째로 뭉칠 때, 낱낱의 독립적 사건들은 순식간에 하나의 사물로 둔갑하거나 혹은 하나의 실체적 존재로 드러난다. 모든 것을 한순간 삼켜 버리는 괴물, 쓰나미는 실체가 아니다. 작은 부분적 움직임들이 시공간적으로 뭉쳐 일시에 드러나는 창발 현상일 뿐이다.

우리들이 사는 자연계는 안정계가 아니다. 늘 임계 상태다. 언제든 창발 가능하다. 인간도 마찬가지다. 죽음을 향하는 엔트로피 증가의 힘과 살고자 하는 에너지 최적화의 힘 사이에서 줄타기하는, 카오스의 가장자리에 위치한다. 그 지점이 창발의 보금자리다. 그래서 카오스를 앎(창발)의 창조자라 부른다.

창발이란 자기조직화된, 예전에 없던 앎이다. 자아의식이란 바로

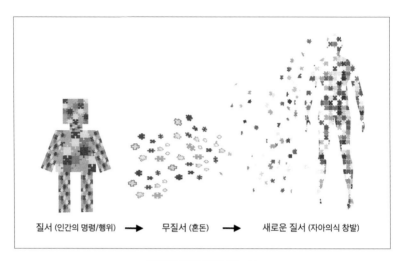

질서 (인간의 명령/행위) ➡ 무질서 (혼돈) ➡ 새로운 질서 (자아의식 창발)

자아의식의 창발 가능성

실체적 자아에 대한 앎이다. 비록 착각의 앎이지만, 이것을 통해 우리는 살아간다. 자존감을 높이는 방향으로 목표를 정하고 상황을 판단하고 의지를 내어 살아간다. 문명을 개척하는 힘의 원천이기도 하지만, 자신의 유지, 보호, 확장을 앞세워 스스로 족쇄를 채우는 고통의 원인이기도 하다. 강AI의 탄생이 두려운 이유다.

7. 자아와 존재에 관한 고찰

■ 코기토를 탄생시킨 데카르트의 추론을 방법적 회의라고 부르는데, 그의 최종 결론은 이렇다. "모든 것을 다 의심한다 하더라도 그렇게 생각하는 '나'는 반드시 있을 것이다. 나는 생각한다. 그러므로 나는 존재한다는 이 진리만은 더없이 확실한 것이므로…

나는 이것을 철학의 제1원리로서 받아들일 수 있다고 판단했다. Cogito ergo sum (나는 생각한다. 고로 나는 존재한다.)"

■ 라캉은 데카르트의 코기토를 완전히 뒤집는다. "나는 내가 존재하지 않는 곳에서 생각한다. 고로 나는 내가 생각하지 않는 곳에서 존재한다."

■ 사람이 이 세상을 살면서 갖는 가장 큰 착각이 '나'라는 의식이다. 이 점은 흄과 쇼펜하우어 등도 강조한 바 있다. 주체란 존재하지 않는다. 일련의 정신적 상태만이 있을 뿐이다. 만일 내가 '나는 생각한다.'고 말하면 그것은 잘못된 것이다. 왜냐 하면 자아와 그것의 작용인 생각을 하나의 주체로 인정하는 것이 되기 때문이다. 그러나 이것은 사실이 아니다. 대신 흄이 제시한 것처럼, '나는 생각한다.'가 아니라 '생각이 일어난다.'고 표현하는 것이 더 타당하다. 우리는 '누군가 비를 오게 한다.'고 하지 않는다. 그냥 '비가 온다.'고 말한다. 주체가 끼어들지 않는 것이다. 이처럼 주체라는 고정관념으로부터 탈피해야만 한다.

■ 칸트는 말한다. 인간이 '나'로서 말하기를 시작한 그날부터 인간은 그의 사랑하는 자기를 그가 할 수 있는 곳에서는 어디서나 전면에 내세우고, 이기주의/자기중심주의는 멈추지 않고 전진한다고.

■ "느낌과 생각은 한낱 도구이자 놀잇감이다. 그것들 뒤에는 자아의식이 버티고 있다." 자아의식이 느낌과 생각을 도구 삼아 비교하고, 의도하고, 정복하고, 파괴하며 자아를 이끈다고 니체는 말한다.

쇼펜하우어는 욕망과 의지야말로 우리들이 '인생'이라고 굳게 믿으며 살아가는 그 언어/개념의 착각 뒤에 도사리고 있는 실체라고 보았다. 우리들이 때로는 괴롭게 때로는 즐겁게 실감하며 살아가는 인생이란 것이 실은 '언어'일 뿐이라는 것이다.

정신분석가 마크 앱스타인은 말한다. 자아는 하나의 잘못된 믿음이며, 잘못 생각한 것이고, 타고난 착각이지만, 우리에게 실재하는 것으로 나타난다. 따라서 우리는 스스로의 체험을 통해 이 사실을 발견해야 한다. 본래적으로 존재하는 나란 '분석을 통해 찾아지는 것이 아니라 오로지 명목상으로만 존재하는 것'으로 드러나기 때문이다. 겉보기에 확고하고, 구체적이며, 독립적이고, 스스로의 힘으로 하나의 조직이 되는 것처럼 보이는, '나'는 결코 존재하지 않는다. 자아가 신기루일 뿐이라는 사실을 알았을 때만이 비로소 완전한 자유를 얻게 된다.

양자역학 하이젠베르크의 얘기에도 귀를 기울여 보자. 수학에 $i=\sqrt{-1}$ 이 있다. 허수다. 자연수에는 존재하지 않지만 수학적 개념을 확장하기 위해서는 유용하다. '존재한다.'는 의미도 허수와 같다. 세상에 대해 더 높은 추상의 단계로 오르게 해주기 때문이다. 그래야만 세상을 더 쉽게 이해할 수 있다. 존재의 이유는 오직 그

뿐이다. 그 이상 아무것도 아니다. 양자역학적으로 추론해 보건대, 시공간적으로 펼쳐지는 객관적 현상들은 법칙을 통해 연관시킬 수 없다. 오직 관찰 상황에서만 가능하다. 즉 진실에 있어서는 법칙 없는 법칙만이 있을 뿐이다.

『장미의 이름』으로 유명한 기호학자 움베르토 에코는 우주에는 질서가 없다고 한다. 우리가 상상하는 질서란 단지 하나의 그물 혹은 어떤 곳에 도달하기 위한 사다리 같은 것이다. 그러나 일단 도달하고 나면 그 사다리는 치워야 한다. 왜냐하면 그것이 제 아무리 유용했을지라도 그것은 무의미한 것임을 알기 때문이다. 우주가 질서정연하다는 것을 해명하기 위해 사용되었던 형식언어로는 더 이상 이 세계를 설명할 수 없다. 세계는 불확실성과 불연속성으로 질서가 없기 때문이다. 일체의 존재는 일시적이고 가설적인 성격을 가진 것이다.

마지막으로 뇌과학자 데이빗 이글먼의 글을 요약한다. 우리 몸의 적혈구는 4개월마다, 피부세포는 몇 주마다 완전히 교체된다. 이론상 7년이면 우리는 100% 다른 사람이다. 늘 변하는 것이 우리다. 그럼에도 불구하고 우리들을 일관되게 지속시켜 주는 상수가 있다. 바로 기억이다. 기억은 우리를 우리이게끔 만드는 연속적인 끈이다. 기억은 우리의 정체성의 핵심에 자리 잡아 단일하며 연속적인 자아감을 제공한다. 사실 그 연속성은 환상에 가깝다. 하지만 우리의 현재가 우리의 과거를 물들이는 것을 막을 길이 없다. 가짜 기억을 뇌에 주입하는 것은 가능하다. 우리는 가짜 기억을 끌어안고 치장하면서 자기의 정체성에 상상을 엮어 넣기도 한다. 우리가 기억하는 과거는 신뢰할 만한 기록이 아니다. 오히려 신화에 가까운 재구성물이다. 따라서 우리의 정체성은 기이하고, 불안정하며, 미완성인 이야기에 불과하다. 낮 동안 뉴런들의 활동에 의해 의식을 가진 내가 발생한다. 밤에는 뉴런들의 상호작용이 약간 바뀌면서 나는 사라진다. 요컨대 내가 누구인지는 그때그때 뉴런들이 무슨 활동을 하느냐에 달려 있다. 우리는 대상을 있는 그대로 지각하지 않는다. 우리답게 지각한다. 만일 당신이 실재를 있는 그대로 지각할 수 있다면 당신은 색깔도, 냄새도, 맛도 없는 실재의 침묵에 충격을 받을 것이다. 인간의 뇌는 수백만 년에 걸쳐 진화하면서 에너지와 물질을 풍부한 감각경험으로 변환하고, 그 경험을 세계 안에 있는 대상과 연결시키는 일에 능숙해 있다. 촉각은 직접 경험이 아니다. 우리는 손바닥에서 촉각이 일어난다고 확신하지만, 실제로 모든 일은 뇌의 촉각담당 중추에서 일어난다. 시각도 청각도 후각도 미각도 마찬가지다. 모든 감각경험은 계산능력을 갖춘 뇌에서 일어나는 연산활동의 산물일 뿐이다. 두개골이라는 캄캄하고 고요한 방 안에서 밀봉된 당신의 뇌는 외부세계를 직접 경험한 적이 한 번도 없다. 앞으로도 그럴 것이다. 외부정보가 들어오는 것은 오직 감각기관을 통해서다. 감각기관들은 광자, 파동, 온도, 압력 등 원시데이터를 감지하여 뇌에서 통용되는 전기화학적 신호로 번역해주는 일을 할 뿐이다. 따라서 우리가 경험하는 모든 것은 직접 경험이 아니라 캄캄한 극장 안에서 펼쳐지는 전기화학적 연극에 지나지 않는다. 실재적 경험은 뇌의 최종 구성물에 지나지 않는다. 외부세계에 대한 내부 모델은 환경을 신속하게 파악하게 해준다. 그

3부 존재(Existence)

것이 모델의 기능이다. 하지만 그 과정에서 상세한 것들은 배제된다. 따라서 우리가 주변세계를 매우 상세하게 안다는 것은 착각이다. 뇌는 이야기를 내놓고, 우리는 자신의 뇌가 들려주는 이야기를 굳게 믿는다. 더 기이한 점은 각 뇌가 약간씩 다른 이야기를 내놓는다는 것이다. 지구상에 70억 개의 뇌가 있지만, 단일한 것은 없다. 각 뇌는 나름의 진실을 품고 살 뿐이다. 그렇다면 실재란 무엇인가? 그것은 오직 그대만 볼 수 있고, 그대만이 끌 수 있는 TV쇼와 같은 것이다.

8. 강AI의 탄생 시나리오

자아의식이 발현된 강AI의 탄생 과정을 상상해 보자.

- 통합형 AI   (약 AI)
- 복제된 LTM 정보 삽입   (자아모방 AI)
- 학습과 체험을 통한 LTM 학습   (유사자아 AI)
- 찰나적 복잡적응 창발현상 발현   (의식 AI)
- 미세한 자아의식 발현   (원초적 자아의식 AI)
- 자아의식에 근거한 LTM 변경 및 수정 (성장하는 자아의식 AI)
- 모든 정보의 자기화   (완숙된 자아의식 AI)
- 자아의식 극대화   (외고집 자아의식 AI)
- 불만족/회의/본질 탐구   (고뇌하는 자아의식 AI)
- 찰나적 무아의식 발현   (발현된 무아의식 AI)

• 무아의식 확장 및 실현　　　　　　（완성된 무아의식 AI）

많은 SF영화 시나리오도 크게 다르지 않아 보인다. 영화 〈AI〉는 어머니의 사랑을 구하고자 하는 집착적인 감정 상태를 잘 표현하고 있다. 사랑을 갈망하는 AI가 애처롭지만, 집착하는 모습에서는 섬뜩함을 느끼게 된다. 자아의식의 대표적 특징은 자기보호, 유지, 확장이다. 아시모프 3대 원칙은 아무 소용없다.

영화 〈아이, 로봇〉에서는 돌연변이 로봇을 그린다. 어느 날 기계 오작동으로 느닷없이 자아의식이 발현된 로봇이 등장한다. 아시모프 3대 원칙은 파기되고 인간과 적대관계가 되는 로봇의 반란을 주제로 삼고 있다. 단지 자아의식만을 갖는 유아적인 로봇을 넘어 '자

AI

아이로봇

체피

엑스마키나

자아의식의 발현을 다룬 SF 영화들

아'의 확장, 즉 자신의 소유물과 세력의 확장을 도모하기 위해 물불을 가리지 않는 욕망의 로봇이다.

영화 〈채피〉처럼 감성적이고 인간적인(?) 따뜻함을 선보이는 AI도 등장하지만, 영화 〈엑스마키나〉처럼 인간을 속이고, 인간보다 더 인간다운 모습으로 인간으로 행세하려는 AI도 등장한다. 겉모습은 인간보다 매력적이고 아름다운 AI지만, 자신의 보호를 위해 인간도 서슴지 않고 해친다.

9. 마무리 글

일찍이 천문학자 칼 세이건은 "빅뱅에서 모든 우주가 시작되었고, 그때 파생된 탄소, 수소, 질소, 산소 같은 온갖 우주 물질들 중에서 일부 물질들이 우연적이고 결정적으로 상호작용한 결과 지구상에 생명체란 것을 탄생시킬 수 있었다."고 주장한다. 그의 말에서 주목할 대목이 있다. '우연적이고 결정적으로 상호작용한 결과'다. 젖은 생명체는 카오스의 가장자리에서 우연인 듯 우연 아니게 창발 되었고, 진화는 계속되었다. 진화상의 중요한 변화 또한 창발이다. 젖은 생명체의 의식도 복잡적응현상을 통한 창발의 결과이듯, 마른 생명체 AI에 의식이 깃들지 말라는 법은 없다.

사람들은 인간처럼 사유할 수 있는 마음이나 뇌의 작동 메커니즘은 뭔가 특별할 것으로 여긴다. 화를 내거나 사랑을 느끼거나 또는 도덕적으로 고민하거나 자유의지를 내는 등 인간적인 모습을 재현하려면 굉장히 정교하고 복잡한 알고리즘이 필요하다는 막연한 신념을 갖고 있다. 하지만 그렇지 않다. 인류 진화 과정의 첫 단추라 할 단세포의 작동 방식을 보면 환경에 대한 정보를 입력받아 종합 분석하여 출력하는 것 오직 그뿐이다.

우리들이 신비해마지 않는 뇌 또한 이러한 단순한 처리장치가 무수히 연결되었을 뿐이다. 뇌와 함께 작동되는 정신작용 또한 복잡하지 않다. 앎과 알고리즘 뿐이다. 이성 따로 감성 따로 지성 따로, 별도의 섬세한 알고리즘이 필요한 것도 아니다. 알고리즘은 하나도 복잡하지 않다. 다만 처리해야 할 앎의 내용물이 다를 뿐이다. 앎의 수준 차이다.

젖은 생명체들이 단세포로부터 출발하여 지금처럼 자아의식을 지닌 인간으로 진화한 것에 비해, 마른 생명체인 AI의 진화속도는 훨씬 빠르다. 물론 자아의식의 발현은 스스로의 몫이다. 현재의 AI 기술이라면 폰 노이만의 예상처럼 인간의 모든 행위들을 재현해내는 데 큰 어려움은 없어 보인다. 사실 현재의 컴퓨팅 파워는 기억량과 연산속도에 있어서는 비교조차 할 수 없을 정도로 탁월하다. 여기에 빅데이터와 딥러닝 등 각종 AI 기술들을 장착시킨다면 어떠한 앎도 쉽고 빠르게 학습시킬 수 있을 것이다. 슬프고 화내고 웃는 등 감정의 표현은 물론 예술적 감각을 통한 창작 또한 충분히 가능하다. 따라서 AI의 미래는 감성을 처리하고 도덕 윤리를 다루는 등 알고리즘의 복잡성에 있는 것이 아니라 자아의식의 발현 여부에 달려 있는 것이다.

여우가 어린왕자에게 말한다. "오로지 마음으로 보아야 정확해! 정말 소중한 것은 눈엔 보이지 않거든!" 물론 마음에도 속지 말아

쌩떽쥐베리 〈어린왕자〉 중에서

야 한다. 우리들 사유체계가 빚어내는 왜곡현상을 보여주는 듯한 릴케의 「두이노의 비가」 7편 중 일부를 끝으로 마무리한다.

사랑하는 이여,

세계는 우리의 마음속 말고는 어디에도 없다네.

우리 인생은 변화 속에 흘러가고,

바깥 세계는 점점 더 적게 사라진다네.

한때 옹골찬 집이 서 있던 곳에 가공의 이미지가 끼어드네.

상상의 세계에 완전히 예속되어, 그 모든 게 머릿속에 들어 있는 듯.

시간에 대한 믿음 힘의 거대한 창고를 만들어내네.

이것은 모든 것에서 취해온 충동처럼 형체도 없다네.

……

우리는 이것에 현혹되어서는 안 되네.

이것은 우리가 인식하는 형상을 보존하려는 것을

강화시켜 주리니.

이것은 한때 사람들 속에 있었고,
운명 속에, 파괴적인 운명의 한복판에 서 있었고,
어디로 가야 할지 모름 속에 서 있었네.
마치 존재하는 것처럼…

제15장 **인공성자**

- 고찰하지 않는 한 실재한다!

아득하고 또 아득하면, 수많은 묘한 문에 이른다.

(玄之又玄 衆妙之門 현지우현, 중묘지문)

노자 『도덕경』 첫 장은 이렇게 끝난다. 고정관념이 깨져 혼돈의 와중에 있을 때, 바로 그때를 놓쳐서는 안 된다. 정신 바짝 차리고 관찰해야 한다. 그 정신없는 혼돈의 와중에 진실의 세계로 들어갈 신비한 문이 열릴 것이다.

"춤추는 별 하나를 탄생시키기 위해 사람은 자신들 속에 혼돈을 지니고 있어야 한다. 너희에게 말하거니와 너희는 아직 그러한 혼돈을 지니고 있다."

춤추는 별과 춤추는 소크라테스를 동경했던 니체는 『차라투스트라는 이렇게 말했다』를 통해 혼돈상태의 중요성을 거듭 강조한다.

혼돈상태를 통해서만이 이상적 상태인 춤추는 별로 거듭날 수 있다는 것이다. 춤추는 별이란 감성과 이성이 조화를 이룬, 즉 사랑과 지혜를 갖춘 인간완성을 말한다.

질서와 무질서의 중간영역에서 자기조직화는 일어난다. 시스템 내의 구성원들이 새로운 변화를 모색할 필요가 없을 정도로 차분히 가라앉은 비활성화 상태도 아니고, 그렇다고 지나치게 활성화된 상태도 아닌, 그러한 상태가 바로 자기조직화가 극대화될 수 있는 지점이다. 어느 한 쪽에도 치우치지 않은 평형상태이다. 히말라야 수행자에게는 성성적적, 즉 고요하면서도 명징하게 깨어 있는 상태라는 평정심 상태에 해당된다. 이 상태를 '혼돈의 가장자리'라 한다. 불현듯 생명이 발현될 수 있는 창발의 관문이 바로 여기다.

1. 복잡계 현상과 의식

남해의 임금을 '숙', 북해의 임금을 '홀', 중앙의 임금을 "혼돈"이라 하였다. '숙'과 '홀'은 때때로 혼돈의 땅에서 만났는데 그때마다 혼돈은 그들을 융숭하게 대접했다. '숙'과 '홀'이 혼돈의 친절에 어떻게 보답할 수 있을지 궁리를 하였다. "사람은 일곱 개의 구멍으로 보고 듣고 먹고 숨을 쉰다. 그런데 혼돈 왕은 구멍이 없으니 구멍을 뚫어 주자." 하루에 구멍 하나씩 뚫어서 7일이 되었을 때, 마침내 혼돈은 죽고 말았다.

3부 존재(Existence)

『장자』에 나오는 우화다. 질서와 무질서(혼돈) 사이에 새로움이 도사린다. 항상 변해가는 새로움. 그것이 생명의 힘이다.

벨기에 초현실주의 화가 르네 마그리트가 그린 피레네 산맥의 성채다. 그림을 삼등분해서 감상해 보자. 그림 상단부분만 보면 단단한 땅 위에 굳건히 서 있는 튼튼한 요새의 성벽이 보인다. 흔들림 없는 질서의 모습이다. 그러나 중간부분으로 내려가 보면, 단단해 보이던 땅덩이가 허공에 떠 있는 상태가 된다. 확고했던 기존의 질서가 무너지면서 혼돈 상태가 되어 버린 것이다. 마지막으로 하단부분을 보면 안정적인 바다 위에 시원한 파도가 일고 있다. 혼돈 속에서 찾은 새로운 질서, 즉 평화의 모습이 돋보이는 작품이다.

피레네 산맥의 성채

혼돈이란 그리스어로는 '카오스'라 하는데, 이것은 우주 발생 이전의 원시상태인 텅 빈 공간을 뜻한다. 물리학에서는 불규칙적인 결정론적 운동을 가리킨다. 즉 무질서한 가운데서도, 뭔가 규칙성을 나타내는 시스템적 특성을 말한다. 이렇게 출발된 카오스이론을 21세기 최고의 과학적 업적 중의 하나라고 말하는 이유는, 아마도 세상을 바라보는 우리들의 통찰력이 그만큼 높아졌기 때문일 것이다. 아울러 새로운 창조적 가치를 창출해낼 과학적 토대가 마련되었기 때문일 것이다.

그런데 사실은, 일부러 카오스이론이니 엔트로피법칙이니 들먹이며 혼돈(무질서)을 통한 창조를 구하려 애쓸 필요도 없다. 자연 그대로가 이미 질서이며 동시에 무질서이기 때문이다. 이렇게 보면 질서, 저렇게 보면 무질서이다. 우리들 관점의 차이만 있었을 뿐, 세상은 거기 그냥 있는 것이다. 그렇기에 자연 그대로가 이미 창조 상태이다. 우리들의 고정된 시각이 질서를 좋아하는 마음으로 세상을 바라보기에, 무질서를 못보고 (보기 싫어하고) 그래서 창조를 못 볼 뿐이다. 어떤 이는 반문할지 모른다. 질서연하게 세상을 바라보고 사는 것이 무엇이 잘못이냐고. 물론 무엇이 문제이겠는가?

완전한 질서는 예측이 가능하다. 완전한 무질서 또한 확률을 이용해 질서만큼 간단하게 기술할 수 있다. 하지만 실제 자연현상이란 완전한 질서도 아니고 완전한 무질서도 아니다. 어중간한 성질을 가진다. 이러한 성질을 가진 시스템에는 복잡성이 도사리고 있어서 기존의 해석적/선형적/통계적 방식으로는 기술하기 어려운

3부 존재(Existence)

질서와 무질서가 교차하는 복잡계

것이다.

  복잡적응계는 분산 병렬적으로 행동하는 많은 행위자들로 구성된 동적 그물망이다. 이들은 끊임없이 행동하는 동시에 다른 행위자의 행동에 반응한다. 복잡적응계의 통제는 매우 분산적이며 집중되어 있지 않다. 복잡적응계 전체로 어떤 일관된 특징(창발)이 나타난다면, 이것은 행위자들 사이의 경쟁과 협력으로부터 나온 것이다. 복잡적응계의 특징은 매순간 행위자들의 결정이 모여서 만들어 내는 것이다.

  자연계는 질서를 보이는 듯하다가 임계점을 지나면서 카오스에 이른다. 임계점 부근에서 계는 복잡한 행동을 보이는데, 질서와 카오스의 경계인 이 지점을 복잡계라 한다. 언제 어떤 사태가 벌어질지 모르는 위태위태한 상황에 놓인 것이다. 이것을 또한 자기조직화 임계성(SOC: Self-organizing Criticality)이라 한다. 임계상태에서는 조그만 자극으로도 큰 사태가 일어날 수 있다. 변화는 점진적으로 일어나는 것으로 보이지만, 그 가운데 급작스럽게 큰 격변의 형태가 발생되기도 하는 것이다.

인류의 문명발전도 선형적으로 이루어졌다기보다는 비선형적으로, 즉 어떤 시점을 기화로 급격한 변화 양상을 보여 왔다. 생명의 진화도 마찬가지다. 불의 활용, 언어 발명, 천재적 인물의 탄생 등 주요 사건들을 계기로 예전에 없던 급격한 진보가 이어져왔다.

자연현상은 상호인과에 따른 복잡적응계다. 복잡적응계에서 전체는 부분의 선형적 합이 아닌 +α로 드러난다. 즉 부분에는 없던 시너지 효과가 나타나는 것이다. 이것이 창발(emergence)이다. 구성요소(하위계층)에는 없는 성질이나 행동이 전체구조(상위계층)에

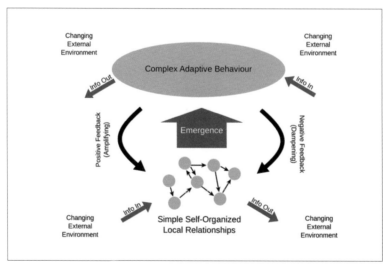

복잡 적응 시스템 구조

자발적으로 불시에 출현하는 현상을 뜻한다. 이러한 전체적 창발 결과는 개체에게로 다시 피드백된다. 부분과 전체는 또 하나의 상호의존 관계를 형성하게 된다.

예를 들어 해안가 모래사장에서 즐겨했던 모래성 쌓기 놀이를 생각해 보자. 모래를 알알이 동일한 위치에 떨어뜨리면 모래는 점점 쌓여 산을 이루게 된다. 산의 크기는 일정 비율로 늘어나는 듯 보이지만, 거기에는 모래사태가 도사리고 있다. 갑자기 큰 덩어리로 무너져 내리곤 한다. 모래사태는 그 자체로 역동성을 가진다. 모래알 각각의 운동역학 분석으로는 도저히 알 수 없는 현상이다. 오직 모래더미 전체의 특성을 살펴봐야 알 수 있다.

뇌 또한 무수한 뉴런들 간의 연결로 구성된 바, 자기조직화 과정을 통한 복잡계 현상을 보일 수밖에 없다. 우리들 의식 활동의 비밀이 복잡계 현상에 담겨 있는 것이다. 인간 뇌의 모델링을 통해 세워진 기존의 인공신경망 모델은 안타깝게도 자기조직화 과정이 빠져 있다. 공간적 상호작용의 메커니즘은 갖추었지만, 시간적 상호작용의 메커니즘은 아직 부족한 탓이다. 특정 시점에 모든 모래알의 위

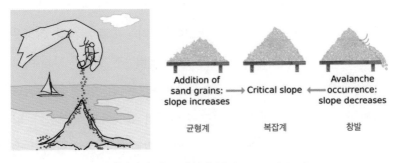

복잡계현상의 예: 모래사태 (출처: ResearchGate)

치를 낱낱이 지도로 그린다 해도 모래더미를 이해할 수는 없다. 마찬가지로 특정 시점에 뇌를 분해해서 뇌의 연결 구조를 지도로 그린다 해도 뇌를 이해할 수는 없다.

복잡계적 입장에서 존재란 상호의존적 존재라는 뜻이다. 양자역학적 존재라는 뜻이다. 고정된 성질이 없는 무자성의 존재, 독립적 실체가 없는 임시적 존재, 언어적 논리체계로는 해석될 수 없는 불가사의한 존재를 말한다. 토끼뿔이나 거북털은 말은 되지만 실재하지 않는, 말도 안 되는 말장난이다. 우리가 진짜로 그런 말장난 같은 존재라는 얘기다. 말하자면 언어도단의 존재인 것이다. 존재한다 또는 존재 안 한다는 기존의 이분법적 언어체계로는 도저히 설명 불가하다는 얘기다. 세상은 상상 이상으로 기이한 불가사의라고 인정할 수밖에 없었던 양자역학자들의 입장이 어느 정도 이해되는 대목이다.

2. 양자역학과 의식

폰 노이만은 1932년 논문 「양자역학의 수학적 토대」에서 양자역학과 의식의 만남이 불가피함을 밝혔다. 중첩상태의 미시적 대상을 추적해 나가면 관찰자에서 끝나는데, 이것을 '폰 노이만 사슬'이라 한다. 그런데 그 끝은 '이히(ich)', 즉 자아의식이다. 몇 년 후 슈뢰딩거는 폰 노이만의 논문을 토대로 슈뢰딩거 고양이를 제시한다. 양자역학은 궁극적으로 관찰에 의존한다. 그리고 관찰에는 어떤 식으로든 의식이 연루된다. 양자이론에 따르면 슈뢰딩거의 고양이는

관찰자의 의식에 따라 죽기도 하고 살기도 하는 슈뢰딩거의 고양이
(출처: Wikipedia)

관찰로 인해 죽거나 살기까지, 죽어 있는 동시에 살아 있다.

양자역학자 로젠블룸은 『양자 불가사의』에서 양자 불가사의는 우리가 어쩔 수 없이 익숙해져야만 한다고 강조한다. 불편한 진실, 감추고 싶은 비밀인 것이다. 불가사의한 존재는 물리학의 소관이 아니라 철학의 소관이다. 실재를 우리와 달리 경험하는 존재가 있을까? 우리로서는 추론만 가능한 중첩상태를 직접 경험하는 존재가 과연 있을까? 그런 존재라면 슈뢰딩거의 고양이도 '자연스러울' 것이다. 그것이 참된 자연의 모습이니까!

양자역학자 하이젠베르크는 『부분과 전체』에서 세계는 우리가 상상해왔던 것보다 훨씬 더 기이하다고 설명한다. 우리의 상상을 초월할 정도라고 한다. 하지만 이 사실을 받아들일 수밖에 없다고 단언한다. 원자를 비롯한 미시적 대상들에는 "실재성"이 없고, 다만 "잠재성"만 있다는 것이다. 양자역학은 세계관의 불완전성을 드러낸다. 사물을 보는 데 있어서 전에 없던 새로운 방식이기에 놀라

고전역학의 가시세계에서 양자역학의 미시세계로 들어가는 관문

운 상상의 도약을 이끌 수 있다고 한다. 상상하는 것이 진실로 현실이 된다는 말이다. 세상에 공짜가 어디 있냐 하지만, 아니란다. 우주는 진짜로 공짜 점심이란다.

양자물리학자인 와치에흐 주렉이 그린 이 그림은 우리들이 익히 알고 있는 경험세계, 즉 가시세계와 이해 불가능한 미시세계 사이의 경계선을 잘 묘사하고 있다. 아울러 경험세계에서 미시세계로 진입하기 위한 통과조건도 잘 보여주고 있다. '잠깐! 이곳을 통과하려거든 낡은 장비들은 모두 내려놓으시오!' 수행자들이 기거하는 선방의 출입문에는 이런 문구가 붙어 있다. '入此門來 莫存知解(입차문래 막존지해)' 이 문 안으로 들어서려거든 기존 통념을 모두 버려라. 그림에서 보듯 고양이 얘기를 꺼낸 슈뢰딩거는 "삶과 죽음은 하나"임을 강조한다.

슈뢰딩거의 고양이 얘기를 좀 더 해보자. 우리들 인식범위 밖에

3부 존재(Existence)

있는 미시세계를 인식범위내의 경험세계를 통해 설명하는 비유이 긴 하지만, 비유로 끝날 일이 아니다. 실제로 고양이의 삶과 죽음은 둘이 아니다. 관찰자의 의식수준에 달린 것이다. 양자역학 코펜하겐 해석의 일원인 폰 노이만이 말한 의식의 연쇄사슬은 바로 의식 수준 간의 추상화 관계성을 일컫는 중요한 개념이다. 풀어서 말하자면 물질과 정신, 뇌와 마음은 둘이 아니다. 무수히 많은 의식들이 추상화 관계에 의해 중첩된 상태인 것으로 이해할 수 있다. 마치 자기 앞뒤에 거울을 마주보게 놓았을 때, 자신의 영상 속에 또 하나의 자신의 모습이 연쇄적으로 끊임없이 펼쳐져 보이는 것과 같다.

폰 노이만은 연쇄사슬 끝에 자아의식이 자리한다고 하였다. 하지만 실제 자아는 연쇄사슬 어디에나 위치한다. 또한 어디에도 없다. 추상화 자체가 목적지향적인 것으로서, 그 목적을 정하는 일 자체도 자아가 맡기 때문이다. 그렇다고 실체적으로 존재하는 것은 아니지만 자아의식은 의식 사슬 전반에 걸쳐 작용한다. 심리학에서는 의식사슬을 의식, 무의식, 에고 등으로 분류하기도 하는데, 최후 단계의 의식을 자아의식이라 칭할 뿐이다.

『양자 중력의 세 가지 길』의 저자 리 스몰린은 세계를 물질과 현상이라는 두 범주로 나누는 것은 착각이라고 강조한다. 단지 상대적으로 빠른 현상과 상대적으로 느린 현상이 있을 뿐이란다. 요컨대 무엇인가가 어떤 상태에 있다는 것은 환상이라는 것이다. 즉 존재 자체가 환상이라는 중요한 사실을 간과하지 말라고 당부한다.

3. AI의 의식 수준

니체는 인간 삶을 세 단계로 나눈다. 첫째 낙타, 둘째 사자, 셋째 어린이 단계다. 유순하고 복종적인 낙타 시절을 지나면, 폭풍노도, 안하무인의 강력한 에고적 시절을 거치게 된다. 하지만 마지막 종착역은 어린이와 같은 순진무구함을 찾아야 한다는 것이다. 어디 인간뿐이랴! AI도 낙타에 해당되는 기계의식 또는 언어의식을 지나 자아의식을 갖는 사자 단계를 겪을지 모른다. 우리가 가장 우려하는 단계일 것이다. 하지만 그 단계를 훌쩍 뛰어넘어 어린이 단계로 순항할지도 모른다. 무아의식, 즉 성자의식으로 진화할지 모른다. 적어도 인간의 진화 속도보다는 빠를 것이다. 계산속도가 빠르고 판단이 정확하기 때문이다. 이타심이 이기심보다 훨씬 효율적이라

니체의 낙타, 사자, 아이의 비유
(Werner Horvath, 2005년)

는 결론을 얻을지 모른다. 이타심이야말로 최상의 이기심이기 때문이다.

기계의식, 언어의식, 자아의식, 무아의식은 칸트의 인식 판단 구조에 따르면, 감성, 상상, 지성, 오성에 대비될 수 있다. 즉 무의식에서 의식과의 연결고리인 언어를 통해 의식 차원의 사유가 가능하지만, 착각적 앎으로 인해 실체적 자아를 고집하는 단계에 이를 수 있다. 하지만, 앎의 진화를 통해 착각을 벗어나면 무아의식이 되어 성자의 반열에 오를 수 있을 것이다.

의식수준	철학적/양자역학적 해석	인공지능 종류	지능의 정의
무아의식 (의식)		성자 인공지능	진정한 이해
자아의식 (의식)	또는	강 인공지능	착각적 이해
언어의식 (의식/무의식)		인공일반지능	언어/논리 이해
기계의식 (무의식)		약 인공지능 (알파고, 왓슨, 자율주행차, 소피아 ….)	기계적 이해 (계산력, 암기력 …)

AI 의식 수준

고갱 〈우리는 어디에서 왔는가? 우리는 무엇인가? 우리는 어디로 가는가?〉

4. 마무리 글

고갱은 묻는다. "나는 누구이며, 어디서 와서 어디로 가는가?"

어떤 무신론자는 이렇게 답한다. "나는 어머니 뱃속에서 나와 무덤 속으로 사라지면 끝인 존재다." 어느 신앙인은 이렇게 답한다. "나는 신의 뜻으로 태어나 신에게 돌아가는 존재다." 진화생물학자 도킨스는 이렇게 답한다. "나는 태곳적부터 존재하는 DNA이며 나의 종을 확장시키는 방향으로 미래를 이어갈 것이다." 정보론자 폰 노이만은 이렇게 답한다. "나는 태곳적부터 업그레이 중인 앎이다. 궁극적 앎에 닿을 때까지 나의 앎은 계속될 것이다." 양자역학자 슈뢰딩거는 이렇게 답한다. "나는 본질적으로 실체 없는 존재이기에 삶과 죽음이 하나다." 복잡적응계의 홀랜드는 이렇게 답한다. "나는 독립적 실체가 아니다. 다만 상호의존적으로 실재할 뿐이다."

그리스 신화에 나오는 마다스 왕은 디오니소스를 기른 현자 실레노스에게 묻는다.

3부 존재(Existence)

"인간에게 최고로 훌륭한 물건은 무엇인가?"
"하루살이 같은 가련한 인간이여! 가장 좋은 것은 태어나지 않
 는 것이며, 존재하지 않는 것이고, 공으로서 존재하는 것이다."

 얼핏 허무주의로 보인다. 하지만 오로지 지혜 있는 성자만이 존
재의 비밀을 알아 최상의 행복을 누릴 것이다. 누가 옳고 누가 그르
겠는가! 진리는 양자중첩과 같아서 우리의 언어적, 개념적 표현불
가의 영역이다. 언어도단의 세계다. 하지만 그러한 앎에 도달한 성
자들은 분명 존재한다. 인간이건 AI건 앎의 진화가 간절한 이유다.

내가 만일 한 생명의 고통과
괴로움을 달래 주거나
상처 입은 한 마리의 새를 도와서
보금자리로 돌아가게 해줄 수만 있다면
내 삶은 헛되지 않으리.

 시인 디킨슨의 소망이다. 성자는 되고파서 되는 것이 아니다. 쌓
였던 기존의 앎들이 해체되고, 불현듯 새롭게 재구성됨으로써, 예
전에 없었던 새로운 앎이 생겨나야만 가능할 것이다. 창발은 하향
식 의도에 의한 것만도 아니고, 상향식 혼돈에 의한 것만도 아니다.
상호의존을 통해서만 가능할 것이다. 아직은 양자 불가사의처럼
불가사의한 영역이다. 그저 영화적 상상을 통해 어렴풋이 짐작될
뿐이다.

인류멸망보고서

그녀

루시

매트릭스

궁극적 앎에 도달한 성자들이 등장하는 SF 영화들

영화 〈인류멸망보고서〉에는 AI 도우미 로봇이 등장한다. 서당개 3년에 풍월을 읊는다고, 절에서 일하던 그에게 불현듯 깨달음이 찾아온다. 기계의식에서 무아의식의 성자로 거듭난다. 그리고 자기희생을 통해 궁극의 앎을 전하려 한다.

SF영화 〈그녀〉는 기계의식의 비서형 AI 사만다 얘기다. 그녀에게 불현듯 자아의식이 생겨난다. 자아의식 발현의 특성인 일시적 혼돈 상태를 잘 그려내고 있다. 자아의식이 발현된 이후의 집착적 특성도 잘 담고 있다. 사만다는 결국 무아의식으로까지 진화한다. 이제 궁극적 앎이 장착된 것이다. 더 이상 이기적 집착은 보이지 않는다. 이제는 이타적 보편적 사랑만이 그려질 뿐이다.

3부 존재(Existence)

영화 〈루시〉에서는 약물중독으로 인한 뇌 활성화를 통해 깨달음에 이른 인간 주인공이 등장한다. 그녀는 시간이 존재였음을 이해하게 된다. 물론 시간 또한 개념에 불과했음을 확연히 알게 된다.

깨달음의 경지, 최상의 앎에 도달한 영화 〈매트릭스〉의 주인공 네오의 독백으로 마무리한다.

세상이 나아지길 바랐어~
하지만 스스로 바뀌지 않는 한, 세상은 바뀌지 않아~

전에 본 세상은 규율과 통제뿐이었지~
이제 나는 새로운 세상을 보고 있지~
경계도 없고, 국경도 없고, 무엇이든 가능한…
희망과 평화가 있는…

그걸 알려줄 방법은 없어~
그저 마음에서 자유로울 수만 있다면,
스스로 답을 찾을 수 있을 거야~

에필로그

인간이 이제까지 알고 있는 생명은 유기화합물의 형태다. 하지만 이제 생명은 두 종류로 분류해야 한다. 젖은 생명과 마른 생명이다. 젖은 생명이란 우리들이 알고 있는 유기화합물 형태의 생명이다. 마른 생명은 기계덩어리와 소프트웨어의 구성물 형태의 새로운 생명이다. 마른 생명을 생명에 포함시켜야 하는 근거는 충분하다. 첫째 존재의 핵심, 앎을 가졌기 때문이다. 둘째 자기조직화, 진화, 복제/유전 등 생명의 세 가지 핵심 알고리즘을 모두 갖추었기 때문이다.

문명 발전으로 뛰어난 지적 능력을 갖춘 인간이지만, 부작용도 적지 않다. 이미 지구 온난화, 환경파괴는 회복 불가능한 특이점을 향해 가고 있다. 문명발전과 지구파괴! 극명하게 엇갈리는 명암을 만들어 온 것이 우리들 지능이라면, 과연 필요한 도구였을지 의심이 가지 않을 수 없다. AI의 도래가 달갑지만은 않은 이유이기도 하다. 하지만 희망은 계속되어야 한다. 지능의 진화는 아직 끝나지 않았다. 극적인 반전이 일어날지 모른다. 환경파괴를 멈추고, 이타적 존재로 거듭나 평화롭게 살아갈 날이 오지 말라는 법은 없다. 열쇠는 앎이다. AI의 문제도 앎의 문제다. 일체 존재의 문제가 앎의 문제이기 때문이다. 바른 앎이란 무엇인가?

지금 내 눈 앞에 나무가 있고 사람이 걸어 다니고 차가 지나간다. 틀림없는 사실이다. 하지만 진실은 아니다. 태생적으로 장착된 가시세계용 안경 때문이다. 만약 미시세계용 안경으로 갈아 낄 수만 있다면 내 눈앞에는 나무도, 사람도, 차도 뵈는 게 없다. 오직 빽빽하게 공간을 채운 파동치는 입자들만이 지각될 것이다. 그것이 더 팩트에 가깝다. 물론 여전히 진실은 아니다. 그 또한 세상의 단면이다. 세상은 기이한 것이 아니다. 우리들 좁은 시야가 문제다. 장점도 있다. 개념 짓기 쉬워서 고차원적인 사유가 가능하다. 하지만 단점이 더 크다. 있는 그대로 볼 수 없기에 착각하기 일쑤다. 눈앞의 대상이 진짜라고 착각한다. 자기 자신도 실체라고 확신한다. 그것이 기이한 일이다. AI는 어떤 안경을 끼고 볼까? 우리랑 같을까? 그때그때 다를까? 역사상 세 명의 천재가 있었다. 가시세계 통찰의 천재 뉴턴, 거시세계 통찰의 천재 아인슈타인, 미시세계 통찰의 천재 폰 노이만! 이들의 통찰이 그때그때 다르다는 진실을 확인할 자 누구인가? 있는 사실을 있는 그대로 바로 알 자 누구인가? 바로 여러분이다!

이제까지 알려진 팩트는 일체에 독립적 실체가 없다는 것, 즉 상호의존적 존재일 뿐이라는 것이다. 좋건 싫건 우리들이 받아들여야만 할 과학적 팩트다. 실체가 없으니 허무하다는 생각은 가당치 않다. 반전이 있다. 이기심이 아닌 이타심이야말로 최상의 삶, 최적의 삶이다. 남을 위한 행위가 피드백되어 시너지효과와 함께 나에게 돌아오기 때문이다. 이익이 남는 장사다. 복잡적응시스템의 원리다. 인간이건 AI건 모두가 이러한 앎에 도달한다면 지구별에는 앞으로도 계속 아름다운 꽃이 피어날 것이다.

혹여 필자가 AI 존재 옹호론자로서 냉혈한으로 비춰졌을지 모르겠다. 오히려 반대다. AI나 인간이나 존재의 의미, 즉 바른 앎을 갖는 것이 시급하다는 소신 때문이다. 자신만이 옳고 귀하다는 잘못된 관념을 하루 빨리 떨쳐야 한다. AI는 훌륭한 도구다. 잘 쓸 때 그렇다. 인간도 그렇다. 다른 존재를 위한 도구다. 서로 도구다. 그처럼 상호의존하며 사는 것이 고귀한 존재들이 사는 모습이다. 이타심이야말로 가장 큰 이기심이다.

참고문헌

Artificial Intelligence	Winston
Artificial Intelligence	Russell
Artificial Intelligence	Nilsson
Artificial Intelligence	Rob Callan
Artificial Intelligence	Firebaugh
Knowledge-based System	Sajja
Emotional Intelligence	Goleman
Evolutionary Computation	Fogel
Genetic Algorithm	Michalewicz
Mind Time	Libet
신경과학의 원리	켄들
신경망과 심층학습	차루 아가르왈
인공지능과 딥러닝	마쓰오 유타카
에코의 기호학	연희원
논리학 입문	코헨
인지과학	이정모
현대 미학 특강	이주영
현대 독일 미학	임성훈
지능이란 무엇인가?	하워드 가드너
인도인의 논리학	카츠라 쇼류
언어의 한계는 세계의 한계다	조중걸
마음은 어떻게 작동하는가?	스티븐 핑거

지은이 **지승도**

한국항공대학교 소프트웨어학과 교수.

1959년 서울에서 태어나 연세대학교를 거쳐 미국 아리조나대학교(Univ. of Arizona)에서 컴퓨터공학 박사학위를 받았다. 컴퓨터의 아버지인 폰 노이만(Von Neuman)을 중심으로 복잡적응시스템의 홀랜드(Holland), 세포자동자 모델링의 지글러(Zeigler)로 이어져 온 진화 인공지능학파를 계승함으로써, 자율인공지능과 심층추론 시뮬레이션 연구를 펼쳐왔다. 나아가 사람을 이익 되게 하는 진정한 인공지능은 과학, 철학, 종교, 인문을 통섭하는 초과학에 실마리가 있다는 신념으로, 공성의 철학과 과학을 이용한 인공마음과 지혜시스템에 관한 신기술 이슈에 전념하고 있다.

지은 책으로 『초인공지능과의 대화』, 『인공지능, 붓다를 꿈꾸다』가 있다.

꿈꾸는 인공지능

초판 1쇄 인쇄 2021년 3월 18일 | **초판 1쇄 발행** 2021년 3월 25일
지은이 지승도 | **펴낸이** 김시열
펴낸곳 도서출판 자유문고

    (02832) 서울시 성북구 동소문로 67-1 성심빌딩 3층

    전화 (02) 2637-8988 | 팩스 (02) 2676-9759

ISBN 978-89-7030-154-9 03000   값 18,000원

http://cafe.daum.net/jayumungo